教师教育精品教材·学前教育专业系列　i教育·融合创新一体化教材

学前儿童科学教育与活动指导
微课版
第4版

施 燕 著

华东师范大学出版社
·上海·

图书在版编目(CIP)数据

学前儿童科学教育与活动指导/施燕著.—4 版.—上海:华东师范大学出版社,2022
ISBN 978-7-5760-2453-1

Ⅰ.①学… Ⅱ.①施… Ⅲ.①学前教育-科学教育学-高等学校-教材 Ⅳ.①G613

中国版本图书馆 CIP 数据核字(2022)第 033388 号

学前儿童科学教育与活动指导(第4版)

著　者　施　燕
责任编辑　余思洋
责任校对　李琳琳
版式设计　俞　越　庄玉侠
封面设计　庄玉侠

出版发行　华东师范大学出版社
社　　址　上海市中山北路3663号　邮编 200062
网　　址　www.ecnupress.com.cn
电　　话　021-60821666　行政传真 021-62572105
客服电话　021-62865537　门市(邮购)电话 021-62869887
地　　址　上海市中山北路3663号华东师范大学校内先锋路口
网　　店　http://hdsdcbs.tmall.com

印刷者　上海四维数字图文有限公司
开　　本　787毫米×1092毫米　1/16
印　　张　16.25
字　　数　345千字
版　　次　2022年6月第4版
印　　次　2025年6月第8次
书　　号　ISBN 978-7-5760-2453-1
定　　价　43.00元

出版人　王　焰

(如发现本版图书有印订质量问题,请寄回本社客服中心调换或电话 021-62865537 联系)

目录
MU LU

微课资源列表

救生艇 / 34

完整呈现 STEM 教育案例,关注儿童科学思维的发展,引导儿童自主探究,提高其发现问题、解决问题的能力。

制作防滑鞋 / 53

以儿童学习科学的特点为依据,设计科学教育活动,引导儿童通过亲身体验和实际操作,解决生活中的问题。

DIY 泡泡器 / 67

通过有趣的吹泡泡活动,明晰学前儿童科学教育的目标。

条纹,条纹,发现啦 / 89

展示幼儿园科学教育集体活动,其中,教师和儿童运用了多种方法对"条纹"进行了细致的科学探究。

第一章 学前儿童科学教育概述 / 1

第一节　学前儿童科学教育的含义 / 1
第二节　学前儿童科学教育的价值 / 10
第三节　我国学前儿童科学教育的沿革 / 14
第四节　国外学前儿童科学教育简介 / 24

第二章 学前儿童科学教育的有关理论 / 35

第一节　辩证唯物主义认识论 / 35
第二节　皮亚杰的认知发展理论 / 36
第三节　布鲁纳的学习理论 / 42
第四节　维果茨基关于概念形成的理论 / 45
第五节　学前儿童学习科学的特点 / 47

第三章 学前儿童科学教育的目标及内容 / 54

第一节　学前儿童科学教育的目标 / 54
第二节　学前儿童科学教育的内容 / 68

第四章 学前儿童科学教育的方法 / 84

第一节　观察 / 84
第二节　实验 / 90
第三节　种植与饲养 / 94

第四节 分类 / 98
第五节 测量 / 102
第六节 信息交流 / 105
第七节 科学游戏 / 111
第八节 文学艺术 / 116

第五章 幼儿园科学教育活动的设计与指导 / 129

第一节 幼儿园科学教育活动概述 / 129
第二节 预定性科学教育活动的设计 / 141
第三节 选择性科学教育活动的设计 / 162
第四节 幼儿园科学教育活动的指导 / 169

空气炮 / 162
水果滚滚 / 168
沉与浮 / 168
水变干净了 / 168

基于儿童视角,设计与指导幼儿园科学教育活动。

第六章 家庭与社会的学前儿童科学教育 / 175

第一节 家庭中的学前儿童科学教育 / 175
第二节 学前儿童科学教育的社会设施 / 187

第七章 幼儿园科学教育资源 / 194

第一节 幼儿园科学教育资源概述 / 194
第二节 幼儿园科学教育资源的类别 / 196
第三节 幼儿园科学教育资源选择与创设的要求 / 202
第四节 幼儿园科学教育资源的管理 / 206

在田园中的科学活动 / 202

充分利用自然资源,密切联系儿童的实际生活,让儿童将身边的事物与现象作为探究对象,在实验、分享、劳动等过程中,充分享受自然带来的乐趣,发展探究能力。

第八章 学前儿童科学教育评价 / 215

第一节 学前儿童科学教育评价概述 / 215
第二节 学前儿童科学教育评价的内容和标准 / 217
第三节 学前儿童科学教育评价的方式 / 224

附录 学前儿童科学教育自学考试大纲 / 242
参考书目 / 255

第一章 学前儿童科学教育概述

学前儿童科学教育是学前教育体系中的一个重要组成部分,是儿童学习与发展的领域之一。对学前儿童进行科学教育,不仅是有利的、必须的,同时也是可行的。回溯学前儿童科学教育发展的历程,可以发现,当今学前儿童科学教育的目标、内容及活动指导的方式方法都有了根本的改变。学前儿童科学教育通过对儿童个体发展的促进作用,能为国家培养需要的人才,从而达到促进社会发展的目的。

第一节 学前儿童科学教育的含义

对学前儿童进行科学教育,首先要对有关科学教育的一些基本概念进行了解,包括什么是科学,什么是科学教育,等等。只有在了解这些有关概念的基础上,才能对学前儿童科学教育的基本概念进行学习、分析,并将其运用于实践中,才能对学前儿童科学教育的目标进行确定,并根据目标来选择与编排科学教育的内容,才能运用合适的方式方法实施科学教育。

一、科学与技术的含义

(一) 科学与技术的含义

学前儿童科学教育的进行,与人们如何看待科学技术是密切相关的。虽然人们常常把技术和科学相联系,但是它们是两个不同的概念。科学往往指的是广义的自然科学,是关于自然的知识体系。而技术的内涵很广,概括地说,它是关于手段、方法的体系。

科学是一个难以界定的名词,人们更多的是从一个侧面对其本质特征加以揭示和描述。以英国著名科学家约翰·贝尔纳为代表的科学家们认为,科学在不同的时期、不同的场合有不同的意义。例如,梵语中,"科学"一词是指"特殊的智慧";拉丁文的"科学"指的是"知识"的意思。科学的每一种解释都反映出科学某一方面的本质特征。时代发展至今,科学的范畴已极为广泛,它包括了关于世界的一切知识体系与规律。我们综合各家论述,将"科学"定义为:科学是关于自然、社会和思维的知识体系,是社会实践经验的总结,并在社会实践中得到检验和发展。

1. 科学是人们对客观世界的认识,是反映客观事实和规律的知识体系

人们是靠生产实践、生活实践和科学实验来认识客观世界、得到知识的。科学是一种知识,但并不意味着任何一种知识都是科学,只有反映客观事实和规律的知识才是科学。掌握"科学"的实质,主要是要加深对"事实"和"规律"的认识。首创进化论学说的生物学家达尔文就以自己的感受给科学下了定义,他曾说过:"科学就是整理事实,以便从中得出普遍的规律或结论。"事实可以是历史事实、社会事实、自然界的事实和其他事实。科学就是发现人们未知的事实。例如,化学家发现的新元素,物理学家发现的物质运动和变化的规律等,这些都是事实。如居里夫人发现镭、钋等天然放射性元素,尽管它们在世界上早已存在,但过去没有人发现过,而居里夫人发现了,大家都承认她发现的是事实,并承认她是科学家。人们在生产、生活实践中还发现了事物之间有千丝万缕的联系,这种联系就是规律。例如,"月晕而风,础润而雨",就是人们发现的"月晕"与"风"的关系、"础润"与"雨"的关系。遵从这些关系,人们就会得利。这种反映客观事实之间联系的准确判断就是规律,这种规律就是知识,也就是科学。以上所说的联系或规律也称为法则,即事物发展过程中事物之间内在的、本质的、必然的联系。它们是客观的,我们只能发现它,但不能创造它。

20世纪初,人们开始认识到科学是由很多门类组成的知识体系。此时,数学、物理、化学、天文、地理、生物等基础科学,电力、机械、建筑、钢铁、医药等工程科学及管理科学都比较成熟了。科学已经不是事实和规律的知识单元,而是由知识单元组成学科,学科又组成学科群,进而形成的一个多层次的体系。从整体看,科学包括自然科学、社会科学和思维科学等。自然科学是关于自然界不同对象的运动、变化和发展规律的知识体系,是人类改造自然的实践经验的总结;社会科学是人类关于社会不同领域的运动、变化和发展规律的知识体系,是人们改造社会的实践经验的总结;思维科学则是关于人的思维产生、变化和发展规律的学科,它包括哲学、逻辑学、心理学,以及人工智能、控制论、信息论、系统论等一系列古老的和新兴的学科。因此,大部分辞书给科学下的定义都强调"科学是知识体系",认为"科学是关于自然、社会和思维的知识体系",是反映客观事实和规律的知识体系。

2. 科学是探索世界、获取知识的过程

如同之前所说的,科学是反映自然、社会和思维的知识体系,但是这都只是从静态的角度进行分析的,如果我们从动态的角度进行分析,科学又是一种动态的活动,是人的一种特殊的活动,是真理性知识的一个生产过程。它是以事实为依据,以发现规律为目的的社会活动。这种活动通过各种手段去感知客观事物,在大量感性经验的基础上,再运用理论思维去

把握事物的本质。所以,科学知识的获得离不开科学的过程,任何科学知识都是科学认识过程的产物。任何科学知识的获得,都要经历人们科学探索的过程。科学研究是从问题开始的,经过一系列的研究,得出结论,新的结论又引出新的问题,由此循环往复,步步深入,以至无穷。

无论从具体的科学知识,还是从人类整个的科学认识来考察,都能证明科学的这种特性。就具体的科学知识而言,它的获得离不开科学的认识过程。任何科学知识都是科学认识过程的产物。任何科学知识的获得,都要经历人们的科学探索过程。所谓科学,不仅在于其认识结果的科学性,即科学知识符合客观实际,更在于其认识过程的科学性,即认识过程是建立在观察到的客观事实基础上的合乎逻辑的推理过程。过程的科学性和结果的科学性一样,都是科学的本质特征。所以从辩证的观点来看,科学应该是科学知识和科学认识过程的统一。就人类整个的科学认识而言,它不是一个静态的知识体系,而是一个动态的发展过程。人们对事物的科学认识并不是一成不变的,而是不断发展、变化的。过去认为是正确的、科学的知识,完全可能被新的事实所推翻、所否定,科学正是在不断否定自我和修正自我的过程中得到发展的。1895 年,德国的伦琴发现了 X 射线;1896 年法国的贝克勒耳发现了原子的放射性;1897 年英国的汤姆逊发现了电子;1898 年法国的居里夫人不但发现了钋、镭等新的放射性元素,而且发现了元素之间的转化;1899 年英国的卢瑟福又发现了 α、β 射线。这几个发现不但证明了原子并不是最小的物质单位,而且还证明了原子也不是稳定不变的物质。

由此可见,科学没有最终的结论,更没有永远正确的结论。即使是科学知识本身,也是不断发展的。因此,科学是科学探索过程与成果的统一。

3. 科学是一种看待世界的方法和态度

对科学的认识,除了以上两个方面以外,还有一种更广义的理解,那就是将科学看作是一种对世界(包括科学活动和科学知识本身)的基本看法和态度,与迷信、盲从相对立,即科学精神与科学态度。科学精神是通过科学思想、方法、思维和理智所体现出来的,严肃认真、客观公正、敢于创新、独立思考、尊重事实、坚持真理、修正错误等的精神和气质。科学精神具有推动与促进社会进步及全人类相互理解的价值。而科学态度则是个体对某一对象所持的评价和行为倾向,它是由认知、情感和意向三因素构成的,稳定、持久的个体内在结构,是调节外界刺激与个体反应的中介因素。科学态度包括:实事求是、不主观臆断、不弄虚作假;严谨踏实、勤奋努力、一丝不苟、精益求精;谦虚谨慎、乐于并善于合作;热情自信、乐于参与科学的学习与实践活动,并从中得到乐趣和满足;有高度的责任感,有坚强的意志品质,表现出高度的独立性、果断性、坚持性等。科学态度和科学精神都属于科学的精神本性。

科学活动起源于人类的生产实践和生活实践。而从根本上说,科学活动源于人类对周围世界的好奇心和生活实践。保加利亚学者优尔科夫说:"科学的本质,不在于已经认识的真理,而在于探索真理。"科学家的最大动机就是好奇心,也就是求知求解的欲望。科学当然离不开物质实践活动,也能转化为巨大的物质力量。可是,科学家从事科学实验,是为了在相对纯粹的条件下更好地揭示自然规律,在特定的设计中"拷问"自然界,让自然界敞开自己的奥秘,回答人们提出的问题。这样的过程贯穿着极为艰苦的创造性精神劳动,其产品为知识。只有在知识成果的基础上,科学才能进入生产过程,成为现实的生产力。没有这一基础,科学的物质力量便无从发挥。可见,科学的精神本性是科学的本质属性,而不是可有可无的属性。

对技术的本质和意义进行的考察研究,始于古希腊时期。亚里士多德把技术看作是制作的智慧。在罗马时代,工程技术发达,人们对技术不只看到"制作"这种实的方面,也看到了"知识形态"这种虚的方面。17世纪,英国思想家培根曾提出要把技术作为操作性学问来研究。德国哲学家康德也曾在《判断力批判》中讨论过技术,而后来人们提出了"技术论"。

随着技术的发展,人们认为用"手段"和"方法"来概括技术更为全面。所谓手段和方法,包括物质手段(工具和设备等)、经验和技能以及组织形式等。这些因素相互结合,组成一个技术系统。

到18世纪末,法国科学家狄德罗认为技术是人们为了特定目的所应用的一种手段和方法,并在其主编的《百科全书》条目中,开始列入"技术"这一条目。他指出:"技术是为达到某一目的共同协作组成的各种工具和规则体系。"阐明技术概念的这句话具有五个要点:(1) 把技术与科学区别开来,技术是"有目的"的;(2) 强调技术的实现是使用广泛的"社会协作"来完成的;(3) 指明技术的首要表现是生产"工具",是设备,是硬件;(4) 指出技术的另一个重要表现形式——"规则",即生产使用的工艺、方法、制度等知识,是软件;(5) 和科学一样,把定义的落脚点放在"知识体系"上,即技术是成套的知识系统。

直到现在,许多辞书上对于技术的定义,基本上都没有超出狄德罗的技术概念范畴。我国的《辞海》将技术定义为:"①泛指根据生产实践经验和自然科学原理而发展成的各种工艺操作方法与技能。如电工技术、焊接技术、木工技术、激光技术、作物栽培技术、育种技术等。②除操作技能外,广义的还包括相应的生产工具和其他物资设备,以及生产的工艺过程或作业程序、方法。"也有词典把技术定义为:"人类改变、控制其周围环境的手段或活动,是人类活动的一个专门领域。"

技术的性质主要表现为它是现实的生产力。生产力包括劳动者、生产工具和劳动对象三个基本要素。劳动者运用生产工具作用于劳动对象,进行生产活动,为人类创造自己的生存条件。技术渗透到生产力的所有要素之中,是现实生产力的共同基础。也就是说,人们把科学原理转化为技术发明,通过在生产过程中的广泛应用,提高了劳动者的知识和技能,改进劳动的技术装备,同时也引起了劳动对象的变革。因此,在现实意义上可以说,生产力各要素就是技术的不同表现形态。

把技术理解为生产劳动手段的体系,反映了技术发展在某一阶段的特征。随着科学技术的不断发展,对技术的理解又被赋予了新的含义:(1)技术不仅是进行生产劳动的手段,而且是科学的手段、文化娱乐的手段,技术已渗透到了现代人类活动中的各个方面。(2)科学走到了技术的前面,成为现代技术的先导;现代技术已经不是经验的产物,而是科学物化的结果。在古代或近代,往往是技术走在前面,如,发明了蒸汽机,但还没有发现热力学定律;而在当代,有了正确的航天理论并且计算出航天轨道,才会去设计航天器与进行航天活动。

科学是人类的一种社会活动,其目的是认识自然的、社会的及思维的规律,成果是科学知识。技术也是一种社会活动,其目的是设计和制造用于生产、运输与通信、科学研究、教育、管理、医学、文化、生活等方面的工具。科学与技术是辩证统一的整体,科学中有技术,如物理学有实验技术;技术中也有科学,如杠杆、滑车等也蕴含着力学。技术产生科学,如射电望远镜的发明与使用,产生了射电天文学;科学也产生技术,可以举出许多著名例证:

1831 年	发现电磁感应原理	1882 年	生产出发电机
1862 年	发现内燃机原理	1876 年	生产出内燃机
1925 年	发现雷达原理	1935 年	制造出雷达
1948 年	发现半导体原理	1954 年	生产出半导体收音机

……

科学回答的是"是什么""为什么",技术回答的是"做什么""怎样做";科学提供物化的可能,技术提供物化的现实;科学是发现,技术是发明,科学是创造知识的研究,技术是综合利用知识于需要的研究。

将科学与技术区别开来的目的,不是将它们分开,而是要更好地统一考虑。注重技术时要想到科学,注重科学时要考虑技术。科学和技术是两种不同的知识或活动,同时,科学和技术之间存在着相互联系、相互依赖、相辅相成的关系。人们改造自然的活动必须建立在认识自然规律的基础之上,而认识自然则是为了改造自然。

随着时代的发展,这种联系变得越来越紧密了,科学与技术越趋于合流。在古代或近代,科学和技术还没有紧密地联系在一起,它们是相互独立地发展的。人们并不是有意识地将科学发现应用于技术活动中,而是在实践经验中总结出各种技术的,故技术发明常常走在科学的前面。到了现代,随着科学技术理论的成熟,科学则先于技术,成为现代技术的先导。现代技术已经不再纯粹是经验的产物,而成为科学的具体运用。如航天技术就不可能从纯粹的经验中得来,而只能根据科学理论先计算出航天器的运行轨道,然后再设计相应的航天器。对于科学来说,技术是科学的延伸;对于技术来说,科学是技术的升华。科学与技术通过复杂的交互作用而相互增强。有一点需要说明的是,虽然科学与技术是两个不同的概念,但由于它们之间的相互关联性,人们往往用"科学"这个词涵盖科学与技术两个领域。

(二) 科学技术的功能

科学技术具有精神上和物质上的多方面功能。苏联科学学家拉契科夫指出:"科学的主要任务,是成为人们合理的、最有效的活动的基础。科学揭示现实发展的基本方向和趋势,同时阐明使我们的行动与周围世界和要求一致起来的途径及形式,指出怎样才能使这些途径及形式最为合理。"[①]具体说来,科学技术有以下两方面的功能。

1. 科学技术的认识功能

科学作为一种知识体系,既是人们认识客观世界的结果,又是人们继续认识客观世界的前提。科学是人们认识世界、改造世界的精神力量。首先,科学知识使人们的思想日益科学化。物质世界的规律是客观存在着的,人们一旦掌握了科学知识,就可以认识到人类自身与其周围各方面之间的关系,利用客观规律为人类谋利。科学的发展,使人类对自然规律的认识日益深入,人类的精神文明也不断得到发展。其次,科学理论对科学技术实践具有指导作用,科学技术离不开理论的指导。科学理论还具有预见作用,它可以预见客观事物的运动、变化和发展,预见人类尚未认识的新事物和新发现存在的可能性,从而成为人类探索未知世界的行动指南。再次,科学技术的发展改变着人们的精神和道德面貌。随着科学理论的发展,许多旧思想、旧观念不断被破除,科学知识帮助人们养成尊重实践、从实际出发、实事求是、破除迷信、追求真理、勇于创新等优良的品格,伦理道德观念也必然随之发生变化。科学要求从事科学事业的人具有不畏艰险、勇于实践、敢于献身的宝贵品德,这不仅鼓舞着从事科学事业的人勇往直前,而且促进着整个人类社会思想的变化。

2. 科学技术的生产力功能

科学技术知识是人类在与自然谋求协调发展中的强大力量。人们要把科学技术转变为改造自然的物质力量,就必须在生产过程中运用科学技术,使潜在的生产力变为现实的生产力。生产力是人类改造自然的能力,科学技术渗透到生产力诸要素中后,必然会引起生产力诸要素的变化,随着科学技术的不断发展,人类改造自然的能力就不断加强。首先,用科学知识武装劳动者,可以提高他们的生产劳动能力。劳动者是在社会生产力中起主导作用的最积极、最活跃的因素。人类劳动的基本特点是体力劳动与智力劳动紧密结合,衡量一个人劳动能力的大小,不仅要看体力的支出,更重要的是看智力的支出。随着现代化生产力的发展,对劳动者科学知识水平的要求越来越高,劳动者掌握一定的专门的科学知识,就可以提高他们的生产劳动能力。其次,通过掌握科学知识,进行技术发明,创造新的生产工具,可以提高生产力水平。生产工具的改革和发展,对生产力的发展起着决定性的作用,也是社会生产力水平的主要标志。科学技术越发展,对自然界的属性和规律认识越深入,科学理论转化

---

① [苏]N·A·拉契科夫著,韩秉承等译:《科学学——问题·结构·基本原理》,科学出版社1984年版,第54页。

为技术的程度越高,生产工具就越能得到改进和创新,生产力水平也就能得到迅速的提高。再次,科学技术的力量还表现为扩大劳动对象,使原来尚未开发的自然资源得到广泛的利用。劳动对象是人们为生产物质所加工的一切对象,它包括自然物(如土、水、气等)和由人的劳动加工过的原材料(如农产品、矿石、铁、钢等)。科学技术的发展,不断揭示着自然物质可供利用的性质,使人们扩大了开发和利用资源的范围,即人们对材料本质的认识从宏观性能越深入到微观结构,就越有可能按照实际的需要,设计、制造指定性能和结构的新材料,使材料工业发生革命性的变革。最后,现代科学技术的发展,使现代化管理成为生产力的一种新要素。在社会生产中,科学作为知识形态的生产力要转化为直接生产力,必须经历一个把科学转化为技术发明、产品研制,乃至物质生产的复杂过程。如何使生产中的各部门和各环节达到有机的动态结合,取得最优效果,这就必须依靠科学管理。而现代科学技术为现代化管理提供了理论、方法和手段。

综上所述,科学技术在社会总体活动中的地位和功能表现在两个方面:一是在精神文明方面,即认识世界,是科学技术的认识功能;二是在物质方面,即改造世界,是科学技术的生产力功能。

二、学前儿童科学教育的含义

(一)学前儿童与科学

社会发展到今天,人们已日益认识到科学对于人类的重要作用。然而,很多人仍会把科学与幼儿分开,认为科学只是科学家或者成人应该学习、接触的东西,和年纪尚小的幼儿是无关的,因为幼儿无法弄懂科学神秘而深奥的原理。其实不然,孩子从一出生起,就与科学结下了不解之缘。在其成长的过程中,无数个"是什么""为什么""怎么样"在脑中回旋时,科学就在幼儿身边。他们时时、处处在学科学,以不同于成人的特有的方式在接触科学、探究世界。幼儿的科学不像成人的科学那样深奥抽象,幼儿的科学就是那些他们经常接触到的、周围世界中的各种事物和现象。例如,自然界的事物和人们制造的各种物品等,其中都包含了许多科学的因素,都属于幼儿科学的范畴。幼儿对周围的事物怀有深厚的好奇心,他们总是在与周围环境的接触中了解和认识这个世界的,他们所感兴趣的是一些看起来浅显和天经地义的事实物体。例如:种子怎样发芽?为什么有白天和黑夜?人生了病为什么要吃药?这样的问题都是幼儿科学的内容,也就是说,学前儿童的科学不同于成人的科学,前者以动作逻辑为基础,后者以形式逻辑为基础。例如,我们不能要求幼儿通过理解月亮和地球的相对运动关系来认识月相,即使运用某些模型,幼儿也无法理解,因为他们无法在头脑中想象出地球和月亮的相对运动关系。但是幼儿可以在动作水平上获取有关月亮的感性经验,这些经验中既有感知的,又有逻辑的。例如,从观察月相的变化中,可以得出一些逻辑数理经验。

幼儿学习科学开始于对周围世界和自身的好奇心，并由此而产生的对周围事物的探索。《3—6岁儿童学习与发展指南》（以下简称《指南》）指出：幼儿的科学学习是在探究具体事物和解决实际问题中，尝试发现事物间的异同和联系的过程。幼儿在对自然事物的探究和运用数学解决实际生活问题的过程中，不仅获得丰富的感性经验，充分发展形象思维，而且初步尝试归类、排序、判断、推理，逐步发展逻辑思维能力，为其他领域的深入学习奠定基础。幼儿科学学习的核心是激发探究兴趣，体验探究过程，发展初步的探究能力。成人要善于发现和保护幼儿的好奇心，充分利用自然和实际生活机会，引导幼儿通过观察、比较、操作、实验等方法，学习发现问题、分析问题和解决问题；帮助幼儿不断积累经验，并运用于新的学习活动，形成受益终身的学习态度和能力。[①]

幼儿对物体都想触摸、摆弄、观察，他们正是通过这些动作感知物体的属性，发现物体与周围环境的相互关系，获取直接经验，以语言和非语言的形式表达与交流，在此过程中，发现问题，并提出问题，通过再次观察、探索，找出问题的答案或提出更多的问题。在这样的过程中，幼儿逐渐积累起有关人类自己、自然现象、科技产品等的具体、直接的经验，形成简单的概念，尝试并学习科学的方法，激起学习科学的兴趣，发展智力水平。例如，当幼儿接触、探索水的时候，他们通过与水的接触、感知、操作，从而发现水的各种特征：透明的、会流动的等。他们还能联系原有经验，发现有各种各样的水（污水、清水）、水有各种用途等。幼儿就是在这样与周围环境相互作用的过程中，感知了物体的属性，获取了有关周围环境的直接经验，进行了思考，运用了观察、表达、分类等方法，激起了进一步探究的兴趣。

拓展阅读

科学家的探究和幼儿的探究

表1-1　科学家的探究和幼儿的探究

科学家探究的基本过程	幼儿探究的基本过程
■ 提出重要的可以进行实证研究的问题； ■ 将研究与相关的理论相联系； ■ 使用能直接对所提出问题进行研究的方法； ■ 提供合理、明确的推理过程； ■ 进行各种验证性研究与推广性研究； ■ 发表研究结果并接受同行的检验与批评。	■ 提出问题（有探究意义、探究价值）； ■ 建立探究内容与相关概念、理论的联系； ■ 选择适宜的方法； ■ 合理的推理与假设； ■ 实证研究； ■ 分享交流。

---

① 中华人民共和国教育部：《3—6岁儿童学习与发展指南》，2012年。

(二) 学前儿童科学教育的含义

要说明什么是学前儿童科学教育,必须先说明什么是科学教育。科学教育是培养科学技术人才和提高民族科学素质的教育。具体地说,科学教育是系统传授数学、自然科学知识,实现人的科学化的教育活动。随着科学技术的迅猛发展,科学教育的内涵不断丰富,外延不断扩大。

有人认为,科学教育主要是指各级各类学校进行的数学和自然科学教育。如日本《教育学大事典》指出:"科学教育是指初等、中等学校阶段的自然科学教育。即在任何学校阶段和家庭、社会中所进行的自然科学与数学的教育。"[①]

有人认为,科学教育是一项传授科学知识、培养科技人才的社会活动,是一种潜在的科学能力。尤其是20世纪60年代以后,各国都清醒地认识到,国与国之间的竞争,主要是科学技术的竞争,而科学技术竞争的关键是教育。科学教育质量的高低已成为一国科学技术发展的关键因素之一。20世纪80年代以后,人们面临着环境污染、人口爆炸等问题,因此对科学教育的认识又有了新的变化。英国著名科学教育学者弗雷泽提出,科学教育的重点应放在普及科学知识上,并由单纯的科研转向获得发现的方法或途径。他在《科学教育的概念》一书中,把追求知识、掌握技能、理解科学现象和发展学生的优势作为科学教育的四个目标。[②]

综合上述观点,我们认为科学教育是教育的一个组成部分,是以数学和自然科学教学为主的一种社会活动。它涵盖了幼儿园的科学领域教育,小学的数学、自然科学教育,中学的数学、物理、化学、生物、地理和信息技术等教育,大学进行的自然科学专业教育。

科学教育是在近代科学技术发展的基础上产生的,又成为进一步发展科学技术的基础。科学教育的基本目标有三个方面:科学知识技能、科学方法和科学精神。科学教育不仅要使学生掌握科学知识技能、科学方法,而且要使学生学会应用这些来了解环境、关怀社会、解决问题,不断地自求进步,掌握更多的操作技巧,并具有乐观积极的科学精神。

学前儿童科学教育是指幼儿在教师的指导下,通过自身的活动,对周围的自然界(包括人造自然)进行感知、观察、操作、发现,以及提出问题、寻找答案的探索过程。例如,教师把孩子带到郊外,启发他们收集各种小石块,然后带回幼儿园,让孩子向同伴介绍自己收集的石头,互相交流,并进行各种分类、制作活动。在这种活动过程中,孩子不仅认识了各种各样的石头,学习了分类方法,发展了观察能力、思维能力、审美能力,同时还培养了探索大自然的兴趣和热爱大自然的情感。学前儿童科学教育的实质是对学前儿童进行科学素质的早期培养。

---

① 陈志伟、贾秀英编著:《中学科学教育》,浙江大学出版社2001年版,第8页。
② 陈志伟、贾秀英编著:《中学科学教育》,浙江大学出版社2001年版,第8页。

学前儿童科学教育是整个科学教育体系的起始阶段、基础环节。学前儿童处于人生的最初阶段,身心发展远未成熟、完善,因而,学前儿童科学教育是一种科学启蒙教育。通过科学教育,萌发幼儿学习科学的兴趣、好奇心,帮助幼儿积累科学经验,掌握一些初步的技能,为以后的科学学习打下良好的基础。

学前儿童科学教育从广义上来说,应该包括一切知识体系的教育,但与世界各国科学教育的概念与范围相一致,一般学前儿童科学教育特指自然科学方面的教育。从科学经验、概念方面来说,主要包括学前儿童对周围环境的认识以及对一些科学现象、技术的了解与认识。由此,学前儿童科学教育和自然科学、学校的自然学科等都有着某种联系。

另外,学前儿童科学教育与幼儿园其他教育活动也有着密切的关系,并为幼儿园各项教育活动提供了知识基础,同时,学前儿童科学教育又有其自身的特点。

第一,幼儿的生活经验为他们学习科学提供了有利的基础。幼儿从出生到进入幼儿园,虽然只有短短几年,但他们经常从周围环境中接触到有关科学的物体和现象,在成人的影响和指导下,认识了不少事物,积累了一些知识经验,形成了一定数量的比较简单的概念,这就为学前儿童学习科学提供了有利的基础。

第二,学前儿童科学教育所涉及的内容,都是客观存在的,很多都可以直接观察到。教师在进行教育时,可以利用各种实物供幼儿直接观察。当有的事物因受条件限制而不能直接观察时,可以利用标本、模型、挂图、幻灯片等教具,使幼儿能间接观察,这样就能充分发挥幼儿各种感官的作用,使其获得具体生动的感性经验,这是符合幼儿年龄特征和认识规律的。

第三,周围环境中的各种自然现象都按一定的规律在不断地变化和发展,幼儿难以直接观察和发现这些变化与发展。在科学教育的过程中,可以利用教具模拟或再现自然现象的变化和发展,使幼儿通过观察,了解这些变化过程。例如,通过小实验模拟水的三态变化等。

第二节 学前儿童科学教育的价值

向学前儿童进行科学教育是人类社会进步的必然要求,是学前儿童发展的需要,也是学前教育必不可少的组成部分。无论从社会的需要来看,还是从学前儿童的个体发展来看,学前儿童科学教育都是至关重要的。

一、学前儿童科学教育与社会发展

随着科学技术的迅猛发展,人类社会进入了现代科技时代。20世纪以来,特别是第二次世界大战以后,以电子信息、生物技术和新材料为支柱的一系列高新技术取得了重大突破和飞速发展,极大地改变了世界的面貌和人类的生活。科学技术日益渗透于经济发展和社会生活的各个领域,成为推动现代生产力发展的最活跃的因素。科学技术推动了生产,发展了技术,繁荣了社会。无论是经济发达国家,还是发展中国家,都越来越意识到国家财富的增长、社会的繁荣对科学技术的依赖性。现代国际间的竞争,关键在于科学技术的竞争。邓小平同志敏锐地洞察到这一历史大趋势,鲜明地提出"科技是第一生产力"的科学论断,丰富和发展了马克思主义关于生产力的学说,对建设我们社会主义现代化强国,具有重大的指导意义。1995年5月6日,中共中央、国务院正式发布了《关于加速科学技术进步的决定》(以下简称《决定》),这是面向21世纪的重大决策。在《决定》中,首次提出了"科教兴国"的战略,强调当前紧迫而重要的任务,是"经济建设、社会发展基本转向依靠科技进步和提高劳动者素质"。"依靠科技进步"和"提高劳动者素质"这两者都要依靠现代教育。国务院于2006年2月9日发布了《全民科学素质行动计划纲要(2006—2010—2020年)》(以下简称《科学素质纲要》),其目的是全面推动我国公民科学素质的建设,通过发展、传播与普及科学技术教育,尽快使全民科学素质在整体上有大幅度的提高,实现到21世纪中叶我国成年公民具备基本科学素质的长远目标。《科学素质纲要》提出了全民科学素质行动计划在"十一五"期间的主要目标、任务与措施,以及到2020年的阶段性目标。其中,特别对未成年人科学素质的养成提出了建议,如:"使未成年人从小树立人与自然和谐相处和可持续发展的意识。""完善基础教育阶段的科学教育,提高学校科学教育质量。"[1]党的二十大报告指出"新时代新征程中国共产党的使命任务"之一是"中国式现代化是人与自然和谐共生的现代化",具体明确:"人与自然是生命共同体,无止境地向自然索取甚至破坏自然必然会遭到大自然的报复。我们坚持可持续发展,坚持节约优先、保护优先、自然恢复为主的方针,像保护眼睛一样保护自然和生态环境,坚定不移走生产发展、生活富裕、生态良好的文明发展道路,实现中华民族永续发展。"

当前,我国正面临着世界范围内新技术革命的挑战,国际间的科学技术竞争非常激烈。随着尖端科学的新的突破和进展,必将导致社会生产力的高度发展,导致生产工具、手段和工艺的巨大变革,社会劳动力将不断智力化和科学化。劳动者是在社会生产力中起主导作用的最积极、最活跃的因素。劳动者的劳动能力不仅取决于体力的大小,更取决于科学能力的高低。科学化的劳动者所具有的能力,远远超过普通人的能力,会创造出更多的价值。建设创新型国家,除了要普及科学教育,培养数以亿计的高素质劳动者之外,还需要培养数以千万计的专门人才和一大批拔尖创新人才,把我国由人口大国转化为人才资源强国。这样才能肩负起走中国特色自主创新道路、建设创新型国家的历史使命。从国际竞争环境来看,科学技术已经成为当今世界先进文化的重要组成部分,也是衡量一个国家综合国力的核心因素之一。我国要想从一个人口大国转变为人力资源强国,就必须大力提高我国公民的综

---

[1] 中华人民共和国国务院:《全民科学素质行动计划纲要(2006—2010—2020年)》,2006年。

合素质,而科学素质在公民的综合素质中是关键因素。在科技时代,除了要普及科学教育,培养智能型的劳动者之外,还需要培养大批的科学研究人才。在科学高度发展的国家中,需要的不是个别的,而是整批的科技人才,只有这样,才能使整个国家的科学组织健全,充满活力。因此,科技人才资源已成为一个国家走向富强的极为重要的问题。人才投资是关键的投资,从一些科技发达国家教育改革的经验中已经可以清楚地看到这一点。

科学技术飞速发展,使科学知识更新的周期不断缩短,而育人的周期却不断延长。现在的幼儿是我国现代化建设的人才资源。终身教育的研究表明,生命的最初几年对于往后教育过程的成功是非常重要的,因为它是智力发展最为迅速的时期,或者可以说是一个决定性的时期。幼儿园的科学教育是学前儿童教育的一个重要方面,学前阶段的科学教育,虽然不可能直接培养出儿童科学家,但往往会有某种潜在的影响和作用。科学史上许多科学家的成长过程无不说明,正是一些有趣的自然现象,以及科普活动和科普读物,使他们从童年时代就对科学无限向往,热爱科学、喜欢接触科学、学习科学,后来也走上了研究科学的道路。例如,英国生物学家达尔文的父亲是个医生,他非常喜好园艺,达尔文耳濡目染,从小就对大自然有一种特殊的热爱和想象力。长大后,他从对大自然的长期观察中,得出"物竞天择"的结论,成为举世闻名的大科学家。英国的另一位科学家法拉第也曾说过:"科学应为大家所了解,而且要从孩子开始。"学前阶段的科学教育越普及,幼儿对科学的兴趣越浓厚,幼儿潜在的开发就越有效,产生优秀科技人才的基础也就越厚实。

二、学前儿童科学教育与个体发展

学前儿童科学教育把幼儿探究自身和周围世界的自发需要纳入有目的、有计划的教育程序中,保证了幼儿认知、情感、态度及有关能力的协调发展,是全面发展教育中不可缺少的一个部分。科学教育对于学前儿童个体发展的作用可以从以下几个方面进行分析。

(一) 从周围环境的特点进行分析

周围环境是丰富多彩的物质世界,是幼儿获得感性经验的源泉。环境是由各种各样的物质组成的,是人们可以感知到的客观存在,其丰富性、多样性就在幼儿身边。环境是幼儿接受外界信息的源泉,是开发幼儿智力的天然因素,环境还能激发幼儿的兴趣,吸引幼儿去观察、探究、发现,从而获取有关周围环境的感性认识和经验。

周围环境是互相联系、运动变化发展着的物质世界,对发展幼儿的思维有着重要的促进作用。纷繁的周围环境复杂多变,表面看上去似乎五花八门,令人眼花缭乱。但整个自然界是由不同的领域和不同层次中的物质组成的互相联系、互相制约的统一体,并按照本身的客观规律在不断地运动、变化和发展着。这些特性有利于教师引导幼儿根据这些特性进行简单抽象,也容易使幼儿进行分析、综合、分类,对幼儿初级的抽象逻辑思维的发展,有很大的促进作用。

周围环境是可以被认识、利用和改造的物质世界,对培养幼儿的求知探索精神有着积极的影响。周围环境,特别是自然界,不是神秘、莫不可测的,而是可以被人们所认识、利用和改造的。科学教育可以根据幼儿的特点,有目的、有计划地通过他们身边的一些现象,使幼儿在耳闻目睹的事实中体会到,人可以用自己的劳动和科技成果来改造自然、改造社会。这些对扩展幼儿的视野,开发幼儿的智力,鼓舞幼儿对未来美好生活的向往,以及启迪幼儿对科学的兴趣和爱好,都会产生积极的影响。

周围环境美的姿态,可以为培养幼儿的积极情感提供有利的因素。日月星辰、花草树木、高山流水……都能给孩子带来欢乐,引起他们喜爱的情绪体验,为培养幼儿的积极情感、热爱周围环境的态度提供了有利因素。

周围环境是促进幼儿健康成长的源泉。自然界的日光、空气和水,是促进幼儿身体健康的天然因素;山坡、小道、水沟等自然环境,是锻炼幼儿机体、发展幼儿动作的良好条件。社会环境的内容,对培养幼儿的人际关系,帮助幼儿学习与人交往,也有着不可忽视的作用。通过科学教育,经常带幼儿接触大自然,充分利用周围环境中的这些有利条件,可以使幼儿的身心得到健康活泼的发展。

(二) 从幼儿年龄阶段的特点进行分析

在学龄前,幼儿对周围事物有很大的好奇心,为了满足这些好奇心,他们去了解周围事物,产生了各种问题:是什么?为什么?怎么样?……这种好奇心,还促使他们去探索、观察、发现、尝试,表现出对科学的求知欲的萌芽。但是这种好奇心在一般情况下会被忽视。通过科学教育,能满足这种好奇心,使幼儿对学习科学产生积极的态度,还能对幼儿长大后对待周围事物、对待生活的态度产生良好的影响。幼儿对科学有着强烈的兴趣,这种兴趣正是在好奇心的驱使下保持着的。幼儿在科学方面的兴趣,同其在音乐、舞蹈、绘画方面相当,甚至更为强烈。但幼儿的这种兴趣是不稳定的、表面的。通过科学教育,可以支持、鼓励幼儿的兴趣,从而使幼儿对周围事物产生稳定的情感,产生对科学的喜爱。

幼儿从出生起就不断与周围环境接触,直到3岁左右,他们已感知了不少事物与现象。但由于幼儿认识能力及生活经历的局限,他们所获得的经验毕竟是贫乏的、未经加工的,且往往是片面的、孤立的、朦胧的,甚至错误的。例如,3岁的幼儿虽然知道鸡,也看到过鸡,但不能说出鸡的较完整的形象。科学教育可以为幼儿创设丰富的环境,扩大、丰富幼儿的科学知识,并使其知识趋于系统化、条理化,逐步发现事物之间的规律和关系。另外,幼儿的智力、语言处于迅速发展期,但这种发展有赖于对客观世界的认识,科学教育能以客观事物为媒介,促进幼儿智力、语言的发展。例如,通过嗅各种不同气味的物体,让幼儿进行辨别,以发展他们的嗅觉。又如,在观察蚕的爬行的基础上,教给幼儿"蠕动"这一词语,以发展他们的观察力及语言能力。

幼儿的个性品质处于发展期,科学教育可以促进幼儿良好个性的发展。幼儿对环境的认识和情绪体验是形成道德观念的情感基础,幼儿道德观念的形成,不是仅靠解释道德概念,或靠单纯的说教形成的,而是要结合幼儿切身的情绪体验,辅以简明的说理,才能使其明白。在科学教育中,利用环境对幼儿进行爱自然、爱劳动、爱祖国、爱动物、爱植物等的教育,有利于在道德认识和道德情感的基础上,促进幼儿道德观念的形成。例如,可以通过让幼儿饲养小动物,培养幼儿热爱动物的情感。幼儿的道德行为易受眼前动机因素的制约,易受情绪的支配,因而常发生道德认识与道德行为脱节,甚至好心办错事的现象。观察和照料动植物的科学活动,有利于幼儿道德认识与道德行为一致性的形成。另外,科学教育还有利于幼儿自信心、独立性、创造性等品质的发展。

(三) 从幼儿园的各项活动进行分析

幼儿园教育的任务,是通过幼儿园的游戏、日常生活和学习活动来完成的。学前儿童科学教育,可为幼儿园各项活动,特别是教育活动提供具体而丰富的内容,即科学教育活动是进行其他各项教育活动的基础。《指南》指出:幼儿在对自然事物的探究和运用数学解决实际生活问题的过程中,不仅获得丰富的感性经验,充分发展形象思维,而且初步尝试归类、排序、判断、推理,逐步发展逻辑思维能力,为其他领域的深入学习奠定基础。例如,游戏活动是幼儿的主导活动,是幼儿通过模仿和想象对现实生活创造性的反映。如果幼儿缺乏对周围环境的认识,游戏内容就要枯竭,游戏就不能成为幼儿发展的重要途径。又如音乐和美术,是人们用艺术手段表现对客观现实的认识,一幅画面、一首歌曲,都反映着一定的内容,如果没有对客观现实的认识和体验,就难以有富有感情的艺术表现,也就不能培养幼儿的美感。

第三节　我国学前儿童科学教育的沿革

科学教育的产生与发展,一方面同科学技术的历史发展相联系,另一方面又同教育的历史发展相联系。而这两者又与社会经济和政治的发展相联系。因此,应该把科学教育放到广阔的社会历史背景中进行考察。

一、自然科学教育的起源

我国是一个具有悠久历史的文明古国。根据现有的考古资料,我们的祖先从很早就开始了认识自然和改造自然的历史。但是在当时的原始社会,生产力水平十分低下,人类为了谋求生活、维持生命而艰辛地劳作。在成人从事捕鱼、狩猎、耕作等日常劳动时,儿童跟随其后观察、模仿,学习获取食物、制作工具、防御猛兽的技能。在这样的日常生活中,通过成人的示范与口授,儿童获得了一些对自然界的感性了解,掌握了一定的知识经验,这即是人类早期科学教育的起源。人类早期的科学教育有其特点:一是自然科学教育与生产劳动紧密结合,成人在劳动中传授有关自然的知识,儿童在跟随成人劳动的过程中接受教育;二是在原始社会,科学还很不发达,人类对许多自然现象无法解释,于是将自然现象神化,这样的"误解"就阻碍了人类对于自然法则的认识,因此,自然科学教育也就带有愚昧的神灵色彩。

二、古代的自然科学教育

在古代的阶级社会中,统治阶级昌盛时期,科学技术得到发展,科学教育也受到重视。统治阶级没落时期,科学技术遭到破坏,科学教育同样也受到削弱。但是人类为了生存,总是要改进生产,发展科技,也总是要向下一代进行关于怎样生产、怎样和自然作斗争的教育。

我国古代的自然科学教育,曾取得了一些极其光辉的成果。当时,与孔、孟齐名的墨子,讲学时很重视生产知识的传授。他曾用实验的方法来解释光学中小孔成像的原理,这是世界上对光的直线传播的第一次科学的解释,比之后希腊的欧几里得要早一个世纪。而且,墨子用实验的方法进行教学,这在世界科学教育史上也是一种首创。在我国古代的自然科学教育中,特别值得一提的是唐代的科学技术教育。唐代是我国封建社会的鼎盛时期,唐代的科技教育制度和科技教育所取得的成果,写下了我国教育史上光辉的一章。唐代有一套较完整的科技教育制度,例如在国子监隶属下,设有与大学并立的学校"算学"(理科专门学校)。唐代官立的科技学校的专业设置和课程计划相当周密。"算学"专门学校设置了两个专业,其中一个专业设有"九章算术""孙子算经""五曹算经"等课程,并规定了修业年限。唐代还在科举制度中相应地设置了"明算科",以奖励和招纳算学的专门人才。

古代的儿童科学教育,也随之有了很大的发展。我们可以从大量的蒙学读本中,发现一些儿童科学教育的内容和方法。例如,宋代方逢辰编写的蒙学读本《名物蒙求》中,就专门介绍了自然和自然界知识,包括天文、地理、鸟兽、花木、日用品、耕种操作等。如讲自然现象"云维何兴,以水之升;雨维何降,以云之蒸"。与方逢辰同时代的王应麟所编的《三字经》中有介绍数、日、四时、五行、六谷、六畜的自然知识,如:"稻粱菽,麦黍稷。此六谷,人所食。马牛羊,鸡犬豕。此六畜,人所饲。"从上例还可以看出,古代的儿童科学教育是解释粗浅的科学概念、说明用途的纯知识性的科学教育,而且往往和识字教育紧密结合。

虽然古代儿童科学教育有了很大的发展,但是,总体来说,由于阶级社会的出现,教育大权为统治阶级所掌握,一般的劳动人民仍然在家庭中随着父母的劳动和日常生活接受科学教育,统治者并不重视科学教育。又由于科学教育在根本上会触动统治者的权力,因此,我国自然科学、生产技术的传授逐渐地从学校教育内容中被排除出去。

三、近代的儿童科学教育

我国的儿童科学教育通过专门设置的自然课程而进行,是在清代同治年间。当时,设立了同文馆,同文馆中有"格致"一科的设置,是我国设置自然科学教育课程的开端。1904年公布了"癸卯学制"(也称《奏定学堂章程》),其中规定了初小和高小都有"格致"一科。"格致"的内容包括动植物、矿物、理、化、卫生等。这是我国小学设置自然科学课程的开始。1904年,我国建立了第一所蒙养院,在《奏定蒙养院章程及家庭教育法章程》内,虽没有设立专门的学前儿童科学教育课程,但在"手技"这一条目中写有"……蒙养院附近之庭院内,播草木花卉之种于地,灌溉以水与肥料,使观察其自然发生以至开花结实等各种形象。诸如此类,要在使引导幼儿手眼,使之习用于有用之处,为心知意兴开发之资",说明已开始注意对学前儿童进行科学教育。

1924年,我国幼教专家陈鹤琴先生在《现今幼稚教育之弊病》一文中指出:"孩子与环境的接触太少,在游戏室的时间太多。"并指出:"我们的主张,幼稚园之课程可以用自然、社会为中心。"据此,他的暂行课程中设有儿歌、社会和自然、工作、静息、餐点。从此,"自然"就作为学前儿童科学教育的课程出现在我国学前儿童的教育体系中。学前儿童科学教育也从此得到了一定的重视。

1932年10月,当时的教育部公布《幼稚园课程标准》,正式规定了有关科学教育的课程——社会和自然课程,并明确下列教育目标和内容。

1. 目标

(1) 引导对于自然环境和人们活动的观察与欣赏。

(2) 增进利用自然、满足生活、组织团体等最初的经验。

(3) 引导对于"人和社会自然的关系"的认识。

(4) 养成爱护自然物和卫生、乐群等好习惯。

2. 内容

(1) 身体各部的认识和简易卫生规律的实践。

(2) 习见鸟、兽、鱼、虫、花草、树木,以及日、月、雨、雪、晴、风、云等自然现象的认识和研究。

(3) 月、日、星期,以及阴、晴、雨、雪等逐日气象的填记。

(4) 附近或本园的动植物的观察采集,并饲养或培植。

(5) 关于衣、食、住、行等生活需要,卫生方法,以及家庭、邻里、商铺、邮局、救火组织、公园、交通机关等社会组织的观察研究。

……

1935年由雷震清编写的《幼稚园的自然》一书出版。这是我国第一本供教师使用的学前儿童科学教育的理论书籍。它全面地阐述了向学前儿童介绍自然的目的、内容、教学原则、方法和设备。但因所处的时代不同,该书在内容和方法上都有一定的局限性。

1936年,当时的教育部公布新修订的课程标准,将"社会和自然"课程更名为"常识"。

1937年,《幼稚园常识160课》出版发行。这本书是根据《幼稚园课程标准》编写的,是一本专供幼稚园教师参考的有关常识的教材教法书籍。

至此,我国有了包括课程标准、课程设置、理论书籍、教材教法在内的比较完整的学前儿童科学教育实施体系。

拓展阅读

教材怎样选择和排列[①]

一、"活"的在前,"死"的在后 所谓"死"的,是标本,是模型,是图画。"活"的是正在生长的生物,研究"活"的东西,可以观察它的生活状况及生长历程。教"活"的东西,可以鼓舞儿童的身心,使之有浓厚的兴趣,进而动手去实践。至于"死"的呢,对此儿童只有一时惊奇,没有实践的可能,非万不得已时,最好不用。

二、整个在前,部分在后 研究生物有两种步骤,一是多识,一是精求。如研究动物,能认识许多动物,这是多识。若研究某一种动物的习性及其分门别类,这是精求。幼稚学生,不需乎此,即教师能力,也未必够。因着环境的丰富和兴趣的蓬勃,先注意整个地观察。各部详细状况,除少而又少的少数外,幼稚儿童,不觉需要,可不必去教学。

三、附近在前,远处在后 指导儿童研究自然,为着希望儿童注意环境的事物,能认识,能利用,想达到此目的,只有就地取材,使儿童能动手直接去弄。附近的材料学习过了,再逐渐扩大开来,到比较远的地方去。

四、大的在前,小的在后 年龄幼稚的小孩子,能够观察一头牛,知道它的角,但不会注意到水中的虫。在儿童看来,大的动物,比小的动物来得有兴趣,肯注意研究。

五、简单在前,复杂在后 简单的形态,儿童可以肉眼看见,说明容易,做起来也容易。复杂的需要分析的,不必提出来研究。

---

① 雷震清编,沈百英校:《幼稚园的自然》,海豚出版社2012年版。

四、现代的学前儿童科学教育

新中国成立后,直至20世纪60年代初,我国的学前教育主要是学习苏联的做法。1952年颁发了《幼儿园暂行规程(草案)》,在第十六条"教养活动项目"中有认识"自然环境"一项[①]。

1961年,南京师范学院在改革教学、提高教育质量的思想指导下,编写了《语言和认识环境》这一教材,扩充了认识自然的范围,适当提高了要求。

解放初直至"文革"前,我国学前儿童科学教育的目标、内容和方法,基本上是在全面学习苏联的基础上制定的。比较重视系统的、由浅入深的知识教育,并以季节变化为主线来进行认识自然的教育。在方法上则以教师单向传授为主,伴有儿童的观察、种植和饲养活动。

1981年教育部颁布了《幼儿园教育纲要(试行草案)》,其中规定了幼儿园各年龄班常识教育的任务、内容和要求。具体任务如下:丰富幼儿关于自然和社会方面粗浅的知识,扩大幼儿的眼界。培养他们对认识社会和自然的兴趣、求知欲望,逐步形成对待人们和周围事物的正确态度。发展幼儿的注意力、观察力、记忆力、想象力、思维能力和语言表达的能力。教育内容和要求如下。

小班:

(1) 知道自己的姓名、性别、年龄和家庭主要成员的姓名。

(2) 认识幼儿园、老师和同班小朋友。

(3) 认识日常接触的玩具、餐具和家具的名称、用途,并会正确使用。认识几种服装,知道它们的名称,熟悉穿脱的方法和顺序,懂得爱惜衣物。

(4) 认识幼儿园周围环境及与幼儿生活有关的成人劳动,知道他们的工作及与人们的关系,尊敬他们和他们的劳动。

(5) 认识两三种常见的交通工具,知道它们的名称、外形特征和用途。

(6) 知道"六一"国际儿童节是小朋友的节日。

(7) 认识四季里给幼儿印象最深的特征和人们的活动。

(8) 认识常见的三四种蔬菜、水果,一两种花草、树木,知道它们的名称、明显的特征和主要用途。在成人的帮助下,学习种植一两种种子大、容易生长的植物。

(9) 认识常见的家禽、家畜、野兽各两三种和鱼一两种,知道它们的名称、明显的外形特征、叫声、吃什么东西和某些动物对人们的益处。在成人的帮助下饲养小动物,爱护小动物。

中班:

(1) 知道父母的职业、家庭和幼儿园地址。

(2) 认识几种常见的材料制成的日用品,知道它们的名称、特征和用途,并会正确使用。

[①] 中国学前教育研究会编:《中华人民共和国幼儿教育重要文献汇编》,北京师范大学出版社1999年版。

(3) 认识周围环境中和幼儿生活有关的地方,知道这些地方是干什么的以及在这里工作的成人的劳动。

(4) 认识几种常见的交通工具,从外形特征和用途比较其明显的不同点。知道一些交通规则,听从人民警察的指挥。

(5) 认识日常生活中常见的两三种机器,知道它们的用途,并认识开机器的人们的劳动。

(6) 知道"五一"国际劳动节是工人、农民、教师、售货员等劳动人民的节日。知道"十一"是国庆节,元旦是新年。

(7) 认识家乡的自然风景、著名建筑、名胜古迹,培养幼儿热爱家乡。

(8) 知道五星红旗是国旗,尊敬国旗。

(9) 知道四季的名称,认识其明显特征以及成人的劳动和儿童的活动。

(10) 认识常见的蔬菜、水果、花草、树木各两三种,知道它们的名称,从根、茎、叶、花、果中某些部分的外形特征,比较其明显的不同点。种植几种容易栽培的植物,观察它们的生长变化,知道植物的生长不可缺少土壤、阳光、空气和水。

(11) 认识常见的家畜、家禽、鸟、鱼、昆虫和野兽各一至三种,知道它们的名称、习性、外形特征、功用和危害,比较其明显的不同点。学习饲养小动物,观察它们的生长过程、生活习性,爱护小动物。

(12) 在生活和游戏中培养幼儿对其他自然科学现象的兴趣,如水遇冷结成冰,冰遇热又化成水;磁铁能吸铁;颜色的变化等。

大班:

(1) 认识三四种材料制成的日用品,知道这些材料的名称、特性和用途,并进行分类。

(2) 认识与人们生活有关的商店和公共场所,认识并尊敬在这里工作的成人的劳动。知道"三八"国际劳动妇女节是奶奶、外婆、妈妈、阿姨们的节日。知道"八一"建军节是中国人民解放军的节日。

(3) 认识几种海、陆、空交通工具,比较其异同,并进行分类。

(4) 认识几种常见的生产工具和大型机器,知道它们的名称和用途,知道用机器生产又快又好又省力。

(5) 简要介绍我国几个主要的少数民族,从服饰和某些生活习惯辨别他们,知道我国是一个多民族的国家,培养幼儿尊重少数民族。

(6) 知道祖国首都——北京。北京有天安门、天安门广场、人民英雄纪念碑、毛主席纪念堂和人民大会堂等。

(7) 知道祖国的全称是中华人民共和国,自己是中国人,台湾是我国的领土不可分割的一部分。

(8) 认识小学,初步了解小学生的学习生活,为入小学做准备。

(9) 根据气温的高低、动植物生长变化的情况及人们的活动认识四季的特征,知道其顺序。学习认识寒暑表,用阿拉伯数字、图画做简单的天气日志(气温、天气)。

(10) 认识常见的蔬菜、水果、干果、树木、花草和当地的主要农作物各两三种,比较其异同,并进行分类。区分常绿树、落叶树。参加力所能及的田园劳动。采集各种树叶、种子和野生植物,学习简单的保存方法。

(11) 认识家禽、家畜、鸟、昆虫和野生动物数种,从它们的外形特征、习性、功用与危害比较其异同,并进行分类。辨别当地几种常见的益虫和害虫,知道它们的外形特征和生活习性,知道人们怎样利用益虫、益鸟防治病虫害,要保护对人们有益的动物,消灭有害的昆虫。学习饲养几种小动物,观察其生长变化及与人们的关系。

(12) 在生活中观察风、雨、雪、雷、闪电、虹等自然现象,知道风、雨、雪对人们生活的益处和危害。在生活和游戏中培养幼儿对其他自然科学现象的兴趣,如镜子会反光;在水里有的东西浮起来,有的东西沉下去;电可以使电铃响、风扇和风车转、电灯亮等。

1982年根据上述纲要的内容,出版了全国统编教材《常识(教师用书)》。[①]

20世纪80年代后期,随着我国改革开放和教育改革的进行,国外早期儿童教育理论、发展心理学理论的引进,以及现代科学技术的迅猛发展,特别是1989年6月《幼儿园工作规程(试行)》颁布后,学前儿童教育的一些旧观念、方法受到了冲击。在新的条件下,我国幼教工作者结合时代需要,借鉴国外儿童科学教育的有益经验,在原来自然常识教育的基础上,于80年代末90年代初建立了学前儿童科学教育课程,其目标、内容和方法均与以往的自然常识教育有很大的不同。自此以后,各地幼儿园相继开设了学前儿童科学教育课程,进行了对学前儿童科学教育从理论到实践的全方位的研究。明确了学前儿童科学教育的目标,拓展了学前儿童科学教育的内容范围,尽可能地为学前儿童学科学创设各种条件,让学前儿童通过自身的活动学习科学,学习学科学的方法和技能,发展智力,培养他们爱科学的积极情感。

2001年7月,教育部颁布了《幼儿园教育指导纲要(试行)》(以下简称《纲要》),将"科学"与"社会""语言""健康""艺术"一同列为幼儿园教育的五大领域。《纲要》提出的"科学"领域的目标是[②]:

(1) 对周围的事物、现象感兴趣,有好奇心和求知欲。

(2) 能运用各种感官,动手动脑,探究问题。

(3) 能用适当的方式表达、交流探索的过程和结果。

(4) 能从生活和游戏中感受事物的数量的关系并体验到数学的重要和有趣。

(5) 爱护动植物,关心周围环境,亲近大自然,珍惜自然资源,有初步的环保意识。

"科学"领域的内容与要求如下:

---

① 全国幼儿园教材编写组编:《常识(教师用书)》,人民教育出版社1982年版。
② 中华人民共和国教育部:《幼儿园教育指导纲要(试行)》,2001年。

（1）引导幼儿对身边常见事物和现象的特点、变化规律产生兴趣和探究的欲望。

（2）为幼儿的探究活动创造宽松的环境，让每个幼儿都有机会参与尝试，支持、鼓励他们大胆提出问题，发表不同意见，学会尊重别人的观点和经验。

（3）提供丰富的可操作的材料，为每个幼儿都能运用多种感官、多种方式进行探索提供活动的条件。

（4）通过引导幼儿积极参加小组讨论、探索等方式，培养幼儿合作学习的意识和能力，学习用多种方式表现、交流、分享探索的过程和结果。

（5）引导幼儿对周围环境中的数、量、形、时间和空间等现象产生兴趣，建构初步的数概念，并学习用简单的数学方法解决生活和游戏中某些简单的问题。

（6）从生活或媒体中幼儿熟悉的科技成果入手，引导幼儿感受科学技术对生活的影响，培养他们对科学的兴趣和对科学家的崇敬。

（7）在幼儿生活经验的基础上，帮助幼儿了解自然、环境与人类生活的关系。从身边的小事入手，培养初步的环保意识和行为。

《纲要》还明确了"科学"领域的指导要点：

（1）幼儿的科学教育是科学启蒙教育，重在激发幼儿的认识兴趣和探究欲望。

（2）要尽量创造条件让幼儿实际参加探究活动，使他们感受科学探究的过程和方法，体验发现的乐趣。

（3）科学教育应密切联系幼儿的实际生活进行，利用身边的事物与现象作为科学探索的对象。

2012年9月，教育部颁布《指南》，"科学"作为儿童学习与发展的五大领域之一。"《指南》以为幼儿后继学习和终身发展奠定良好素质基础为目标，以促进幼儿体、智、德、美各方面的协调发展为核心，通过提出3—6岁各年龄段儿童学习与发展目标和相应的教育建议，帮助幼儿园教师和家长了解3—6岁幼儿学习与发展的基本规律和特点，建立对幼儿发展的合理期望，实施科学的保育和教育，让幼儿度过快乐而有意义的童年。"

"《指南》从健康、语言、社会、科学、艺术五个领域描述幼儿的学习与发展。每个领域按照幼儿学习与发展最基本、最重要的内容划分为若干方面。每个方面由学习与发展目标和教育建议两部分组成。目标部分分别对3—4岁、4—5岁、5—6岁三个年龄段末期幼儿应该知道什么、能做什么，大致可以达到什么发展水平提出了合理期望，指明了幼儿学习与发展的具体方向；教育建议部分列举了一些能够有效帮助和促进幼儿学习与发展的教育途径与方法。"[①]

在《指南》的"科学"领域中，提出了"科学探究"和"数学认知"两个子领域。对"科学探究"提出了三条目标，分别为"目标1：亲近自然，喜欢探究；目标2：具有初步的探究能力；目

---

① 中华人民共和国教育部：《3—6岁儿童学习与发展指南》，2012年。

标3：在探究中认识周围事物和现象"。

与此同时，我国台湾地区的学前儿童科学教育也有一定的特色。台湾地区的学前教育既结合了本地的特点，又吸取了美国、日本等国的先进经验。早先，台湾地区将科学教育的内容归入"常识"领域。台湾地区1987年1月的《幼稚园课程标准》中规定的"常识"教学目标有五个方面：(1)启发幼儿对自然现象和社会生活的关注与兴趣；(2)引导幼儿观察与分析自然和社会环境；(3)培养幼儿爱护自然及社会生活的习惯与态度；(4)激发幼儿对数、量、形的学习兴趣，并有简单的应用能力；(5)培养幼儿学习自然科学的正确概念、态度以及方法。而常识教学的内容范围包括：社会、自然、数量形三个方面。

2012年台湾地区的《幼儿园教保活动课程暂行大纲》从人的陶冶出发，确立课程大纲的宗旨和总目标，并将课程分为"身体动作与健康""认知""语文""社会""情绪""美感"六大领域。通过统整各领域课程的规划与实践，培养幼儿拥有以下六个方面的能力：觉知辨识能力、表达沟通能力、关怀合作能力、推理赏析能力、想象创造能力、自主管理能力等。每个领域根据其领域目标，制定各领域的课程目标。课程大纲各领域依据实证研究及相关研究资料，建构出各年龄段幼儿在各领域需要学习的方向。同时，依据各领域的课程目标及各年龄段幼儿的学习任务，每个领域在课程目标下分别依四个年龄段(2—3岁、3—4岁、4—5岁，及5—6岁)规划分龄学习指标。学习指标反映的是幼儿学习的方向，强调在幼儿先前经验及能力的基础上，朝学习指标的方向进一步学习。

《幼儿园教保活动课程暂行大纲》中与科学教育直接相关的是"认知"领域，该领域的目标为：拥有主动探索的习惯；展现有系统思考的能力；乐于与他人沟通并共同合作解决问题。其领域内涵指的是处理信息的思考历程。信息主要源自我们看到、听到、尝到、触碰到及闻到的，即存在于环境时空中的一切。在生活环境中充满信息，幼儿探索和处理这些信息，并建构知识与想法。基于幼儿在生活环境中会面对的许多问题，幼儿通过解决这些问题的历程，将所觉察探索的信息，处理转化为生活的知识与能力。因此，认知领域强调问题解决思考历程能力的培养，该问题解决的思考历程，包括"搜集信息""整理信息""解决问题"三项认知能力的运用。"搜集信息"是指通过感官、工具测量及记录等活动获得信息。"整理信息"是指将先前搜集到的各种信息一步步地加以组织整理。"解决问题"是指在发现探究性的问题后，讨论并提出解决问题方法的思考历程。幼儿通过常接触到的"生活环境中的数学""自然现象""文化产物"三个学习层面来发展认知能力。《幼儿园教保活动课程暂行大纲》还提出，数学包括数量、数数、数字、形状和空间方位，然而数学并非独立存在的，须应用在生活环境中的事物上才有意义；生活环境包括自然现象及文化产物，因此，"生活环境中的数学"即有关自然现象及文化产物的数学，幼儿借由数学而了解自然现象和文化产物。例如动植物、天气、温度、石头、沙及光影等皆属于"自然现象"。而凡人类为因生活需要而制造或创造的器物(包括用具与工具)、设备、建筑物都属"文化产物"，例如服饰、交通工具、博物馆的文物及古迹等。生活对象的范围小到自己身上穿的、戴的、用的及日常生活中经常接触的器物、设备与建筑物,大到其他地区或是古代人所使用的器物、设备与建筑物等。综合认知领域"搜集信息""整理信息""解决问题"三项能力及"生活环境中的数学""自然现象""文化产物"三个学习层面,相关的课程目标如下:搜集生活环境中的数学信息;搜集自然现象的信息;搜集文化产物的信息;整理生活环境中的数学信息;整理自然现象信息间的关系;整理文化产物信息间的关系;与他人合作解决生活环境中的问题。综合来说,认知领域的课程目标是协助幼儿在搜集、整理、解决与"生活环境中的数学""自然现象""文化产物"有关的信息及问题的过程中,提升认知能力和扩展经验。

《幼儿园教保活动课程暂行大纲》还提出了认知领域的实施原则。认知领域活动实施的原则就是让幼儿在探索生活环境的过程中,增进系统的思考和与他人合作解决问题的能力。认知活动的实施需要教保人员以开放的态度创设良好的学习氛围、安排材料及环境,让幼儿感受到没有唯一的标准答案,可以自由选择多样的材料,拥有由自己的探索发现而建构学习的机会。在尊重他人观点的气氛下,与同伴相互学习,使得幼儿愿意并喜欢在其中探索和学习。具体要点有以下几个方面:(1)以幼儿最熟悉的环境及事物为起点,探索事物与整体环境的现象和关系;(2)重视幼儿发现的问题,并引导幼儿搜集信息、整理信息,进而解决问题;(3)鼓励幼儿善用各种感官,提供多种材料以丰富信息的搜集;(4)协助幼儿运用测量工具搜集量的信息;(5)引导幼儿有系统地搜集信息,并记录搜集到的信息;(6)引导幼儿有系统地整理信息;(7)鼓励幼儿实践与验证不同解决问题的方法;(8)鼓励幼儿使用正式的词汇。从以上可以看到,台湾地区科学教育的选材是以生活环境为主的教学范畴;教学方法为引导幼儿问题解决能力的历程;而评价是以幼儿习得的认知能力作为主要内容的。

在香港地区,学前儿童科学教育也受到了应有的重视。在香港地区的《学前教育课程指引》中,有"科学与科技"这一项目,认为学前儿童日常生活体验到的自然事物和现象,如风、雨、雷、电,以及花、鸟、虫、鱼都是自然科学的课题。这些充满奇趣的科学课题,正好为天生好奇的学前儿童,提供了上佳的学习材料。通过观察、探索、发问和求证,学前儿童可对四周事物和现象有更深的认识,并可体验探索科学的乐趣。现今一些日常生活的"必需品",如资讯科技产品(例如电视,录影机和电脑)、先进的交通工具和学前儿童常接触到的物件(例如电风扇、玩具)等,都是科学应用于社会的科技产品。通过接触和操弄,学前儿童能体会到科学、科技与现实生活之间的密切关系;通过适当的引导,学前儿童亦会对人类生活环境的素质加以关注。除此以外,《学前教育课程指引》还提出了学习目的和教学原则,认为科学教育的学习目的是使学前儿童:

  a. 对事物产生好奇心。

  b. 产生对探究事物的兴趣。

  c. 掌握观察、提问和假设等有关探究事物的基本方法。

d. 对事物持客观而开放的态度。

　　e. 发展解决疑难的能力。

　　f. 对动植物有爱心,关心保护大自然环境。

　　g. 认识人类与自然界的关系,探索科技与生活的关系。

　　h. 对科技有初步的认识。①

科学教育的教学原则包括以下几条:

　　a. 鼓励幼儿多留意身边事物,通过观察、分析和推论来认识事物。

　　b. 安排科学活动时要注意下列各点:

- 安排科学活动宜选择容易观察、即时有效果、变化明显和步骤简单的活动。教师应预先测试,以确保活动可行、安全,符合幼儿发展需要,并能达致学习目的。
- 鼓励幼儿勇于尝试,并能从错误中学习。重点在于帮助幼儿掌握探究的精神,观察的过程远比结果更为重要。因此,教师无需强调"标准答案",亦不必急于说出结果。
- 鼓励幼儿在活动期间留心观察。在活动完结后讲述结果,并在小组或全班中分享和讨论,而教师可帮助他们尝试质疑、猜测、提问和记录。

　　c. 教师向幼儿介绍科技的应用(例如收音机、电话、电脑等),应从幼儿日常生活有关的事物出发,让幼儿初步认识科技带给社会的好处和使用时需注意的地方。

　　d. 应用科技产品(例如电脑)辅助教学时,所占用的时间以不影响整体教学安排为原则。过分偏重使用科技,会剥夺幼儿通过接触真实世界进行学习的机会。②

总之,我国已建立了学前儿童科学教育的实施体系,对学前儿童科学教育进行了科学研究和改革,并将这些研究付诸实践,而且这种研究和改革还将不断推进。

第四节　国外学前儿童科学教育简介

一、美国的学前儿童科学教育

20世纪50年代,由于苏联人造卫星上天和科学技术的迅猛发展,美国教育受到了极大的冲击。为了保证其在科学研究和工业技术上的世界领先地位,也为了使个人能很好地适应未来的社会生活,美国对课程中的科学教育进行了改革。但是由于将重点放在培养科学

---

① 课程发展议会编订:《学前教育课程指引》,2006年。
② 课程发展议会编订:《学前教育课程指引》,2006年。

家和工程师上,因此这项对科学教育的改革到 20 世纪 60 年代末就终止了。同时,以佛郎克·奥本海默为代表的一批科学家和教育家创办了以"动手做科学"(Hands on Science)为办馆思想的现代科技博物馆,并很快得到了世界科技博物馆界的认同,70 年代以后现代科技馆风靡全世界。到 20 世纪 70 年代,经过大批科学家、教师、学者的研究和实验,美国儿童科学教育的改革取得了巨大的成就。

1985 年 6 月,美国科学促进会、卡耐基公司和卡耐基·梅隆基金会开始实施一项长远性的计划,立志于通过它来改革科学、数学和技术教育,这一年适逢哈雷彗星飞近太阳,使得这项新计划的发起者将它命名为"2061 计划"。这项计划强调作为人类伟大经验之一的科学本身的重要性,其工作基于这样一个前提:只有那些有科学素养的人才能感受到发现我们是谁、我们在哪儿、我们如何与所有生物相处,以及如何与我们周围自然环境和睦而居时而产生的愉悦感。计划充分考虑到从幼儿园到大学这一教育系统中的所有学生、所有年级和所有方面。计划将注意力集中在科学素质上,而不是集中在比较狭隘的"科学学科"上。"2061 计划"通过 1989 年的《面向全体美国人的科学》的报告对科学素质所下的定义,以及随后在 1993 年的《科学素质的衡量标准》中为各年级学生(幼儿园到高中)制定的学习目标,将对美国改革的努力引上了一个共同的方向。"2061 计划"影响了美国一系列的教育改革,特别是对科学教育的改革。参与制定《美国国家科学教育标准》的许多人,都从《面向全体美国人的科学》和《科学素质的衡量标准》中吸取了不少经验,美国从国家,到州、市政府层面,以及具体的课程设计者、师范院校,在制定一系列有关科学教育的标准、课程、实施过程时,都参考了"2061 计划"的相关内容。目前这项计划尚在进行之中。

在 1995 年之前,美国学校一直是根据州和地方学区制定的标准编制课程的,不存在联邦政府规定的全国统一的课程、大纲。因此,美国也就没有一个全国统一的学前儿童科学教育大纲。州和地方教育当局对制定幼儿园教育大纲只作方向性的指导,并提供各种儿童科学课程方案,教师可以根据需要选择合适的儿童科学课程方案。1995 年,美国国家科学院推出了《美国国家科学教育标准》,它包括以下几个内容:科学教学标准;科学教师专业进修标准;科学教育的评价标准;科学内容标准;科学教育大纲标准;科学教育系统标准。其中,科学内容标准对学生在从幼儿园到 12 年级教育的过程中,在自然科学方面都应该知道些什么、弄懂些什么和能够做些什么提出了一种提纲挈领式的概括。这部分内容可以分为以下八个部分:科学中统一的概念和方法;以探究为特点的科学;物质科学;生命科学;地球与空间科学;科学与技术;从个人角度和社会角度看的科学;科学史和科学的性质。《美国国家科学教育标准》的导言中提到:"美国教育质量的高低,关键掌握在地方,因为学生要学些什么完全是由各地的教育委员会和教师委员会来决定的。国家标准就是给各州、各地方的学校人士和社区提供的判断依据,帮助他们判断什么样的课程、什么样的教师进修活动或者什么样的评价项目才是合适的。国家标准有助于各地制定出能使科学教育的改革工作步调统一、目标一致、首尾如一进行下去的政策。"①编撰者认为,编撰《美国国家科学教育标准》有几条指导原则,它们是:科学是面向所有学生的;学习科学是一种能动的过程;学校的科学要反映作为当代科学实践之特点的理性传统与文化传统;改进科学教育是牵一发而动全身的教育改革中的一个组成部分。②

2013 年 4 月,美国《新一代科学教育标准》(Next Generation Science Standards,简称NGSS)完成了修订工作,公开发布于官方网站上(NGSS 的正式出版物于 2013 年秋问世)。在美国第一个国家科学教育的标准执行十几年后,世界格局的变化、国际国内的教育形势以及教育理论的变革迫使美国科学教育不断反思、向前发展,以适应社会的快速进步。

在 NGSS 中,可以清晰地看出当今美国在科学教育思想和方法上观点的转变:K-12 年级的科学教育应反映出科学内在关联的本质;NGSS 的内容是学生的预期表现,而非课程;NGSS 中的科学概念需要从幼儿园到 12 年级连贯地建构;NGSS 中不仅关注对内容的深入理解,也关注对内容运用的深入理解;从幼儿园到 12 年级,科学和工程应集成在 NGSS 中;NGSS 为将要升入大学、就业和成为公民的学生而设计;NGSS 要与通用核心内容标准(英语和数学)相对应。例如,NGSS 中的科学概念需要从幼儿园到 12 年级连贯地建构,即科学教育标准关注从幼儿园到高中毕业整个阶段的学习,这似乎是 1995 年《美国国家科学教育标准》中已经呈现的观念与趋势。其实,这一观点转变的核心并不在于年级跨度,而在于"科学概念"和"连贯建构"两个关键词上。这两个关键词的含义体现在两个方面:(1) 科学概念的选择是有重点、有"优先权"的,且是少数的。NGSS 中在学科领域上选择了物质科学、生命科学、地球与空间科学以及工程、技术和科学运用四个主要领域组织学科概念,并在其中选择少数最为核心的概念展开教学。NGSS 中呈现的学科核心概念在数量上少于之前的《科学素质的衡量标准》和《美国国家科学教育标准》中所包括的,以体现出"一英寸宽,一英里深"③的教育思想。(2) K-12 年级的连贯建构体现出在科学教育中对学习进程的关注、研究和运用。学习进程是本世纪以来科学教育研究的热点问题,它是基于教学经验和研究而形成的对学生学习前进方向的可测试的预设。这些预设说明了学生在掌握主要核心概念的进程中的普遍规律和路径。因此,NGSS 中体现出的教育的连续性和一致性已不再是空洞的理念和思想,而是落实到了具体学习内容、技能培养的过程和细节中,这不仅是观念上的转变,也是科学教育教学策略和方法的进一步变革。

近年来,美国学前教育界在科学教育方面又开始了新的研究和实践,即幼儿园的 STEM 教育。最初,STEM 是美国科学基金会推行的教育理念和课程,代表了四个英文单词第一个

---

① [美]国家研究理事会著,戢守志等译:《美国国家科学教育标准》,科学技术文献出版社 1999 年版,第 16 页。
② [美]国家研究理事会著,戢守志等译:《美国国家科学教育标准》,科学技术文献出版社 1999 年版,第 25 页。
③ 编者注:此处"一英寸宽"指在课堂教学中知识内容尽量少一些、精一些;"一英里深"指知识内容要展开学习,这样才有可能"深",才有可能让学生真实、生动地接受科学素养的养成教育。

字母的缩略语：科学(Science)、技术(Technology)、工程(Engineering)、数学(Mathematics)。基金会提出的加强STEM教育的倡导很快得到学校和政府的大力支持与推动。如美国政府专门成立了"STEM教育委员会"(Committee on STEM Education)，观察实施一系列国家战略，以加强联邦投资对STEM教学和学习的影响。2013年，该委员会颁布了《STEM教育五年战略计划》，这个计划指出STEM教育是面向所有学生全面素质教育的重要组成部分，要利用各种资源优先发展STEM教育，并于2016年发布了《联邦机构STEM教育进度报告》。同年，美国政府还颁布了《STEM2026》报告，报告阐明了STEM教育的最新研究情况，探讨如何改进STEM教学和学习。其中最特别的是，该报告把开展早期STEM教育列入八大挑战之一。因此，美国的学前教育界，从理论层面和实践层面对幼儿园的STEM教育都进行了大量的研究。

例如，辛辛那提大学的穆莫教授指出，幼儿园里存在很多STEM教育的机会和可能，关键看教师是否有STEM的意识和方法。她还将美国在早期科学和数学教育里的四种关键教育实践作为进行STEM教育的理论指导[①]：有目的地教；为理解而教；鼓励探究；提供真实的情境。

拓展阅读

美国幼儿园的科学教育[②]

根据美国首都华盛顿特区学区2006年修订的《幼儿园科学教育标准》，在华盛顿的公立学校中，5—6岁儿童的科学教育课程主要包括了科学思维与探究能力、地球科学、物理科学、生命科学这几个方面的内容。在一个学年中，5—6岁儿童通过系统的学习要达到以下几个方面的要求。

表1-2 美国华盛顿儿童科学学习内容

学习内容	基本概念	学习标准
科学思维与探究能力	科学发展是通过提出相关问题并进行缜密的调查研究来完成的。在这个年龄段，要让儿童通过提问，对相关事物或事件进行简单的观察、调查与研究来理解上述概念并掌握有关的科学内容。	1. 使用各种图式来准确地描述事物。 2. 针对自然现象提出问题并懂得应用科学方法来寻求答案。 3. 通过使用各种感觉器官来收集信息。 4. 使用放大镜观察事物的细节。 5. 使用温度计来测量温度。

---

① [美]莎莉·穆莫著，李正清译：《早期STEM教学：科学、技术、工程与数学的整合活动》，南京师范大学出版社2017年版。
② 吴放：《美国幼儿科学教育的内容与评价标准》，《山东教育》2007年Z3期，第29—31页。

续表

学习内容	基本概念	学习标准
地球科学	天体以可预见的周期在空中移动。	1. 认识昼夜交替的周期性。 2. 认识季节变化的周期性。 3. 懂得在一天中的不同时间里可以观察到太阳、月亮和星星。
物理科学	事物都具有可观察、可描述的属性。	1. 懂得物体都是由具有特别属性的材料形成的(如胶泥、布料、纸、金属等)。 2. 研究和比较物体不同的物理属性(如颜色、大小、形状、重量、质地、弹性、磁性、浮力等)。
	观察与测量移动的物体。	1. 比较一个物体与另一物体之间的相对位置。 2. 解释物体移动的不同方式(如直线、曲折、循环、往返、快慢等)。
生命科学	地球上生长着不同种类的动物与植物。	1. 懂得地球上有各种各样的动植物。 2. 描述植物与动物之间的相似与不同(如外观、行为等)。

上表中所列出的概念与活动是为5—6岁儿童设立的学习目标。对于不同年龄、不同发展阶段的孩子来说，学习目标当然有所不同。需要强调的是，在幼儿科学教育中，我们仍然要注意选择适合儿童发展水平的教学内容与方法。这是贯穿幼儿教育活动的基本原则，也是科学教育成功的保证。

从美国学前儿童科学教育的具体实施来看，主要有以下几方面的特点。

学前儿童科学教育的目标，不在于掌握一些知识，而是重视让学前儿童在科学探究中学习自然科学的方法，强调教师应该帮助儿童理解科学，不仅包括认知体系，还包括探索过程和科学活动所持的价值观。他们认为，如果只教儿童知识，不重视科学探索过程和技能的培养，就会使儿童只会享用知识，而不会发现和创造知识。如果忽视对科学正确态度与价值观的培养，就会影响儿童对科学的信仰与热情，以及从事科学活动的道德标准。所以，只有从以上几个方面立体地进行科学教育，才能使儿童真正掌握科学。

强调学前儿童自身兴趣的作用，让学前儿童根据自己的兴趣去观察、了解和认识周围环境。因此，学前儿童的个别的科学探索活动是其中的重要方法。在这个过程中，教师仅作少量的指导，培养和激发学前儿童的兴趣，并伴有少量的有计划的小组和集体探索活动。

注重环境的创设和实验用的各种材料的准备,为学前儿童提供观察和接触大自然的充分机会,通常至少应创设下列几方面的条件。

(1) 应该有较丰富的标本陈列。

(2) 应该有一批随时可用的参考书。

(3) 活动室应设有科学桌或科学角,以便进行科学项目的实验和演示。

(4) 设置一个专用桌或专用架,以存放孩子们从家里或院子里带来的各种宝贝。

(5) 应该有足够的可供实验用的材料,如各种容器:碗、瓶子、杯子及勺子、铲子、镊子、滴管等。

(6) 用来测量长度和质量的非标准化工具,如计数器等。

(7) 书写、记录用的材料。

非正式教育机构(即社会教育机构),如儿童博物馆、科学博物馆、儿童科学发现中心、水族馆、牧场、电视、广播、图书馆等,也为学前儿童学习科学提供了条件。因而形成了一个学校、家庭和社会相结合的儿童科学教育网络。

注重培养学前儿童的实践操作能力,强调让学前儿童通过自己的实验和观察活动,去探索周围世界,有利于培养学前儿童的创造能力。例如,提供一些材料,让学前儿童自己去安置蚂蚁窝,并进行观察、喂食,做各种实验。美国的学前儿童科学教育十分强调让学前儿童意识到应该怎样想、怎样做、怎样发现,鼓励学前儿童进行直接的科学活动,以获得独特的、挑战性的直接经验。

二、日本的学前儿童科学教育

二战后的日本,十分重视教育,几次修订幼儿园教育大纲。1964 年日本颁布的《幼稚园教育要领》中,将"自然"列为幼儿园的重要课程,并明确规定了幼儿园"自然教育"的任务。

(1) 爱护周围的动植物,热爱自然。

(2) 对周围的自然现象有兴趣并愿意进行观察和研究。

(3) 掌握必要的简单的技能,适应日常生活的需要。

(4) 对数量和图形感兴趣。

"自然"的内容包括自然常识、数、理、化以及日常生活知识几个方面,目的是让学前儿童适应生活。

随着日本学前儿童教育事业的发展,日本的学前儿童科学教育也发生了很大的变化。日本文部省于 1990 年颁布的《幼稚园教育要领》,将原来的"自然"改为"环境",这样就扩大了原先"自然"领域的范围,原来的"自然"仅包括自然科学,不包括人自身在内,现在的"环境"包括了人和自然,着眼于培养学前儿童认识大自然与自己生活的周围环境,培养学前儿童积极主动的态度和适应生活的能力,同时也提出了环境保护的问题。其具体目标有以下三点。①

(1) 亲近周围的环境,在与自然的接触中,引起对各种事物和现象的兴趣与关心。

(2) 主动接触、关心周围环境。

(3) 在观察、思考和处理周围事物及现象的过程中,丰富对物的性质和数量等的感觉。

其内容有以下十点。

(1) 接触自然,注意自然之大、之美、之不可思议。

(2) 注意随季节的变化,人的生活也在变化。

(3) 关心自然等周围的事物和现象,将其纳入自己的游戏。

(4) 与身边的动植物亲密接触,爱护、关心它们。

(5) 爱惜周围的东西。

(6) 使用身边的东西,思考、尝试如何玩。

(7) 关心玩具和用具的结构。

(8) 关心日常生活中的数量和图形。

(9) 对与生活关系密切的信息和设施具有兴趣与关心。

(10) 在幼儿园内外的庆典活动中热爱国旗。

2000年,日本又一次修订《幼稚园教育要领》,将"环境"领域的目标修订为:培养幼儿怀着好奇心和探究心去与周围各种各样的环境交往,并想把交往中学到的东西运用到生活中的能力。

日本学前儿童科学教育主要有以下特点。

日本没有全国统一的科学教育教材,有关科学教育的大纲被规定为全国国立、公立和私立幼儿园科学教育课程的标准。各幼儿园依据《幼稚园教育要领》,从不同地区、季节及学前儿童的特点出发制定计划,实施科学教育。

重视让学前儿童获得亲身的体验,否定了让幼儿掌握远离自己生活的知识和技能的教育。强调幼儿科学教育是让幼儿获得真实的、直接的体验,这些体验是实现教育目标、获得发展所必需的体验,并且是建立在幼儿的兴趣和需求之上的。

通过环境进行科学教育。认为所谓环境,不仅包括幼儿园的各种器具、玩具、素材等物的因素及幼儿和教师等人的因素,还包括幼儿所接触的周围的自然和社会现象、事物,人和物交织产生的氛围、时间、空间等要素。同时,在科学教育中使这些分散的要素有机结合,营造出一种与幼儿的兴趣相吻合的、促进幼儿自主活动的、在活动中为实现教育目标所必要的情景。

---

① 唐淑主编:《国外幼儿园课程》,南京师范大学出版社1999年版,第104页。

重视学前儿童的主体活动在科学教育中的作用。认为幼儿园的活动产生于学前儿童自身的兴趣和需要,活动的主体是幼儿。倡导教师不能让幼儿遵循教师的指示行动,否则幼儿主动与周围环境作用的积极性和态度就得不到培养,幼儿体验不到自主活动的满足感和充实感,也就不能获得真正彻底的发展。所以,应给予幼儿各种操作活动机会,在方法上让其通过观察、操作和实验来认识环境。

三、法国的学前儿童科学教育

在法国的学前儿童科学教育中,特别值得一提的是"动手做"项目。

"动手做"是一种由美国科学家总结出来的教育思想和方法,旨在让学生以更科学的方法学习知识,尤其强调学习方法、思维方法、学习态度的培养。法国从 1996 年开始引入这个项目,从 1999 年开始,在法国全国范围内进行这一项目。

"动手做"的基本理念为强调科学实践,强调从周围生活中取材,强调科学家的参与,适用于从幼儿园、小学到中学的科学教育。活动的基本过程包括以下环节:提出问题→动手做实验→观察记录→解释讨论→得出结论→表达陈述。它的基本做法可以概括为以下内容。

(1) 孩子们观察一件物体或一种现象,并体会它。

(2) 孩子们在研究所观察的物体或现象的过程中进行思考,与同伴进行讨论和交流,以弥补他们在单纯的手工活动中的不足。

(3) 教师按一定的顺序给孩子们推荐各种活动。但这些活动只是一种计划,孩子们在活动的选择和实施中有很强的独立性。

(4) 孩子们每周至少花两个小时进行同一个主题的活动,并应保证这些活动在整个学业中的持续性及教育方法的稳定性。

(5) 孩子们每个人都备有一份实验备忘录,用于记录活动过程。

(6) 活动的主要目的是让孩子们逐渐学会科学概念及技术操作,同时加强和巩固口头与书面表达能力。

(7) 家庭和(或)社区参与在学校的科学教育活动。

(8) 科学研究人员和(或)科学家可以利用他们的专业技能对学校的科学教育活动提供支持。

(9) 教师培训机构为教师提供有关的教育教学方法和经验。

(10) 教师可以通过网络来获得有用的资料、有关活动设想以及有关问题的答案。教师还能通过与其同事、职业培训人员、科学研究人员和(或)科学家的在线交流,获得帮助和支持。

"动手做"采用的学习方法是行动、提问、研究、实验,而不是死记硬背的陈述性知识。强调孩子们应该亲自动手实验和思考,进行讨论——动手、动脑、动口;亲自参加活动并在活动中学习——亲身体验;与同伴进行交流,阐述自己的观点——生生互动。而教师的主要责任是引导孩子们进行活动,而不是替代他们去做——主体性;引导孩子们注意以熟练的语言来阐述并讨论他们的观点——表达、讨论;让孩子们说明他们所获得结论的有效性,并与科学知识相比较——思考。

"动手做"活动是围绕一定的主题进行的,每一个主题都应让孩子们花费足够长的时间进行探索和交流。这样才有可能保证其重新开始、重新表达,并稳定其经验知识。

(一) 在学习科学的过程中,强调学生自己动手、动脑,让他们亲身经历科学发现与研究的过程

"动手做"科学教育项目强调的是:在科学活动中引导学生参加实践,帮助学生学会独立做事,学习记录与表达,养成遵守规则和尊重他人的习惯。其核心在于让学生充分体验科学探究、科学发现的整个过程,从而发展学生的探究与解决问题的能力。因此,它不是教育内容的改革,而是学习方式的变革。

第一,关于科学教育内容。"动手做"项目关注的是学生在生活中感兴趣和需要解决的问题,并将它们作为科学教育内容的重要来源,如"空气是物质吗""水怎样变成冰""风从哪里来""声音的变化"等。在选择实验材料方面也尽量选取学生生活中易获得的有教育价值的物品,如废纸盒、塑料瓶、气球、吹风机、气筒、磁铁、沙子和水等,都是生活中常见的物品。各地区可以根据国家制定的科学教育标准,研究开发具有地方特色的活动案例,不断积累适合各年龄学生的科学教育资源。

第二,关于科学活动过程。"动手做"项目特别强调提出假设——动手操作——记录信息并得出结论——表达与交流四个环节。

提出假设:让学生在实验研究之前,先猜想可能出现的结果,并作出自己的判断。这样做可以引导学生在动手之前先动脑,增强其行动的计划性,使实验活动有明确的指向和目的。带着问题与假设去实验,能保证学生探究活动的效果。

动手操作:这是学生学习科学的一个主要环节。根据活动内容,要求至少两人以上组成小组,自己设计实验步骤、选取实验器具和材料、设计记录表格、动手操作、不断进行调整,并最终完成实验。实验的目的是证实或推翻实验前自己提出的假设。从小长期接受这种训练,将有助于学生动手能力、思维能力和合作能力的提高。

记录信息并得出结论:在实验过程中及结束后,学生要详细地将实验过程与结果记录在实验记录本上,记录的方法多种多样,可以用表格,也可以画成图。在幼儿园中,多是由孩子复述自己的图画,由教师记录下孩子的话。实验记录本人手一册,并长期使用和保存。经过一段时间的积累,学生可以看到自己在不同时期所完成的实验记录和当时的想法,这会

引起他们不断的反思。因此,实验记录不仅是学生学习科学的记录,也是他们成长的真实记录。

学生在科学活动中,经过假设、实验、记录之后,将能独立作出决断,得出自己的结论,形成自己的科学认识。他们作出的结论也许证实了自己的假设,也许否定了自己的假设,但都是建立在实验和记录基础之上的,反映了学生的基本认识。"动手做"项目强调在实验过程中得出明确的结论,这将增强学生的研究概括能力。

表达与交流:学生在实验过程中,不仅要自己动手操作,自己验证假设,自己得出结论,还要能够用准确的、恰当的语言进行表述,与同伴交流获得的经验。在实验结束时,要进行小组或全班集体讨论,每个实验结论还要经过同伴的质疑。这个环节进一步加深了学生对研究本身的认识,同时也使他们学会了相互交流与分享经验、相互尊重与合作。

总之,让学生亲身经历科学探究的整个过程,体验科学探究的乐趣,认识到科学与自己生活的密切关系,并在学习科学的过程中学会尊重他人,学会遵守规则,这是"动手做"项目倡导的基本原则,它的实施将为新一代公民的成长奠定良好的科学素养。

(二) 教师是儿童科学活动的支持者、引导者

"动手做"项目的实施,改变了学生的学习方式,也改变了教师的教学方式。教师不再简单地向学生灌输知识,给学生一个现成的答案,而要引导学生自己去探索周围的世界,去寻找各种答案。因此,教师的角色发生了变化。在科学活动中,他们是儿童的支持者和引导者。

教师要根据学生的知识经验和能力水平,依据国家制定的科学教育大纲,设计出科学活动的主题,为学生操作活动准备必要的器具和材料。在科学活动过程中引发学生自己提出问题,进行猜想和假设。然后引导学生设计相应的实验,并亲自动手操作,验证自己的假设。即使学生的假设是错误的,教师也不会简单地给予纠正,而是引导学生自己通过实验推翻错误的假设。

"动手做"项目有其支持体系,包括:实验备忘录;知识卡片(法国教育部制作)提供了补充和辅助材料;活动所需设备或装置;互联网的支持。1998年4月,法国教育研究院和法国科学院在法国教育部技术管理处等机构的支持下,开设并向教师开放了旨在促进"动手做"教学和活动发展的网站,该网站为教师开放了三个"空间",即"信息空间""资源空间""交流空间"。

综上所述,各国学前儿童科学教育都有其不同的特色,但总的趋势相同。从学前儿童科学教育的目标来看,是以科学素质为出发点培养儿童的完整人格;从学前儿童科学教育的内容来看,是以现代生活为背景构建儿童的探索领域;从学前儿童科学教育的方法来看,强调以探究为主要的方法,更加重视儿童主体活动在科学学习中的作用。

| 救生艇 |

"救生艇"是一个 STEM 教育的案例。基于由暴雨引发洪涝等突发事件,幼儿想到了制作一艘救生艇。在制作救生艇的过程中,幼儿自主学习,发现问题、解决问题,发展了科学探究能力、语言表达能力、分工协商能力、团队合作能力等。同时,这一案例关注儿童的科学思维:提问、猜想、实验、反思等,提升幼儿运用工程性思维思考的能力。最后,幼儿在活动中,通过自我评价和他人评价,提升了表达能力,促进了亲社会行为的发展。

 思考实践

1. 什么是学前儿童的科学活动,儿童的科学探究和成人的科学探究有什么相同与不同之处?
2. 请用幼儿园科学活动的实例,说明学前儿童科学教育的价值。
3. 国外学前儿童科学教育的实施对我们有何启示?
4. 调研幼儿园的科学教育活动,并回答如下问题:
(1) 在该活动中儿童得到了哪些方面的发展?
(2) 这些发展对儿童今后的成长起何作用?
(3) 在该活动中教师扮演了什么角色,是否起到应有的作用?

第二章 学前儿童科学教育的有关理论

对学前儿童进行科学教育,需要有正确的理论指导。教师不仅需要了解人类认识世界的普遍规律,还需要了解幼儿认知发展的特点和学习科学的特点。

第一节 辩证唯物主义认识论

辩证唯物主义认识论对"物质第一性",以及人类认识客观世界的规律分别作了明确的阐述。

一、物质世界是客观存在的

辩证唯物主义认识论承认,物质世界是不依赖人们的意志而客观存在的,即物质是第一性的。列宁在《唯物主义和经验批判主义》一书中,结合了恩格斯的论述,给物质概念下了一个科学的定义。他说:"物质是标志客观实在的哲学范畴,这种客观实在是人通过感觉感知的,它不依赖于我们的感觉而存在,为我们的感觉所复写、摄影、反映。"列宁关于物质的定义明确提出,物质的"唯一"特性就在于它的客观实在性,"不依赖于我们的感觉而存在",而感觉、意识则是第二性的、派生的。

辩证唯物主义认识论还认为,物质世界是运动、变化、发展的,而且它们都是彼此联系、相互制约的。恩格斯说:"我们所面对着的整个自然界形成一个体系,即各种物体相互联系的总体,而我们在这里所说的物体,是指所有的物质存在,……这些物体是相互联系的,这就是说,它们是相互作用着的,并且正是这种相互作用构成了运动。"

二、人类的实践活动是认识客观物质世界的基础

列宁曾经指出,人类认识客观世界是从生动的直观到抽象的思维,并从抽象的思维到实践,这就是认识真理、认识客观实在的辩证途径。它概括地阐述了人们认识事物的过程。

毛泽东在他的著作《实践论》中,更加详细地阐述了有关人类认识规律的哲学思想。他

说，人的认识，主要依赖物质的生产运动而逐渐地了解自然的现象、自然的性质、自然的规律性、人和自然的关系；而且经过生产活动，可以在各种不同程度上逐渐地认识人和人之间一定的相互关系。一切这些知识，离开生产活动就无法获得。判断认识或理论是否为真理，不是依赖主观上觉得如何而定的，而是依赖客观上社会实践的结果如何而定的。真理的标准只能是社会的实践，实践的观点是辩证唯物主义认识论的第一和基本的观点。他还指出，无论何人要认识什么事物，除了同那个事物接触，即生活于那个事物的环境中，是没有其他办法可以解决的。

毛泽东还认为，人的认识有它的发展过程和发展阶段。他提出，人们的认识，不论在自然界方面，还是在社会方面，都是一步又一步地由低级向高级发展的，即由浅入深，由片面到更多的方面。他认为，认识过程的第一步是开始接触外界事物，属于感觉阶段；第二步是综合感觉的材料加以整理和改造，属于概念、判断和推理的阶段。只有感觉的材料十分丰富和合于实际，才能根据这样的材料得出正确的概念和理论来。

辩证唯物主义认识论对于学前儿童科学教育有以下几点启示。

在学前儿童科学教育中，应帮助幼儿了解、承认物质世界的客观存在，指导幼儿客观地、如实地理解周围的物质世界，并且帮助幼儿以他们自己的方式相信，在科学上唯一永恒不变的真理就是变化。当发现了一个新的证据的时候，一个旧的概念就要消亡，或者相应地变得不那么重要。当更好的、更灵敏的科学仪器被设计出来的时候，新的证据就会出现，以前的概念就要改变。幼儿必须通过实践活动，和客观世界直接接触，其心理才能得到发展，学习科学也才能成为可能。在科学活动的过程中，还应广泛丰富幼儿的感性经验，并且只有通过思考，进行思维加工，而不是机械记忆，幼儿才有可能在感性经验的基础上，形成初级的科学概念，为今后的文化科学学习奠定基础。为了达到以上目标，教师应创造条件让幼儿运用已获得的知识经验尝试发现问题，并通过自身的努力解决问题。

第二节　皮亚杰的认知发展理论

皮亚杰可以说是心理学界最早关注儿童科学认识的心理学家，他提出了认知发展阶段等理论。皮亚杰的理论对儿童科学教育产生的影响，开始于20世纪五六十年代西方"重新发现"皮亚杰之时。皮亚杰理论中与儿童科学教育直接相关的有以下几个方面。

一、认知发展阶段理论

皮亚杰把儿童的认知发展概括为一个连续的发展过程，认为儿童的认知发展阶段有以下特点：每一阶段都是一个统一的整体，而不是一些孤立的行为模式的总和；每一阶段有其主要的行为模式，标志了这一阶段的行为特征；阶段与阶段之间不是量的差异，而是质的差异；前一阶段的行为模式总是整合（或称融合）到下一个阶段，每一行为模式都源于前一阶段的结构，由前一结构引出后一结构，前者是后者的准备，并为后者所取代。儿童认知发展的阶段不是阶梯式的，而是具有一定程度的交叉重叠。认知发展各阶段起始的年龄，因各人的智慧程度、动机、练习、教育影响，以及社会环境的不同而有差异，可提前或推迟。但阶段的先后次序则保持不变，不能前后互换。皮亚杰将儿童认知发展过程划分为四个不同水平的阶段，即感知—运动阶段（出生—2岁）、前运算阶段（2—7岁）、具体运算阶段（7—11岁）、形式运算阶段（从11岁或12岁开始）。以下仅对感知—运动阶段和前运算阶段作一介绍。

1. 感知—运动阶段（出生—2岁）

这一阶段的儿童只有动作的智慧，而没有表象和运算的智慧。他们仅靠感知动作的手段来适应外部环境。这一阶段的儿童形成了动作—图式的认知结构，它所蕴含的逻辑是动作逻辑。皮亚杰认为感知—运动阶段智慧的最大成就表现在三个方面：（1）稳定性客体的认知格式形成。当某个客体在视野某处消失后，儿童仍能在该处寻找，即儿童获得了客体永久性。（2）空（间）—时（间）的组织也达到了一定的水平，形成空间"位移群"的基本结构。这时，对客体的定位可以按"位移"的线路追踪出来。（3）因果性认识的萌芽。皮亚杰认为，稳定性客体及其位移的体系又是同因果性认识不能分离的。儿童最初的因果性认识产生于自己的动作与动作结果的分化，然后扩及客体之间的运动关系。当儿童能运用一系列协调的动作实现某个目的，如用手拉动前面的毯子，从而拿到放在毯子上的玩具的时候，就意味着因果性认识已产生了。

皮亚杰根据儿童的动作和动作的目标是否有所区分、能否运用新的方法对事物作出反应，以及对自己的行动是否有自行计划等，把感知—运动阶段再分为六个小阶段。虽然感知—运动阶段的儿童只有动作的智慧，但是这一阶段是智力的萌芽期，是以后发展的基础。皮亚杰认为，这个时期的心理发展决定着心理演进的整个过程。[①]

2. 前运算阶段（2—7岁左右）

前运算阶段又称为前逻辑阶段，指的是儿童处于运算之前并为运算进行准备的阶段。皮亚杰所说的运算，是一个特定的概念，是指一种内化的、可逆的动作，是外部动作在头脑内部进行的一种具有可逆性的心理操作。而内化的行动，是指能在经过一定的时间后模仿先前出现的事件。在前运算阶段，由于符号功能的出现，使儿童开始从具体动作中摆脱出来。不同于感知—运动阶段，儿童开始能内化行为，能在移动一个物体前进行思考。但是由于幼儿尚未形成逻辑思维所必须的心理结构，只能以直观的环境刺激进行内化活动，而且不能持

---

① 王振宇主编：《学前儿童发展心理学》，人民教育出版社2004年版，第81页。

久。更由于他们的经历局限了他们的智力,因此儿童只能在表象水平上进行运算。例如,把瓶子里的水倒到杯子中去,如果我们实际进行这一倒水的动作,就具有一系列倒水的动作,具有一系列外显的、直接诉诸感官的特征。然而对达到了运算水平的儿童和成人来说,可以不做这个动作,就在头脑里想象完成这一动作,并预见它的结果。这种心理上的倒水过程,就是一种"内化的动作"。以上所说的倒水的动作,不仅要能够"在头脑中"把水从瓶中倒入杯中,而且还要把水再从杯中倒回到瓶中,并恢复原来的状态。

皮亚杰认为这个阶段的儿童能运用言语并形成心理意象,能使用符号在头脑中再现外部世界。但是这个时期儿童所运用的语词和符号,还不能离开所代表的东西。儿童还不能形成成人意义上的概念,不能用概念反映事物间的联系或代替一类事物。皮亚杰把前运算阶段儿童的思维叫作自我中心思维。皮亚杰说:"儿童把注意力集中在自己的观点和自己的动作上的现象叫作自我中心主义。"[1]他认为这个阶段的儿童是以自我为中心的,他们对周围世界的看法往往是主观的,而不能考虑其他人的看法。例如,一个孩子喜欢吃巧克力,他就会认为所有孩子都喜欢吃巧克力。所以,儿童不会站在别人的立场上观察和思考问题。皮亚杰还认为这个阶段的儿童能够观察和描述一个物体的特征或一个现象的状态,但是他只能看到物体的一个特征,而且集中于表面的特征,而不能协调变量,所以,对于认识一个物体的几个特征是有困难的。该阶段儿童的另一个特点是认为万物是有灵的、人造的,常常表现出"泛灵论"的倾向,即任何事物都被他们看作有生命的或有类似生命的活动,任何事物都有意图和动机,如"太阳下山去休息了""花儿开了是因为它们喜欢小朋友"等。[2]他们不断地问为什么,力图去发现他们所感知的事物简单的意义、用途、效果、目的等。

拓展阅读

皮亚杰与儿童的对话[3]

"太阳是活的吗?"——"是的。"——"为什么?"——"它发出光。"——"蜡烛是活的吗?"——"不是。"——"为什么不是?"——"(是的)因为它发光。它发光时,它就是活的;但当它不发光时,它就不是活的。"——"自行车是活的吗?"——"不是。当它不动时,它就不是活的;当它动的时候就是活的。"——"一座山是活的吗?"——"不是。"——"为什么?"——"因为它待在那里,什么也没有做。"——"树是活的吗?"——

---

[1] 王振宇主编:《学前儿童发展心理学》,人民教育出版社2004年版,第85页。
[2] [瑞士]皮亚杰、卢浚:《一种发展的理论》,《应用心理学》1982年第1期,第17—24页。
[3] 参见皮亚杰原著《The Child's Conception of Physical Causality》,第120—132页。

> "不是。当它有果实的时候它是活的,没有果实它就不是活的。"
>
> "猫是活的吗?"——"是的。"——"蜗牛是活的吗?"——"是的。"——"桌子呢?"——"不是。"——"为什么不是?"——"因为它不能动。"——"自行车是活的吗?"——"是。"——"为什么?"——"因为它能动。"——"云是活的吗?"——"是的。"——"为什么?"——"因为它有些时候会动。"——"水是活的吗?"——"是的。"——"为什么?"——"它能动。"——"它不动的时候是不是活的?"——"也是活的。"
>
> "苍蝇是活的吗?"——"是活的。"——"为什么?"——"如果它不是活的,它就不能飞。"——"自行车是活的吗?"——"不是。"——"为什么不是?"——"因为它是我们人弄动的。"——"马是活的吗?"——"是的。"——"为什么?"——"它能帮助人。"——"云是活的吗?"——"是的。"——"为什么?"——"哦,不是。"——"为什么不是?"——"云不是活的。如果它是活的,它就可以想到哪里去就到哪里去。是风把它们吹动的。"——"风是活的吗?"——"是的。"——"为什么?"——"因为是风把云吹动的。"——"小溪是活的吗?"——"是的。"——"为什么?"——"因为水一直都在流。"——"汽车是活的吗?"——"不是,是引擎把它们弄动的。"

根据皮亚杰的认知发展阶段论,当我们在对儿童进行科学教育时,不能超越儿童本身成熟的条件,对儿童提出过高的、不符合实际的要求。但是也有人针对皮亚杰的认知发展阶段论,提出教学不仅要符合儿童目前的发展层次,而且要创造儿童的最近发展区。教师的角色应是积极的,而不能消极地等待儿童的发展,教学必须先于发展,并提出"支架式教学(鹰架式教学)",①在成人与儿童的互动中,由成人运用各种策略,为儿童搭建"支架",以帮助儿童的发展。

二、认知结构理论

皮亚杰是一个结构主义者,他相信每个人必须建立他们自己的认知结构。根据皮亚杰的认知结构理论,认知发展是一种个人在环境中为解决认知冲突,通过同化和顺应两种机能,以达到平衡状态的内在自我调整的过程。换言之,儿童每次遇到新事物,总是试图用原

---

① 支架式教学是建构主义教学思想指导下的一种教学模式。根据欧洲共同体"远距离教育与训练项目"的有关文件,支架式教学被定义为:"应当为学习者建构对知识的理解提供一种概念框架。这种框架中的概念是为发展学习者对问题的进一步理解所需要的,为此,事先要把复杂的学习任务加以分解,以便把学习者的理解逐步引向深入。"支架式教学的教学思想来源于苏联心理学家维果茨基的最近发展区理论。

有的图式去同化它,如获得成功,认识上便暂时获得平衡;当外在刺激与内在既有认知结构间产生矛盾时,儿童就会改变自己的认知结构,建构新的看法以消除矛盾,即顺应,于是学习自然产生。图式是指动作结构,是人类认识事物的基础。同化是指个体把客体纳入主体的图式中,引起图式量的变化;顺应是指主体的图式不能同化客体时,就会引起图式的质的变化,促使主体调整原有的图式或创立新的图式。平衡是指同化作用和顺应作用两种机能的平衡。皮亚杰的认知结构理论说明了知识的产生是主体通过其内在活跃的心理活动所建构而来的,它是自我发动、自我调整的过程。儿童认识上的每一次平衡都是暂时的,是另一较高水平的平衡运动的开始。这种不断发展的平衡,就是皮亚杰所谓认知结构的形成和发展的基本过程。正是通过这种循环往复、不断向上的平衡运动,人不断地建构新知识,形成新的认知结构,从而不断适应环境,适应现实。[①] 依据皮亚杰的认知结构理论,学习者并非仅仅累加和堆积新信息于既有储存的知识系统中,而是必须将新信息与已建立的认知结构相互交织连接,在这些连接中建构新的关系网。因此,学习是内在自导与建构的一个过程。

虽然父母或教师为儿童提供经验,在儿童认知的发展中起重要作用,但他们不能告诉儿童怎样去建构,这必须由儿童通过自己的操作活动去完成。皮亚杰强调儿童在认知的建构和发展过程中的物质活动、个体与环境相互作用的重要性。他认为儿童认识和认知结构的起源是物质的活动。通过活动,个体与环境相互作用,主动建构他们自己的认知结构。也通过个体活动与环境的相互作用,逐渐地建立起更精确的认知结构,使儿童的认知发展从一个阶段转换到另一个阶段。皮亚杰认为,没有物质的活动,儿童就不能实现认知运算。皮亚杰认为儿童不是一个被动的接受器,而是发展自身认知的原动力。所以,我们应提倡儿童的"主动学习"。对于科学教育来说,就必须注意让儿童多动手、多动脑,两者缺一不可。儿童是主动的学习者,他们不是被教会的,而是自己学会的,教师要爱护儿童天生的好奇心和探索精神,在动手动脑的过程中,儿童以身体和五官接触外界事物,丰富了经验,也发展了他们的认知能力。

皮亚杰还认为,儿童的认知结构和道德结构与成人不同,因而教育应尽一切努力按照儿童的认知结构和其不同的发展阶段,将要教的材料以适合不同年龄儿童的形式进行教学。教育工作者要针对儿童实际,分析各年龄阶段儿童的认知结构,按照教材的不同水平,适当提前组织教材,进行教学,这就有可能提前使儿童学会某些基本概念。要研究在各门具体学科的教学中,如何对儿童提出恰当而精巧的,既不超出当时认知结构的同化能力,又能促使认知结构向更高阶段发展的富有启迪作用的"适中问题"。

三、知识分类理论

根据皮亚杰的知识分类理论,人类知识的获得是一个活跃的过程,要理解事物,就必须

[①] 方富熹、方格、林佩芬编著:《幼儿认知发展与教育》,北京师范大学出版社 2003 年版。

将实物纳入转化系统中来考虑,同时要获得知识,就涉及转换实物以理解某一种状态是如何产生的。换言之,要获取知识经验必须操作实物,而不是被动地接受。儿童必须变换物体的状态,对物体施以丢、敲、掷、推、拉、拆、移动、捏、混合等动作,并观察由此所引起的改变,才能获得知识。简言之,了解一样物体是要通过操作它并转换它进行的。皮亚杰认为儿童在操作实物时会产生两种经验:物理经验与逻辑—数理经验,[①]由这两种经验又分别形成了物理知识和逻辑—数理知识。

一是物理知识。物理知识是由物理经验所形成的。物理经验是通过一种简单的抽象过程从客体本身引出的。儿童通过这种抽象可以发现物体的特性,例如玻璃会破、球会弹跳、冰会融化等。人的视觉、听觉、触觉等对形成这类物理经验形态的知识起着重大的作用。物理经验的主要特征,就是它源于物体本身,即使我们不去作用于对象,它的性质也客观存在着。

二是逻辑—数理知识。逻辑—数理知识是由逻辑—数理经验形成的。尽管逻辑—数理经验也发源于主、客体的相互作用,但它不是通过感知主体本身的抽象获得的,而是产生于主体对客体所施加的动作及其协调。这类经验和知识本质上不是关于客体的,换言之,如果没有主体施加的动作,它们是不存在的。例如儿童从一排石子的点数中,发现物体数量与排列方式无关的知识,这就是逻辑—数理经验。这是一种数理关系,这种关系完全独立于那些特定的物体而存在。逻辑—数理经验的主要特征就是主体对自身动作协调的反省,这种反省可以是有意识的,也可以是无意识的。

皮亚杰在这两种经验的基础上提出了经验抽象和反省抽象。物理经验上升为关于客体的物理知识的机制称为经验抽象,[②]是一种简单的本义的抽象,即只考虑物体某一性质(如重量),而不考虑其他,如把"重量"这一性质抽象出来。皮亚杰把逻辑—数理经验上升到逻辑—数理知识的机制称为反省抽象,[③]这种抽象由于是对自身动作的抽象,就不仅要求考虑其他特性,还需要一个新的再建过程。所有新知识的产生都需要以某种抽象为前提。

经验抽象和反省抽象之间存在着密切的联系。逻辑—数理知识起源于动作之间的协调,而主体的动作总要以一定的客体为依据,因此,反省抽象的过程离不开经验抽象,而经验抽象的结果会成为反省抽象不断超越的内容;物理知识所依赖的个别动作虽然在理论上是成立的,但表现在主体身上,它总是与其他动作或多或少地牵连在一起,任何关于客体的物理知识,都要以一种同化性的图式为前提,不可能完全脱离逻辑—数理的框架而独立存在。

在儿童认知发展的过程中,物理知识和逻辑—数理知识的重要性是不同的。在前运算阶段,动作的物理和逻辑—数理方面仍然是不分化的,儿童主要的兴趣集中于其动作的结果

[①] 皮亚杰的发生认识论认为,除了遗传本能行为外,知识来自两类经验,即物理经验和逻辑—数理经验。
[②] 朱家雄、张萍萍、杨玲著:《皮亚杰理论在早期教育中的运用》,世界图书出版社1998年11月版,第12页。
[③] 朱家雄、张萍萍、杨玲著:《皮亚杰理论在早期教育中的运用》,世界图书出版社1998年11月版,第12页。

上,在此阶段,儿童动作的逻辑—数理方面似乎依赖于物理方面。物理知识对于儿童是十分重要的,因为处于特定发展阶段的儿童:"① 有强烈的内在动机,对物体感兴趣;② 创造和协调了那些后来成为运算系统的基本关系。因为有了对早期创造的关系的协调,才会有对后期关系的创造,早期儿童时期建构的知识与以后所有知识的建构是不可分割的。"①

我们应十分注意丰富儿童的生活,鼓励儿童在不同的环境中积极活动,为他们提供多种分析综合的材料以及获得材料的机会。充分利用儿童好奇心强、兴趣广泛、活泼好动、喜欢探究、肯于思索等特点,让他们较早较广地接触外界,认识环境,观察自然与社会,亲身实践,这样,儿童可以从中获得生动丰富的具体经验,特别是逻辑—数理的经验,为日后抽象思维的发展打下良好基础。

第三节　布鲁纳的学习理论

布鲁纳是美国著名心理学家、结构主义教育理论的主要代表人物,他在美国 20 世纪 50 年代末、60 年代初的教育改革中充当了重要角色。他提出了有关加强科学教育,使学生尽快接近科学前沿的科学教育理论,对 20 世纪 60 年代后世界各国的教育改革起到了重要的作用。他创造的"发现学习法",在教育上,尤其对科学教育有着极其显著的影响与贡献。

一、发展阶段论

布鲁纳的学习理论来源于皮亚杰。他指出,在发展的每个阶段,儿童都有自己观察世界和解释世界的独特方式。他认为人类的概念理解与表征思考有三种方式,即动作表征、图像表征和符号表征。这三种方式代表了三个发展层次。

1. 动作表征

动作表征指个体学习涉及操作活动与直接经验,即通过直接的操作行动来理解事物,或表达对事物的看法,基本不需要语言的帮助。动作表征模式非常适用于幼儿。

2. 图像表征

图像表征指个体通过视觉媒体的运用,即通过平面形象(如图片、图表)等来理解事物,或表达对事物的看法。

3. 符号表征

符号表征指个体通过抽象符号系统的运用,即通过语言、文字来理解事物,或表达对事

---

① 朱家雄、张萍萍、杨玲著:《皮亚杰理论在早期教育中的运用》,世界图书出版公司 1998 年版,第 14 页。

物的看法。

以下以比较小的玩具车在不同斜面上滑行的速度为例,来说明这三个表征层次。动作表征层次的儿童必须通过实际的操作,即真正地把小玩具车放到不同斜面上比较,才能"知道"车的速度不同,并用肢体动作来表现他的理解,即车开得快或慢的动作。图像表征层次的儿童,能直接通过看图片上的影像(图片上画有数个斜面与玩具小汽车),就理解和表达谁快谁慢。而处于符号表征层次的儿童,不必通过具体操作,也不必通过观看图片。当对他提出问题时,儿童就能在心中思考或运算,并以口头语言或文字符号表达他的理解。

布鲁纳以他的认知发展表征系统论来说明概念的发展。布鲁纳认为,概念的发展是始终需要与环境直接互动的,幼儿必须先通过操作具体实物发展概念,进而逐渐发展到以抽象符号表达概念的层次。给任何特定年龄的儿童教某门学科的任务,就是按照这个儿童观察事物的方式去表现这门学科的结论。布鲁纳的这一观点与皮亚杰认知发展阶段论的四个阶段相对应,确实非常相似。但是,和皮亚杰不同的是,布鲁纳认为,前述三种水平未必形成固定不变的顺序阶段,各自可以个别地发展,也可以是并行发展的能力。如棒球运动员,他不懂得球路的微积分方程的知识,但是这并不影响他出色地接球。布鲁纳认为,心理发展在颇大程度上依赖外部取得的发展。教授科学概念,即使是小学水平,也不必刻板地跟随儿童认知发展的自然过程。不过布鲁纳也认为,在最初教授儿童时,应根据三种水平的顺序进行,这是最佳的方案和策略。向儿童提供具有挑战性的合适的机会,使发展步步向前,也可以引导智慧的发展。但是对于成人,却不必恪守这样的三段式。

二、学习与教学

正因为个体处于不同的认知发展表征层次,布鲁纳强调,教材结构①的呈现形式应配合儿童的表征模式,教师究竟选择哪一种学习形式让儿童来学习,应根据其年龄和知识基础,以及教材的性质而定。布鲁纳提出一个重要的基本假设,即"任何学科都能够用在教育上的就是正确的方式,可以有效地教给任何发展阶段的任何儿童"。例如,对于处在动作表征阶段的儿童,教材的设计就必须让儿童能进行实际操作,以理解教材中的主要产品概念。

布鲁纳还认为,学习包括三个几乎同时发生的过程:习得、转换和评价。习得是获得新知识的过程;转换是运用新知识,使之适合于新的事情和情景的过程;评价是评价和运用已获得知识的过程。学习者不是被动的知识接受者,而是积极的信息加工者。教师的角色在于创造可让学习者自己学习的情境,而不是提供预先准备齐全的知识。布鲁纳强调发挥儿童学习的主动性,他认为对任何发展阶段的儿童,在进行某一课题时,必须反映出儿童看待事物的方法,要求让儿童主动地发现知识,而不是被动地接受知识。因此,他竭力倡导发现

---

① 布鲁纳的教材结构是指教材中的主要概念。

学习(发现法),并广泛地运用于科学教育中。所谓的发现学习,是指学习者在教师的指导下,像科学家发现真理一样,通过自己的探究和学习,主动发现事物变化的起因和内部联系,从中找出规律,在这个过程中体验发现知识的智慧感和完成任务的胜利感。布鲁纳在《发现的行为》一文中指出:"发现不限于那种寻求人类尚未知晓之事物的行为,正确地说,发现包括用自己的头脑亲自获得知识的一切形式。"①布鲁纳认为发现学习至少有以下四大优点。

一是有利于激发智慧潜力。个人的智力发展取决于不断地使用其智力,发现法为儿童提供了便于他们解决问题的信息,帮助儿童学习如何去求知,增进儿童在新的情境中探索与解决问题的能力,从而获得智力的发展。

二是有利于培养内在动机。儿童在自己发现答案时,会得到一种自我满足感,这是一种内在的激励作用,学习活动因此而变得有趣、有价值。学习不再是为了别人而学习,或为了某种外在的激励(奖赏或处罚)而学习。

三是有利于学会发现的技巧。发现是指解决问题的技能。要获得发现的技巧,最好的方法是儿童有机会实际去发现,通过发现学习,儿童能渐渐学到探究的方法,有助于培养儿童的学习能力、发展创造能力。

四是有利于保持记忆。当儿童是自己发现知识时,他就越有可能记住这个知识。反之,如果是被灌输的知识,他可能很快就会忘记。因此通过发现学习,有利于儿童记忆的保持。布鲁纳认为,任何时间允许的情况下,都应该给予儿童机会,让他们自己发现概念,允许学习者发现信息与组织信息是学习解决问题的技巧所必需的。

布鲁纳发现学习的核心思想,是让儿童体验科学家从发现过程中所获得的情感,从而激发儿童学习科学的动机,而且儿童可以通过"发现"的过程了解科学的性质,形成科学的知识。布鲁纳提出的发现学习,引发了人们对科学性质和形成科学知识的途径的新思考,但是这种方法存在的问题也使人们产生了质疑。例如发现学习更关注的是事物的存在,却没有注意到事物与其他事物之间的联系。② 又如在进行发现学习的过程中,较多使用一些现实的、实证的方法(收集数据、分析数据、实验等),却很少运用对话的方式进行协商。同时,在进行布鲁纳所说的发现学习时,要根据思维的阶段来进行,即动作表征、图像表征和符号表征三个发展层次,教师根据各个水平上儿童的不同思维特点来指导儿童进行发现活动。不过,许多教师虽然使用"发现学习(发现法)"一词,但实际上却并没有真正体现布鲁纳所描述的发现学习。③

---

① 靳玉乐主编:《探究教学论》,西南师范大学出版社 2001 年版,第 170 页。
② 孙可平、邓小丽编著:《理科教育展望》,华东师范大学出版社 2002 年版,第 169 页。
③ 孙可平、邓小丽编著:《理科教育展望》,华东师范大学出版社 2002 年版,第 176 页。

第四节　维果茨基关于概念形成的理论

维果茨基是苏联杰出的心理学家,在国际上与皮亚杰齐名,在儿童心理发展的研究上享有盛誉。维果茨基是心理学社会文化历史学派的创始人。他对心理学的很多方面都有着巨大的贡献,他提出的"最近发展区"的观念几乎被所有的教育理论书籍所引用。以下仅就概念形成的过程、日常概念与科学概念作一介绍。

一、概念形成的过程

维果茨基对儿童概念的发展提出了自己的看法。他认为,儿童概念的发展是由概念含混、复合思维和抽象思维三个时期组成的,每一个时期又包含着若干个小阶段。[①]

1. 概念含混时期

这一时期的儿童依据知觉动作与表象相互联结成的一个混合形象对一堆物体进行分类,结果是这一堆物体在关系表面上有联系,但实际上缺乏内在基础。维果茨基认为这是用过多的主观联系弥补客观联系的不足,并把印象和思维联系当作物品联系的一种趋势。这种思维在早期幼儿行为中最为常见。这个阶段的儿童所使用的语词的意义,从外表上看,近似成人语词的意思,即儿童与成人对同一语词的意思,经常在同一具体物体上汇合,使儿童与成人相互理解,但是它们之间思维的走向的心理途径却是完全不同的。概念含混时期的思维虽然是一种无条理的连接,但是对儿童在头脑中进行主观联系的再生产具有重大的发展意义,是儿童思维进一步发展的基础。维果茨基为了进一步说明,还把这一时期分为三个阶段,即第一阶段,表现为尝试与错误;第二阶段,表现为儿童按自己的直觉揭示的主观联系,对物品加以分类;第三阶段,是含混时期向第二个时期,即复合思维时期过渡的阶段。

2. 复合思维时期

在这一时期,儿童的思维包括了各种各样的类型,它们之间形成一定的联系,导致儿童全部经验的调整和系统化。儿童的这种思维已经不再是毫无关联的事物之间的联合,而是将一类在功能上有某种联系的具体事物加以联合的思维形式,所以维果茨基把这个时期的思维称为复合思维。复合思维反映的是组成复合体的各成分之间具体的和实际的联系,而不是抽象的和逻辑的联系。维果茨基把复合思维分为联想型、集合型、链状型、弥漫型、假概念等五种类型,这五种类型的复合思维,其共同特征就是儿童思维复合着他们感知的事物,

---

[①] 王振宇编著:《儿童心理发展理论(第二版)》,华东师范大学出版社 2016 年版。

将感知的事物联结成一定的组合,但这并不是真正的概念。虽然复合思维是以物品的功能组成的复合体,不同于依据本质特性形成的概念,但是在儿童的发展上也是有重大意义的,它标志着儿童在一定程度上克服了自我中心状态,为将零星分散的印象结合起来奠定基础,为最终过渡到概念思维做好准备。

3. 概念思维时期

当儿童能冲破情境、特征的具体联系,将一些个别特征抽象化,并在新的基础上,将这些特征重新联结起来后,便形成了真正的概念。这一时期在刚开始时十分接近复合思维时期,以后才能区别出根据某一特征所概括的一组物品,最后才能形成真正的概念。形成真正概念的决定性作用是词语,儿童借助词语将抽象的特征符号化。

维果茨基强调思维发展中的阶段和时期的更替不是一个机械的过程,他认为各种发生形式都是共存的,"最新的、最年轻的、人类历史刚刚产生的形式能在人的行为里与最古老的形式肩并肩地和平共处"。"在儿童思维发展方面同样的现象也是确定的。这里儿童正在掌握最高级的思维形式——概念,但他绝不与较为基本的形式分手。这些基本形式还将长时期地继续在数量上占优势,是一系列经验领域里思维的主导形式。"[1] 年幼儿童如此,成人也是如此。

二、日常概念与科学概念

维果茨基在通过实验研究,探索儿童概念形成的一般规律的基础上,还进一步研究了儿童的日常概念和科学概念。维果茨基把年幼儿童产生日常概念归因于他们的复合思维。他认为,日常概念是由生活中的具体事物出发,逐渐概括起来的概念,也称自发概念。科学概念则是指在概念体系的演绎中不断延伸的概念。维果茨基认为,儿童的日常概念在自发的、情境理解的、具体使用的范围内,在经验和体验的范围内是强有力的,但是在认识性和随意性所决定的范围内,日常概念则暴露出它的弱点。科学概念与日常概念最大的区别就在于前者具有系统性,而后者缺乏系统性。系统性是儿童在掌握系统知识的过程中得以实现的。

维果茨基发现,科学概念与日常概念的发展不完全一致,科学概念的发展进程并不重复日常概念发展的道路。"儿童的自发概念的发展是由下而上的,从较简单的和低级的特性到高级的特性,而科学概念的发展则是由上而下的,从较复杂和高级的特性到比较简单的和低级的特性。"[2] 这两个过程是相反的。维果茨基同时认为,日常概念与科学概念在内部是有着深刻的联系的。日常概念的发展取决于科学概念,它是通过科学概念向上发展的,而科学概念也是依赖于日常概念的发展的,日常概念为科学概念的向下延伸发展开辟了道路。

---

[1] [苏]维果茨基著,余震球选译:《维果茨基教育论著选》,人民教育出版社1994年版,第179—180页。
[2] [苏]维果茨基著,余震球选译:《维果茨基教育论著选》,人民教育出版社1994年版,第270页。

维果茨基认为真正有意义的科学概念的发展,只有到学龄期才有可能发生,但是这并不意味着对学龄前儿童实施的科学教育没有价值,维果茨基断言:"幼儿头脑里产生的高级类型的科学概念正是来自以前存在的较初级的和基本的概括类型,而绝不是由外部植入幼儿意识的。"①根据维果茨基的理论,在幼儿园科学教育的过程中,教师不应急于将由科学家发现的科学现象和原理按成人理解的方式传递给幼儿,并要求幼儿像成人那样去理解科学家们发现的科学道理。教师应该顾及幼儿的天真理论,②而不应简单地要求幼儿放弃它们,以赞同所谓的科学真理。虽然在学前阶段,向儿童介绍与其生活经验相贴近的科学常识,会有益于幼儿科学概念的发展。但现在的事实是,由于我们对科学的理解存在误区,认为科学是唯理性的,欲将我们成人对客观世界的理解强加给孩子,忽略了幼儿的主观世界,也就是忽略了孩子的心理特点和认知发展规律。在实践中表现为常常指导幼儿以纯理性的方式进行科学学习,甚至将实验—探索作为唯一的学习科学的模式,使原本生动活泼的、丰富奇妙的科学学习变成了枯燥乏味的操作,使孩子既无法真正地学习科学,而且也遏止了孩子的想象力和创造力。③

除了以上所阐述的有关理论外,还有许多发展心理学家、教育家,如加涅、奥苏伯尔,以及后皮亚杰学派等,都对学前儿童科学教育提出了许多有益的见解。

第五节 学前儿童学习科学的特点

在这一节中,将对不同年龄阶段儿童学习科学的特点作一概括。在了解这些特点时,我们必须明确,首先,幼儿学习科学的特点是他们的年龄特点在学习科学方面的表现。其次,虽然是对不同年龄的幼儿进行分析,但是正如皮亚杰的理论所述,年龄特点之间既有阶段性又有一定程度的交叉重叠,有的特点在整个学前阶段都相当明显,例如"好奇好问"。

一、3—4岁儿童学习科学的特点

刚从家庭或托育机构进入幼儿园的3—4岁的儿童,喜欢接触大自然,对周围很多事物和现象感兴趣,他们已经从成人那里或日常生活中获得一些关于周围事物及现象的印象,其中可能有些是正确的,但也有些是错误的。而且他们的思维正处于由直觉行动性思维向具体

---

① [苏]维果茨基著,余震球选译:《维果茨基教育论著选》,人民教育出版社1994年版,第227页。
② 天真理论是儿童在进入学校学习之前已获得的一些关于自然现象的概念,也被称为"前概念""幼稚理论""直觉概念"等。
③ 施燕:《在"生活世界"中学习,在"主观世界"中徜徉》,《幼儿教育》2006年第1期,第23—24页。

形象性思维过渡的阶段,因此,3—4岁儿童在学习科学的过程中表现出以下一些特点。

(一) 认识处于不分化的混沌状态

复杂多变、形形色色的客观世界,在刚入园的小班儿童的头脑中,往往是一片不分化的混沌状态。虽然他们能注意并发现周围物体,特别是了解动植物是多种多样的,但是他们还是对一些物体与现象分辨不清,常常"指鹿为马"。例如,有的儿童把绿草、绿叶叫作"绿花";有的儿童认识柳树后,把其他的树也叫作"柳树";还有的把树干叫作"木头"。因此,他们常爱向成人提问:"这是什么?""那是什么?"

(二) 认识带有模仿性,缺乏有意性

3—4岁的儿童不仅不会有意识地带着一定的目的去认识某一事物,并且还不善于根据自己的所见、所闻、所知来表达自己的认识,调节自己的行为,而是爱模仿别人的言行。别人说小灰兔是小白兔,他也说是小白兔;别人摇小树苗,他也跟着去摇小树苗。有时,由于分辨能力差,爱模仿,甚至导致发生无意伤害动植物的行为。例如,有一小男孩,在家看到爸爸刮胡子后,自己也学着给小鸡"刮胡子"(刮鸡身上的毛)。

(三) 认识带有明显的拟人化倾向

由于3—4岁儿童的感知受自我中心的影响,常以自身的结构去理解物体的结构,以自己的生活体验去解释科学现象,对有生命的东西和无生命的东西分辨不清,认识带有明显的拟人化现象。例如,看到皮球从积木上滚下来就说:"它(指皮球)不乖。"指着四条腿的动物说:"它有两只手,两只脚。"

案例分享

儿童认识的拟人化倾向

(1) 大力的妈妈走进餐厅,做餐前的准备,发现大力在那里。他把所有的椅子都放倒在了地上。妈妈问他:"你在干什么呀?"大力回答:"他们都在睡觉呢。"

(2) 小金和小林两个孩子从树林里玩耍回来,带回了几块小石子。他们用一个盛放酱菜的大口瓶装满了清水,小心翼翼地将石子放进了瓶里,然后将瓶子放在了桌上。他们透过瓶子观察这些石子。小金发现放得远了些,有点看不清楚,于是将瓶子往自己这儿挪了一下。这时,小林盯着瓶子看了一会儿,然后喊了起来:"快看,石头是活的,它们在动呢。"

(四) 认识带有表面性和片面性

3—4岁儿童的认识易受情绪的影响,其注意往往比较容易集中在色彩鲜艳的、会发出悦耳声音的、能动的、使其感到喜欢的事物上。因此,3—4岁儿童一般对动物的兴趣胜于对静态东西的兴趣,对他不感兴趣的事物或特点,似乎视而不见,这就使其认识必然带有表面性和片面性,影响对事物的主要方面和主要特征的认识。

二、4—5岁儿童学习科学的特点

经过一到两年的幼儿园生活,4—5岁的孩子对科学的兴趣明显地加强。此时,幼儿以具体形象性思维为主。因此,4—5岁儿童在学习科学的过程中表现出以下一些特点。

(一) 好奇好问

随着身心的发展,4—5岁的儿童比3—4岁的儿童显得更加活泼好动,好奇好问,对大自然产生浓厚的兴趣,什么都想去看看摸摸。会学习运用感官去探索、了解新事物。在向成人提问时,不但喜欢问"是什么",而且还爱问"为什么"。例如会问:"为什么鸟会飞?""为什么洗衣机会转动?"还常常会刨根问底,探个究竟。

(二) 初步理解科学现象中表面的和简单的因果关系

4—5岁儿童,一般已能从直接感知到的自然现象中理解一些表面的和简单的因果关系。例如,知道"种了花,不浇水就要死""因为鸟有翅膀,所以能飞"。但是他们还难以理解科学现象中内在的和隐蔽的因果关系。因此,4—5岁儿童对于物体与现象,易受其形状、颜色、大小和活动等外部的非本质特征的影响,而作出错误的因果判断。例如,认为"树摇了,所以刮风了""乒乓球会浮在水上,因为乒乓球是红的,是滑的""火车会动、会叫,它是活的东西"。

案例分享

儿童理解简单的因果关系

小凡拿着心爱的皮球在玩,一会儿丢球,一会儿踢一下。当他用双手拍球时,故意让球从自己身边滚走。因为他很喜欢这样做,所以他反复把球拍离自己。

小凡已经掌握了一种基本的因果关系。他的动作对球产生了某种确定的作用。我们可以发现,如果这种结果能让他高兴,那么,他会继续行动以再次产生同样的结果。

(三)开始根据事物的表面属性、功用和情境进行概括分类

4—5岁儿童在已有感性经验的基础上,开始能对具体事物进行概括分类,但概括的水平还很低。其分类的根据主要是具体事物的表面属性(如颜色、形状)、功用或情境等。例如,在利用图片进行分类时,幼儿把苹果、梨、桃归为一类,认为"能吃,吃起来水多";把太阳、卷心菜归为一类,认为都是"圆的";把玉米、香蕉、小麦归为一类,认为都是"黄色的";把太阳和公鸡放在一组,认为"太阳一出来,公鸡就喔喔叫"。可见,4—5岁儿童对事物的概括分类,具有明显的形象性和情境性的特点。因其不能从事物内在的和本质的属性上进行抽象概括,所以也就不能正确地按客观事物的分类标准进行概括分类。

三、5—6岁儿童学习科学的特点

5—6岁的儿童马上要进入小学学习,他们比4—5岁的儿童更渴望了解周围世界。而且,这一阶段儿童的抽象逻辑思维已开始萌芽。因此,5—6岁儿童在学习科学的过程中表现出以下一些特点。

(一)有积极的求知欲望

5—6岁儿童对周围世界有着积极的求知探索态度。他们不但爱问:"是什么?""为什么?"而且还想知道:"怎么来的?""什么做的?"往往可以听到儿童提出这样一类问题,如问:"为什么月亮会跟着我走?""鱼儿为什么能在水里游?""电视机里的人是怎么会走路、说话的?"有的儿童在做科学小实验时,能够想出用不同的方法去探求实验的结果。有的儿童喜欢把玩具拆开,想看看其中的奥秘。他们对自然现象的起源和机械运动的原理等开始感兴趣,渴望得到科学的答案。

(二)初步理解科学现象中比较内在的、隐蔽的因果关系

5—6岁儿童已经开始能够用内在的、隐蔽的原因来理解科学现象的产生。例如在解释乒乓球从倾斜的积木上滚落时说:"乒乓球是圆的,积木是斜的,球放上去就会滚。"说明儿童已能从客体的形状与客体的位置之间的关系,即"圆"与"斜"的关系中寻找乒乓球滚落的原因。但由于科学现象中的因果关系比较复杂,即使到了5—6岁,儿童对不同科学现象中因果关系的理解水平也不可能一致,而且还很难理解日常生活中所不熟悉的复杂的因果关系。

> **案例分享**
>
> **儿童理解较隐蔽的因果关系**
>
> 教师：假如你现在在这个教室里，老师把教室里的窗和门都关着，关得严严实实的，这个时候呀，你的好朋友就站在门外边叫你："景丞，景丞，快下来啊，我们一起去玩游戏吧。"你觉得你还能听到他的声音吗？
>
> 幼儿：可以。
>
> 教师：为什么呀？我都把门窗关着了呢？
>
> 幼儿：因为这个门没有关紧，还是有缝隙的。
>
> 教师：那如果老师把它关得紧紧的，没有一点缝隙了，你觉得还能听到吗？
>
> 幼儿：还能的。
>
> 教师：那这个声音是怎么跑进来的呢？
>
> 幼儿：因为它这个可能是不太厚的，声音能穿透过去。
>
> 教师：如果是一堵很厚很厚的墙呢？
>
> 幼儿：那就不可以了。

（三）能初步根据事物的本质属性进行概括分类

通过有目的的教育，随着抽象逻辑思维的发展，5—6 岁儿童开始能够根据事物的本质属性，按照客观事物的分类标准进行初步的概括分类。如把具有坚硬的嘴，身上长有羽毛、翅膀和两条腿，人们饲养的鸡、鸭、鹅归为家禽类；把身上有皮毛、四条腿，人们饲养的猫、兔、猪归为家畜类。学龄前阶段，由于受知识、语言、抽象概括水平的制约，幼儿对类概念的掌握还是比较初级和简单的，不能掌握概念全部的精确含义，缺乏掌握高层次类概念所需要的、在概括基础上进行高一级抽象概括的能力。因此，到了 5—6 岁，仍不可避免地会出现一些概念外延上的错误。例如，有的孩子只能把家畜、家禽概括为动物，而把昆虫排除在动物之外，认为昆虫是虫子，不是动物。

根据以上幼儿学习科学的特点，对幼儿科学教育有以下几点启示：第一，幼儿学习科学不仅是可能的，同时也是幼儿的兴趣和需要。幼儿通过学习科学，能获得各方面的发展。第二，应根据科学教育的总目标，制定符合幼儿认知水平的科学教育年龄目标，选择内容，确定教法，并遵循由近及远、由浅入深、由具体到抽象的原则，逐步加深和提高要求。第三，教师还应在科学教育过程中结合实际情况灵活地掌握和作出必要的调整。

> **拓展阅读**

《3—6岁儿童学习与发展指南》("科学探究"部分节选)[①]

目标1　亲近自然,喜欢探究

3—4岁	4—5岁	5—6岁
1. 喜欢接触大自然,对周围的很多事物和现象感兴趣。 2. 经常问各种问题,或好奇地摆弄物品。	1. 喜欢接触新事物,经常问一些与新事物有关的问题。 2. 常常动手动脑探索物体和材料,并乐在其中。	1. 对自己感兴趣的问题总是刨根问底。 2. 能经常动手动脑寻找问题的答案。 3. 探索中有所发现时感到兴奋和满足。

目标2　具有初步的探究能力

3—4岁	4—5岁	5—6岁
1. 对感兴趣的事物能仔细观察,发现其明显特征。 2. 能用多种感官或动作去探索物体,关注动作所产生的结果。	1. 能对事物或现象进行观察比较,发现其相同与不同。 2. 能根据观察结果提出问题,并大胆猜测答案。 3. 能通过简单的调查收集信息。 4. 能用图画或其他符号进行记录。	1. 能通过观察、比较与分析,发现并描述不同种类物体的特征或某个事物前后的变化。 2. 能用一定的方法验证自己的猜测。 3. 在成人的帮助下能制定简单的调查计划并执行。 4. 能用数字、图画、图表或其他符号记录。 5. 探究中能与他人合作与交流。

目标3　在探究中认识周围事物和现象

3—4岁	4—5岁	5—6岁
1. 认识常见的动植物,能注意并发现周围的动植物是多种多样的。 2. 能感知和发现物体和材料的软硬、光滑和粗糙等特性。	1. 能感知和发现动植物的生长变化及其基本条件。 2. 能感知和发现常见材料的溶解、传热等性质或用途。 3. 能感知和发现简单物理现象,如物体形态或位置变化等。	1. 能察觉到动植物的外形特征、习性与生存环境的适应关系。 2. 能发现常见物体的结构与功能之间的关系。 3. 能探索并发现常见的物理现象产生的条件或影响因素,如影子、沉浮等。

[①] 中华人民共和国教育部:《3—6岁儿童学习与发展指南》,2012年。

续 表

3—4岁	4—5岁	5—6岁
3. 能感知和体验天气对自己生活和活动的影响。 4. 初步了解和体会动植物和人们生活的关系。	4. 能感知和发现不同季节的特点,体验季节对动植物和人的影响。 5. 初步感知常用科技产品与自己生活的关系,知道科技产品有利也有弊。	4. 感知并了解季节变化的周期性,知道变化的顺序。 5. 初步了解人们的生活与自然环境的密切关系,知道尊重和珍惜生命,保护环境。

| 制作防滑鞋 |

通过幼儿制作防滑鞋的过程,可以了解幼儿学习科学的特点,例如好奇好问、有积极的求知欲望,以及思维具体形象等。在活动中,教师在了解幼儿年龄特点的基础上,引导幼儿提出生活中遇到的问题,并通过直接感知、亲身体验和实际操作来解决问题,从而学习科学。

 思考实践

1. 皮亚杰、布鲁纳和维果茨基的有关理论对学前儿童科学教育有何启示?你是怎么认为的?

2. 分别阐述三个年龄阶段幼儿学习科学的主要特点。

3. 请阅读以下实例,思考并回答:案例中孩子的表现说明了什么发展特点,教师该如何应对?

幼儿园里孩子们正在游戏,小斌用杯子装了一些茶水桶里的热水,对着自然角里的花儿浇水。王老师立即走上前询问:"你为什么用开水浇花呢?"小斌回答说:"老师,你不是说过我们小朋友应该喝开水吗?凉水(生水)是不能喝的呀。我也想让花儿喝开水,喝凉水多不卫生啊。"

第三章 学前儿童科学教育的目标及内容

第一节 学前儿童科学教育的目标

学前儿童科学教育目标是构成科学教育实践活动的第一要素和前提,它是教师进行科学教育的指导思想和制定计划的依据。学前儿童科学教育目标既是学前教育总目标的有机组成部分,又是学前阶段科学教育的特殊要求。

学前儿童科学教育是学前儿童全面发展教育的一个重要组成部分。学前儿童科学教育的目标,是根据学前教育的总目标,结合科学教育的特点而制定的,是学前教育总目标在科学教育中的具体体现。在制定学前儿童科学教育的目标时,不仅要考虑社会发展的需求,而且应该要考虑年幼儿童身心发展的规律和特点,同时还要体现自然科学的学科特点。

一、学前儿童科学教育目标的结构

学前儿童科学教育的目标体系,是按一定的有序结构组织起来的。从纵向角度看,学前儿童科学教育目标具有一般的层次结构。从横向角度看,学前儿童科学教育目标具有不同的分类结构。

(一)学前儿童科学教育目标的层次结构

学前儿童科学教育的目标按其层次,可以分解为学前儿童科学教育总目标、年龄阶段目标、单元目标和活动目标等四个层次。

1. **学前儿童科学教育总目标**

学前儿童科学教育的总目标,是学前阶段科学教育总的任务要求,它原则性地指出在学前阶段进行科学教育的范围和方向,是科学教育所期望的最终结果,具有较强的特殊性和相对的独立性。学前儿童科学教育的总目标是学前教育总目标的一个组成部分,与总目标在方向上是一致的、相辅相成的。学前儿童科学教育的总目标,是在整个学前教育阶段中,通过一系列的科学教育活动的过程来实现的,因此,在学前阶段进行科学教育都应以总目标为指导思想。

2. 学前儿童科学教育年龄阶段目标

学前儿童科学教育的年龄阶段目标,指的是根据学前儿童科学教育总目标确立的、按学前儿童年龄阶段划分的中短期发展目标。它一般分为 3—4 岁、4—5 岁、5—6 岁各年龄班的科学教育目标。学前儿童科学教育的年龄阶段目标是总目标在各阶段上的具体体现,是总目标的具体化,它把科学教育的总目标按不同年龄儿童的发展水平作了具体的划分,因此,年龄阶段目标的要求在指导思想和总目标上是完全一致的。年龄阶段目标是学前儿童发展的年龄特征在科学教育目标中的体现,它反映了不同年龄阶段儿童的目标要求的差异性。儿童的年龄不同,其身心特点、需求、兴趣也不同,这就决定了我们必须根据他们的年龄特点,提出不同于其他年龄阶段的适宜的目标,以适应儿童的发展需求。另外,科学教育的各年龄阶段目标之间是具有连续性的,这种连续性反映了学前儿童发展的连续过程,这正是达到总目标的必由之路。

3. 学前儿童科学教育单元目标

学前儿童科学教育的单元目标一般有两种:一种是"时间单元",是在一段时间内,如一个月或一周内要达到的目标,相当于"月计划"或"周计划"中的科学教育目标;另一种是"主题活动单元",是在一组有关联的科学教育活动全部结束后所要达到的目标。在目前的整合课程模式之下,前一种"时间单元"的目标模式已不多见,但还是会在一些幼儿园看到在一个阶段的教育活动中融入时间单元的科学教育目标的做法。而后一种"主题活动单元"的做法就比较常见。

4. 学前儿童科学教育活动目标

学前儿童科学教育活动目标一般是指一次具体的科学教育活动所要达到的目标,它是根据学前儿童科学教育总目标和年龄阶段目标或单元目标,并结合具体教育活动内容的特点,以及儿童的特点制定的具体的、可操作的目标。虽然是具体教育活动的目标,但也应该能反映学前儿童科学教育总目标和年龄阶段目标的要求。而且教育活动目标应该体现与上层目标之间的联系,是上层目标的具体化。

以上四个层次,构成了一个金字塔式的学前儿童科学教育目标的层次结构。各阶段性目标之间是相互衔接的,体现了学前儿童心理发展的渐进性。下层目标与上层目标之间、局部目标与整体目标之间是协调一致的。每层目标都是上一层目标的具体化,低层次目标的一步步实现最终能达到高层次目标的实现。

(二) 学前儿童科学教育目标的分类结构

学前儿童科学教育目标的分类结构是指教育目标的组合构成,它是从学前儿童科学教育总目标中横向分解出来的,可以从各种角度去划分。科学教育的总目标是培养具有科学素养的人,因此,科学素养的划分就成为制定科学教育目标的主要依据之一。国际上通行的考察国民科学素养的标准包括三个方面:对科学技术术语和概念达到基本的了解;对科学的研究过程和方法达到基本了解;对科学的社会影响达到基本了解。[①] 国内外科学教育课程设计都非常重视受教育者科学素养的养成。学前儿童阶段养成对科学的兴趣和熟悉应该是终身学习的重要基础。根据学前儿童身心发展的特点,以及当代社会发展的需要,学前儿童科学素养主要应包括三个方面:科学情感和态度的培养、科学方法的学习、科学知识的获得。

以此依据来分类,学前儿童科学教育目标可以分成以下几个方面。

1. 科学情感和态度教育目标

从学前儿童发展的角度来看,科学教育的目标不仅在于促进儿童学习科学,其最终目的是通过科学学习,促进学前儿童全面和谐地发展。在科学教育中,科学情感和态度的培养,可以说是整个科学教育目标体系的核心内容。科学情感和态度指的是与认知过程相区别的,同人的特定需要相联系的,具有一定内在体验和外在表现的感性反应。主要包括对科学活动的看法,对科学活动的意识、思维活动和自觉的心理状态,及其在言行中的表现,它也是人在探索科学时的一种动力。学前阶段科学情感和态度的培养虽然只是刚刚起步,但却是儿童一生发展的基础,也是学习科学的强大动力。学前儿童科学情感、态度方面的教育目标,是指对科学活动兴趣爱好的培养,特别强调好奇、进取、负责、合作、客观、虚心、细心、耐心、信心、自动自发、喜欢创造思考等态度和情感的培养。

2. 科学方法教育目标

科学的重要特征之一,是其方法的科学性。科学方法,一般是指实证的方法,及通过科学观察到的事实和建立在事实基础上的合乎逻辑的推理获取知识的方法。具体地说,科学方法是指收集客观信息、整理加工信息、表达信息、交流信息的方法。在科学探究的过程中,学前儿童在教师有目的有计划的安排下,有自主发现问题、探索答案以及解决问题的机会,并且能够体会到科学严谨地、有系统地解决问题和追寻答案的过程,同时通过亲身探索体验,学习到一些重要的探究方法及能力。[②] 在学前儿童科学教育中,有关科学方法方面的教育目标,是指学习探索周围世界和学科学的方法,如观察、分类、测量、思考、表达交流和解决问题等,以及发展观察力、思维能力、创造力、动手能力和初步解决问题的能力。

3. 科学知识教育目标

科学知识是人类在了解自然时,希望获得的有关事实的信息和理论的信息。科学知识会因为新的实验所带来的新的理解和新的问题而不断改变,不断扩增。学龄期儿童学习知

---

① 中国科学技术协会中国公众科学素养调查课题组编:《2001年中国公众科学素养调查报告》,科学普及出版社2002年版。
② 张俊著:《幼儿园科学教育》,人民教育出版社2004年版,第61页。

识主要是直接掌握人类的认识及其成果,在学校中,教师通过教学向学生传授科学知识,可以缩短传承人类认识成果的过程。学前儿童对科学知识的学习,虽然因为其年龄特点而与学龄期的儿童很不相同,但是作为科学探索过程的必然结果,科学知识的获得是必然的,也是需要的。学前儿童在科学探索的过程中,不仅获得了知识经验,也在探索与获得知识的过程中发展了能力、技能,培养了相应的情感。科学知识方面的教育目标,定位于通过教育使学前儿童获取有关周围世界的广泛的科学经验,或在感性经验的基础上形成初级的科学概念。

> **拓展阅读**
>
> **美国全美幼儿教育协会(NAEYC)制定的《幼儿科学教育标准》**[①]
>
> 1. 发展每个幼儿对世界的好奇心,使每个孩子:
> (1) 对新鲜事物与事件有探究的欲望、有兴趣。
> (2) 热爱生命。
> (3) 喜欢和欣赏美丽、整洁、和谐、有序的环境。
> 2. 发展幼儿发现问题、解决问题和作出决定的能力(科学探究的能力),使每个孩子:
> (1) 积极主动地参与科学活动。
> (2) 用适宜的感官去感知和了解新鲜事物。
> (3) 准确使用并照管好科学活动设备(如放大镜、磅秤等)。
> (4) 运用数量化的方法进行观察(如点数、测量)。
> (5) 区分物体、事件和现象之间的相似性、差异与变化。
> (6) 对材料、事件和现象进行分类,并解释理由。
> (7) 运用科学探究的过程(预测、收集数据)。
> (8) 乐于与同伴一起交流信息并欣赏他人的观点。
> (9) 熟悉了解科学研究过程的技术,在科学研究过程中有以下共同的行为类型:
> ① 观察:运用各种感官去了解环境的特点,即实际的资料。
> ② 交流:命名、记录、与他人交流信息。
> ③ 比较:测量、点数、数量化,或考察物体与物体之间的相似性、差异性。

[①] 张俊著:《幼儿园科学教育》,人民教育出版社 2004 年版,第 83—84 页。

④ 组织：对所收集的信息数据分类、排序。

⑤ 建立联系：在具体和抽象的观念之间建立联系，以实验或解释一种现象，形成并检验假设。

⑥ 推断：决定所收集的信息的意义，包括作出预测。

⑦ 运用：运用知识和技能来解决问题。

3. 增进对自然界的认识，使每个孩子：

(1) 积极参与可以丰富各种科学经验的活动(如组织、原因和结果、系统、标准、模型、变化、结构和功能、多样性和差异性)。

(2) 经历各种不同科学领域的活动。

(3) 了解与基本科学概念有关的技术。

(4) 表现和交流科学知识。

二、学前儿童科学教育目标的内容

(一) 学前儿童科学教育的总目标

在《纲要》中，"科学"与"社会""语言""健康""艺术"被明确地列为五大领域。《纲要》提出的科学领域的目标是：(1) 对周围的事物、现象感兴趣，有好奇心和求知欲；(2) 能运用各种感官，动手动脑，探究问题；(3) 能用适当的方式表达、交流探索的过程和结果；(4) 能从生活和游戏中感受事物的数量关系并体验到数学的重要和有趣；(5) 爱护动植物，关心周围环境，亲近大自然，珍惜自然资源，有初步的环保意识。

在以上《纲要》中的五条目标中，除了第四条是有关数学教育具体的目标外，其他四条目标可以归类为三个方面，即科学情感和态度方面的目标、科学方法方面的目标、科学知识方面的目标。

1. **科学情感和态度方面的目标**

《纲要》中科学领域涉及科学情感和态度方面主要有两条，即第一条"对周围的事物、现象感兴趣，有好奇心和求知欲"和第五条"爱护动植物，关心周围环境，亲近大自然，珍惜自然资源，有初步的环保意识"。

(1) 对周围的事物、现象感兴趣，有好奇心和求知欲。

好奇心是指对周围环境中的新异刺激的积极反应倾向。幼儿的好奇心常常表现为对周围一些事物或现象(特别是自然界的事物与现象)注意、提出问题、操作摆弄、探索发现等。

好奇心是幼儿学习取得成功的先决条件,并在幼儿形成积极的学习态度方面起着重要作用。科学需要好奇心,科学也最能吸引儿童的好奇心,而幼儿天生就具有好奇心,他们喜欢探究事物,是天生的科学家。在幼儿园中充分利用科学教育特有的有利因素,以五彩缤纷、生动活泼的自然世界和丰富的有结构的物质材料作为科学教育的主要内容,逐渐使幼儿这种自发的好奇心转化为具有特定方向的好奇——对科学的好奇,进而产生对科学的兴趣和探索。合乎幼儿的好奇心,将使幼儿永远保持探究和学习的热情,也是终身学习的一种动力机制。兴趣是和好奇心相联系的,它是一种积极的情感性唤醒状态,是学习科学的强大动力。幼儿最初的科学兴趣就是对新奇事物的好奇。培养幼儿的好奇心和兴趣的目标,就是使幼儿将对事物的外在、表面的兴趣,发展为对科学活动过程的理智兴趣,为今后学习科学奠定良好的基础。

(2) 爱护动植物,关心周围环境,亲近大自然,珍惜自然资源,有初步的环保意识。

情感是人对客观事物的态度的体验,人的情感有积极、消极之分。态度是人们比较稳定的一套思想、兴趣或目的。情感、态度和人的认识活动有紧密的联系,积极的情感和态度能够促进幼儿的认识活动,有利于幼儿学习科学,也将为他们良好个性的发展和形成奠定基础。但是幼儿对周围事物的情感、态度不会从天而降,也不可能自然发展或突然产生,它需要在幼儿园科学教育的过程中,结合幼儿的具体情况,精心培养。通过与周围环境的直接接触和探索活动,引导幼儿发现自然界的美,学会欣赏自然,幼儿会逐渐发现和感受到自然界的奇妙和美好,感受和体验到人与环境及动植物、动植物之间及其与环境的依存关系。通过全身心投入与珍爱生命、关爱环境有关的活动,幼儿会逐步产生珍惜自然资源的情感和初步的环保意识。做到"像保护眼睛一样保护自然和生态环境"。例如,培养幼儿对大自然的积极情感和态度,要从他们喜爱周围的小草小花、小鸟小虫开始,逐渐发展到具有"尊重自然、顺应自然、保护自然"的情感和态度。

2. 科学方法方面的目标

(1) 能运用各种感官,动手动脑,探究问题。

科学教育的目标强调幼儿"能运用各种感官,动手动脑,探究问题"(《纲要》"科学"领域第二条)。科学的一个重要的特征就是其方法和过程的科学性。虽然幼儿在运用科学方法进行探索的过程中,不可能像成人那样以严密的观察和精确的实验来进行科学研究,解决科学问题。但是在科学教育中,对幼儿进行科学方法的初始教育,以及进行科学探究能力的培养却是十分重要和必要的。

① 观察。"能运用各种感官"指的就是运用感觉器官对周围的事物进行观察。感觉器官是幼儿吸收外界信息的通路,观察是一种有目的、有计划的感知活动,是幼儿认识周围世界的基础。在幼儿亲历科学发现的过程中,幼儿学习了使用感官,发展了观察能力,就能主动地去感知周围世界,积极地获取各方面的信息,极大地丰富了幼儿的科学经验,为幼儿的初级科学概念的形成、思维的发展做了准备。在科学教育的过程中,要让幼儿学习运用多种感

官感知自然现象和物体的主要外部特征,学习比较观察不同物体或同类物体的特征,学习观察自然现象的运动和变化。

② 分类。在幼儿科学探究中也需要运用分类的方法和技能。分类是把一组物体按照特定的标准加以区分的过程。在幼儿学习科学的过程中,分类既是一种幼儿学习科学的技能,也是一种学习科学的方法。分类能帮助幼儿对周围事物进行抽象与概括,有助于幼儿探索事物之间的关系。在科学教育中,幼儿学习在比较现象或物体特征的相同和相异的基础上,按物体的外部特征、用途或习性等分类(单一属性或多重属性);学习指出分类的标准或属性等。例如,根据运动方式对动物进行分类,根据生长环境对植物进行分类等。

③ 测量。测量是测定物体数量特征的过程,也是幼儿需要掌握的一种方法和技能。测量是人们生活中精确交换信息的一个重要方面。对于对事物还缺乏"比较"概念的幼儿来说,在学习科学的过程中,运用简单的测量方法来观察、理解周围世界,并以数来比较精确地表达所获得的信息,是很有益的。在科学教育中,幼儿可以在比较的基础上,学习使用简单工具进行测量的方法;学习比较或测量物体的长短、大小、多少、轻重等特征的简单方法;初步知道通过测量可以获取量化的信息。

④ 思考。思考泛指幼儿的思维过程。思维是认识的高级阶段,是智力的核心。思维反映的是事物的本质属性和内部规律性。思维能更深刻、更正确、更完整地反映客观事物。所以,在科学教育过程中,除了使幼儿获得大量丰富的感性经验外,还应在此基础上,有意识地帮助幼儿学习思考,发展其思维能力。这也是幼儿学习科学必备的能力之一。幼儿的思维以具体形象性思维为主,要引导他们在具体形象和表象的基础上,思考事物之间的关系,学习比较和概括,甚至学习推论和预测。推论和预测是运用既有经验,根据当前情况,预测事件或现象的变化、结果。在科学教育的过程中,推论和预测也是幼儿学习的一种重要的技能。虽然要让幼儿能够作出不同于猜测的、又不是简单描述现象的推论和预测并不容易,但是推论和预测确实是幼儿探究过程中不可或缺的技能。

⑤ 操作。操作,即动手操作。在科学教育活动中,幼儿以操作或以其他方式验证其发现、推论或预测是否正确的过程及方法,运用工具或材料,对客观对象及材料进行操作加工,制作新产品的活动都是操作。在操作活动中所需要的技能,就是操作技能。幼儿的操作技能和科学技能虽然有关,但是也不同。幼儿的操作技能常常会影响其科学技能的发展,例如操作技能和测量技能、实验技能密切相关。操作能力的强弱,会影响科学方法的运用。但操作技能和科学技能又是有区别的。科学方法和技能是指在科学活动中,获取科学知识所必需的技能。而操作技能则不然,它是完成操作活动所必需的技能。在幼儿科学教育中,幼儿学习使用简单的工具,依照目标进行操作,并对操作过程和结果进行思考、调整和修正。

(2) 能用适当的方式表达、交流探究的过程和结果。

《纲要》"科学"领域中的第三条是"能用适当的方式表达、交流探索的过程和结果"。在科学教育中,不仅要让幼儿学习科学,还要让幼儿学习将自己科学探索的过程和结果,进行表达和交流。表达是一种单向地向别人表述的方式,而交流则是一种多向的、全方位的方式,既有倾听,又有表达和表现。交流有两种作用,一种是作为传递信息或获取信息的作用,另一种则是思考的方式,这就使交流成为重要的技能。在科学活动中的交流往往建立在幼儿记录的基础之上,幼儿在科学探究活动中,记录了科学发现的内容、情感、运用的方法、实验的结果……通过探究操作,每个人都有了自己不同的感受、体验和发现,或者有一些处于半意识状态的东西,通过思考和适当的方式表达形成想法,通过交流梳理头脑中的信息,明晰所发现的事物的特征和关系,以及自己的探究过程。幼儿通过表达和交换信息,使感知周围世界的第一印象在脑中形成表象,又转换为语言或其他方式表达出来。这样既使幼儿对事物理解得更清晰,又有助于幼儿语言的发展;既促进了幼儿与同伴之间的交往和友谊,又有利于幼儿与教师间的沟通。这里适当的方式包括:运用语言或非语言的方式进行信息的交换;学习用准确有效的语言及适当的表征方式(动作、表情、手势、体态)进行表达、交流(做法、想法、发现、情绪);学习用各种手段记录与展示自己的科学活动结果等。

3. 科学知识方面的目标

在《指南》"科学探究"中的目标3提出:在探究中认识周围事物与现象,"事物与现象"即关于自然的知识经验。虽然在《纲要》中并没有非常明确地提出知识方面的目标,但是作为科学教育的必然结果,知识经验的获得已经蕴含在科学领域的其他目标中。例如在《纲要》"科学"领域第三条中指出"能用适当的方式表达、交流探索的过程和结果",这里所说的结果,即应该包括知识的结果。所以关键不是给不给知识的问题,而是给幼儿什么样知识和怎么给的问题。

(1) 获取广泛的科学经验。

所谓的经验,是与具体的事物和现象联系在一起的,离开了具体的事物就不可能获得。科学经验是指幼儿在科学探索活动中,通过他们的亲自操作,以自身的感觉器官直接接触周围世界,所获取的具体事实和第一手的经验,这些经验因其是有关自然事物与现象的,因此就被命名为科学经验。幼儿的科学经验包括幼儿对事物形状特征的认识、对科学现象的理解。《指南》中提到:"支持幼儿在接触自然、生活事物和现象中积累有益的直接经验和感性认识。""引导幼儿在探究中思考,尝试进行简单的推理和分析,发现事物之间明显的关联。""引导幼儿关注和了解自然、科技产品与人们生活的密切关系,逐渐懂得热爱、尊重、保护自然。"幼儿通过不断地与周围环境接触,在大脑中储存了丰富的信息,留下了生动的表象。这些有关周围物质世界的信息和表象,就是幼儿获取的初始科学经验。

幼儿的初始经验是幼儿学习科学的基础,也是他们今后学习抽象的科学概念、科学定义的最初入门基础。通过回忆、联系已有经验,可以加深对科学概念、科学定义的理解,因而,科学经验为今后幼儿学习抽象符号和系统的科学知识做好了准备。虽然科学经验是科学知识的最低层次,是和具体的事物、现象联系在一起的,但是对幼儿来说却很重要。幼儿获得知识的过程,就是在获得大量具体事实的基础上建立的,幼儿的科学经验是建构概念的基础。幼儿由于认知能力的局限及生活经历的短暂,其科学经验比成人明显要有限得多,他们所获得的经验毕竟是贫乏的、未经加工的,且往往是片面、孤立、朦胧的,甚至是错误的。科学学习对幼儿的促进作用,一方面就表现在要扩展他们的经验,以让他们的经验在检验和发展观念中加以利用。所以,应为幼儿创设条件,支持、帮助幼儿获得丰富的科学经验。

(2) 在感性经验的基础上形成初级科学概念。

概念是对事物本质的抽象的认识,是对具体事物概括的结果。初级的科学概念是指幼儿在获得感性经验的基础上,对同类事物外在的、明显的共同特征的概括,是一种概括化的表象。它是由符号代表的,具有共同关键属性的一类物体、现象、情境或性质,而不是直接的经验或具体事实。它既区别于具体的经验,也区别于真正的抽象概念。[①] 幼儿对任何事物抽象的认识,都是建立在对具体事物的概括的基础上的。幼儿形成初级的科学概念,能把他们已获得的具体、丰富的,但又是片断、孤立的科学经验归纳、概括,并以简化的方式,把具体的信息转化为概念性的认知结构,储存在头脑中,因而容易保持和记忆。同时,形成初级的科学概念可以增加幼儿所学知识的适用性和迁移价值,并促进幼儿认知能力的发展,特别是有利于幼儿从具体形象性思维向抽象逻辑性思维的过渡。

许多研究证明,幼儿的思维具体形象,对抽象概念的学习尚感困难。他们在科学学习中所形成的概念,只是经验水平的概括,它既有科学经验的特征——具体形象性,又具有概念的特征——概括性,因此只能把它称为初级的科学概念(有关科技的概念)。如果科学学习超越了幼儿的认知水平,强求幼儿记忆科学概念,反而会出现似懂非懂的糊涂观念,甚至是违反科学的错误概念。在科学学习中,应让幼儿学习一些日常生活概念、具体事物概念、简单分类概念。这些有关科学的概念都是低水平的概念,是经验水平上的概括,不那么精确,却是今后科学概念形成的阶梯。但是在学习中,要区分日常生活概念与错误概念的界限。日常生活概念是正确的,但不精确,或失之过宽,或失之过窄,或不完全重合。而错误概念则完全背离了客观事物本身。我们不能借口幼儿概念的幼稚性、朦胧性,而允许错误概念的出现。

科学经验与科学概念是有区别的,但是它们又是紧密联系的。在科学学习过程中,幼儿初级科学概念的形成,依赖于科学经验的获得。脱离了科学经验的概念学习是不可行的,科学经验是幼儿形成初级的科学概念的基础,科学经验影响着初级科学概念的内涵,并有效地丰富和发展着幼儿的初级科学概念。相反,如果只是重视科学经验的获得,而忽视科学概念

[①] 王志明主编:《学前儿童科学教育》,南京师范大学出版社2001年版,第42页。

的形成,显然也是不合适的。在科学学习中,不能迁就幼儿思维的具体形象性,不能满足于感知表面现象,而要努力引导幼儿整理零散的知识经验,促进初级的科学概念的形成,并逐渐提高概念水平,促进幼儿抽象逻辑思维的萌芽与发展。

以上介绍了学前儿童科学教育的总目标,虽然因为学习与研究的需要,我们将目标逐条进行分析和理解,但是,必须明确的是,要全面把握学前儿童科学教育各目标之间的关系。首先,就科学情感和态度、科学方法、科学知识的发展来说,并没有先后,更没有主次之分。之前的排列只是一种介绍的先后。其次,这三者目标是一个你中有我、我中有你的完整整体,而且相互依赖,不能截然分开,任何一方面都不可或缺。再次,从它们三者在科学学习中所扮演的角色看,科学经验、概念是科学学习的载体,离开了科学知识的学习,科学探究也就成为不可能;科学情感和态度是科学学习的动力系统,它推动着幼儿积极学习科学;而科学方法则是探究活动中的核心,也是幼儿终身学习的武器。

(二) 学前儿童科学教育的年龄阶段目标

学前儿童科学教育年龄阶段目标,指的是根据学前儿童科学教育总目标确立的,按幼儿年龄阶段划分的幼儿中短期发展目标。虽然,在《纲要》中并没有明确地划分各个年龄阶段的目标,但是这并不是说,划分年龄阶段是完全没有必要的。由于年龄阶段目标是根据学前儿童科学教育的总目标来制定的,既体现幼儿各不同年龄之间的差异性,又体现各个年龄之间的连续性。年龄阶段目标的制定还便于教师的操作,使教师较好地把握各年龄段幼儿科学教育的要点。但是在具体运用时,还需要根据本园、本班幼儿的情况,进行相应的调整。以下所列目标仅为参考。

1. 科学情感和态度

3—4 岁:

(1) 乐意参加科学探究活动。

(2) 喜欢接触大自然,对周围的很多事物和现象感兴趣。

(3) 经常问各种问题,开始表现出探索自然现象和参与制作活动的兴趣。

(4) 能喜爱和关心动植物。

4—5 岁:

(1) 能主动参加科学探究活动。

(2) 喜欢接触新事物、探究周围的自然界。

(3) 常常动手动脑探究物体和材料,愿意参加制作活动。

(4) 关心、爱护动植物和周围的自然环境。

5—6 岁:

(1) 喜欢并能较长时间参与科学探究活动。

(2)能主动探究周围自然界并能发现问题、提出问题、寻求答案,探索中有所发现时感到兴奋和满足。

(3)能集中于自己的操作活动。

(4)懂得尊重和珍惜生命、保护自然环境,通过参与一些力所能及的活动,保护环境,爱护生命。

2. 科学方法

3—4岁:

(1)了解各种感官在感知中的作用,学习运用各种感官感知的方法。

(2)对感兴趣的事物能仔细观察,发现明显特征。

(3)能从一组物体中根据一个或两个特征,挑出物体,归入一类。

(4)能通过观察知道物体数量的差别。

(5)能以词语或简单的句子以及非语言的方式描述事物的特征或自己的发现,与成人或同伴进行交流。

4—5岁:

(1)能综合运用多种感官感知事物的特征。

(2)能对事物或现象进行观察比较,发现其相同与不同。

(3)能根据观察结果提出问题,并大胆猜测答案。

(4)能按照指定的标准对物体进行简单分类。

(5)学习运用简单的工具进行测量的方法。

(6)能以自己的语言及符号、图像等方式记录与描述自己的发现,并与成人或同伴进行交流。

5—6岁:

(1)能主动运用多种感官观察事物。

(2)通过观察、比较与分析,发现并描述不同种类物体的特征或某个事物前后的变化。

(3)能按一定的方法验证自己的猜测。

(4)能按照自己确定的不同标准对物体进行分类。

(5)学习使用准确量具进行测量并学习正确的测量方法。

(6)能在成人的帮助下制定简单的调查计划并执行。

(7)能以语言与符号、图像、数字等方式与成人或同伴进行记录并交流自己的发现、探究过程和方法,表达发现的问题和自己的愿望。

3. 科学知识

3—4岁:

(1)认识了解几种常见的动植物,注意并发现周围的动植物是多种多样的。

(2) 初步了解和体会动植物与人们生活的关系。

(3) 感知和发现物体及材料的软硬、光滑或粗糙等特性。

(4) 感知和体验天气对自己生活和活动的影响。

(5) 了解日常生活中几种人造物品的特征及其用途。

4—5岁：

(1) 感知和发现动植物的生长变化及其基本条件。

(2) 感知和发现常见材料的溶解、传热等性质或用途。

(3) 感知和发现简单物理现象，如物体形态或位置变化等。

(4) 感知和发现不同季节的特点，体验季节对动植物和人类的影响。

(5) 初步感知常用科技产品与自己生活的关系，知道科技产品有利也有弊。

5—6岁：

(1) 察觉到动植物的外形特征、习性与生存环境之间的适应关系。

(2) 发现常见物体的结构与功能之间的关系。

(3) 探索并发现常见的物理现象产生的条件或影响因素。

(4) 感知并了解季节变化的周期性，知道变化的顺序。

(5) 初步了解人们的生活与自然环境之间的密切关系。

(三) 学前儿童科学教育的单元目标

因各幼儿园的具体情况不同，学前儿童科学教育的单元目标也有所不同。以下仅以实例进行介绍。

1. 以时间为单元的学前儿童科学教育目标

幼儿园中以时间为单元的科学教育目标一般有月科学教育目标和周科学教育目标等几种。

【例1】幼儿园小班10月份的科学教育目标。

(1) 愿意接触大自然。

(2) 有好奇心，喜欢模仿、摆弄。

(3) 认识易于接触的动物"兔子"，了解其主要外形特征及生活习性。

(4) 认识易于接触的植物"一串红"，了解其主要外形特征。

(5) 了解自己身体的主要部位"脸"，学习如何保护。

(6) 观察秋天的景色，初步体验大自然的美。

(7) 初步学习运用感官认识物体。

【例2】幼儿园中班9月份的科学教育目标。

(1) 喜欢生活在大自然中，愿意接触新事物。

(2) 喜欢观察、操作、提出问题。

(3) 对社会生活中人们的各种活动和成果感兴趣。

(4) 认识比较常见的几种动物,了解它们的生活特性及与人们生活的关系。

(5) 了解一些常见的自然现象及其与人们生活的关系。

(6) 知道常见物品与人们生活的关系。了解几种常见物品的正确使用的方法。

【例3】幼儿园大班4月份科学教育目标。

(1) 继续发展热爱大自然的积极情感,探索中有所发现时感到兴奋和满足。

(2) 有初步的环境保护意识。

(3) 了解人的生存与环境的关系,学习基本的自我调节、保护健康的方法。

(4) 了解人类的科学技术是不断发展的。

(5) 能根据事物的不同特征,按自己的标准分类。

2. 以主题活动为单元的学前儿童科学教育目标

幼儿园中科学教育主题的划分依据也是多种多样的:有的是以季节为主线建构主题;有的则以自然科学现象为主线建构主题;也有的以人的活动为主线建构主题。

【例1】幼儿园小班主题活动"有趣的气味"的单元科学教育目标。

(1) 感知不同的气味,学会用鼻子闻物体的气味,发展感知能力。

(2) 关心周围事物,使幼儿对感知活动有兴趣。

(3) 学习用语言表达所得到的信息。

(4) 懂得鼻子的重要性,要爱护自己的鼻子。

【例2】幼儿园中班主题活动"水"的科学教育目标。

(1) 幼儿有观察探究的兴趣。

(2) 在玩水的系列操作活动中,运用自己的感官,感知水的特性(无色、无味、透明、流动等)。

(3) 知道生物的生长、人类的生活都离不开水。

(4) 学习边观察边操作,在教师的启发引导下,能及时观察和发现在操作过程中所产生的有趣现象,并能努力探究原因。

【例3】幼儿园大班主题活动"昆虫"的科学教育目标。

(1) 在捕捉、饲养、观察昆虫的活动中,引发对昆虫的兴趣。

(2) 在教师的帮助下,能制定简单的调查计划并执行。

(3) 继续学习运用典型特征观察法和顺序观察法对各种昆虫(蚂蚁、蜜蜂、蚕、七星瓢虫、蚊子、苍蝇等)进行观察,在观察比较过程中寻找其共同特征和各自不同的特性,初步形成昆虫的概念,并能区分常见昆虫中的益虫和害虫。

(4) 学习用数字和图表进行记录。

(5) 学习细致观察和分析综合概括的能力。

需要说明的是,以主题活动为单元的学前儿童科学教育目标,只是单元目标中科学领域的部分,而不是全部目标,单元目标应包括各领域的目标。

(四) 学前儿童科学教育的活动目标

学前儿童科学教育的活动目标,既包括集体科学活动的目标,也包括个别化活动的目标。

【例1】集体活动"可爱的蚕豆荚(小班)"活动目标。

(1) 有主动感知物体的兴趣。

(2) 能仔细观察,发现蚕豆荚的基本特征。

【例2】集体活动"小飞机(中班)"活动目标。

(1) 能自己动手制作小飞机,探索小飞机成功飞行的玩法。

(2) 在探索前后,能够大胆表述自己的想法。

(3) 对技术活动感兴趣。

【例3】集体活动"各种各样的扇子(大班)"活动目标。

(1) 知道扇子可用来扇凉风降温、遮阳,还可作为工艺品。

(2) 了解扇子有各种不同的材料、造型、图案。

(3) 欣赏各种不同的扇子,培养幼儿的美感及对祖国传统工艺品的热爱。

(4) 发展幼儿的观察、比较能力,以及信息交流的能力。

【例4】活动区"神奇的镜子(小班)"活动目标。

发现镜子发生变形时,镜子里的画面也会发生变化,从而感受科学现象的有趣。

【例5】散步活动"美丽的昆虫(中班)"活动目标。

观察环境中不同的昆虫,比较发现它们的不同,提高对小动物的兴趣。

【例6】自然角"豆豆穿迷宫(大班)"活动目标。

通过种植与长期跟踪观察,发现植物具有向光性的特点。

| DIY 泡泡器 |

从"DIY泡泡器"这一案例中,可以清晰地看到学前儿童科学教育的目标。孩子们从吹泡泡的活动中,发现了泡泡的大小、形状、颜色等方面的特征,并由此开启了关于制作泡泡器的探索。通过"设计泡泡器""收集材料""制作泡泡器""吹泡泡",以及"提出新问题"等过程,幼儿不仅获得了关于"吹泡泡""制作泡泡器"的经验,而且激发了对科学的兴趣,发展了科学探究能力。

第二节 学前儿童科学教育的内容

学前儿童科学教育的内容对于完成教育目标是至关重要的。学前儿童科学教育的内容是实现科学教育目标的媒介，是科学教育活动设计与具体实施的主要依据，也是实现科学教育目标的实质部分。

一、学前儿童科学教育的内容范围

幼儿生活在一个丰富多彩、变化万千的世界里，他们与周围环境直接接触，通过感官认识自我和周围世界，又通过科技媒体，了解一些他们不能直接接触的事物。这样就使幼儿科学教育的内容范围得到了进一步的扩大。

根据学前儿童科学教育的目标，学前儿童科学教育的内容应包括科学情感和态度、科学方法、科学知识。在《纲要》"科学"领域中，提出的内容和要求如下：

（1）引导幼儿对身边常见事物和现象的特点、变化规律产生兴趣和探究的欲望。

（2）为幼儿的探究活动创造宽松的环境，让每个幼儿都有机会参与尝试，支持、鼓励他们大胆提出问题，发表不同意见，学会尊重别人的观点和经验。

（3）提供丰富的可操作的材料，为每个幼儿都能运用多种感官、多种方式进行探究提供活动的条件。

（4）通过引导幼儿积极参加小组讨论、探索等方式，培养幼儿合作学习的意识和能力，学习用多种方式表现、交流、分享探索的过程和结果。

（5）引导幼儿对周围环境中的数、量、形、时间和空间等现象产生兴趣，建构初步的数概念，并学习用简单的数学方法解决生活和游戏中某些简单的问题。

（6）从生活或媒体中幼儿熟悉的科技成果入手，引导幼儿感受科学技术对生活的影响，培养他们对科学的兴趣和对科学家的崇敬。

（7）在幼儿生活经验的基础上，帮助幼儿了解自然、环境与人类生活的关系。从身边的小事入手，培养初步的环保意识和行为。

据此，我们可将学前儿童科学教育的内容范围确定为以下几个方面。

（一）科学情感和态度方面[1]

情感和态度方面的内容包括对身边现代生活中科学技术的印象、科学技术对生活的影

---

[1] 中华人民共和国科技部、教育部、中宣部、中国科协、共青团中央：《2001—2005年中国青少年科学技术普及活动指导纲要》，2000年。

响、对身边的科学现象的关心、对周围生活中的自然现象的观察、被身边的科学现象所吸引、对身边的科学现象的观察和积累、愿意对一些科学现象进行尝试等。

1. 对身边现代生活中科学技术的印象

形成对衣、食、住、行以及娱乐中现代科技产品的初步印象。知道科学技术水平的提高，可以使日常生活用品不断升级换代，科学技术在现代社会和家庭中无处不在。

2. 科学技术对生活的影响

知道科学的生活会带来优美的环境。了解科学技术既能给人们带来幸福，科学技术使用不当也会给人们带来灾难。

3. 对身边的科学现象的关心

有感知身边现象的愿望，经常被生活中的科学现象所吸引。对身边的各种现象充满好奇，常问："是什么？""为什么？"

4. 对周围生活中的自然现象的观察

喜欢观察生活中的自然现象，对观察到的自然现象能大胆提问，希望解开头脑中的疑问。

5. 被身边的科学现象所吸引

能经常发现周围生活中有趣的科学现象。喜欢知道常见的小动物、花草树木的名称、习性、养护方法。能大胆、自信地把知道的和正在探究的科学知识及现象告诉同伴。

6. 对身边的科学现象的观察和积累

乐意介绍幼儿园、家庭、社会生活中的玩具和现代生活用品。喜欢生活中的新用品，乐意感知和使用。

7. 愿意对一些科学现象进行尝试

积极感知各种科技活动，喜欢摆弄。在游戏或操作活动中喜欢寻找不同的方法，在反复尝试实践后再得出结论。

(二) 科学方法方面

科学方法方面的内容包括观察、比较、分类、预测的方法和能力，尝试探索的方法和能力，以及信息收集的方法和能力等。

1. 观察的方法和能力

包括日常生活中的观察。观察要有目的、要专注、要全面、要细致、要交流，借助工具观察。肉眼观察往往有局限性，为避免观察的局限性，可以借助某些工具进行观察，例如放大镜等。

2. 比较的方法和能力

学会比较不同的事物,找出它们的相同点和不同点。学会比较同一类事物,找出它们的相同点和不同点。

3. 分类的方法和能力

在观察和探索的基础上,尝试进行简单的分类、概括。例如:根据运动方式给动物分类,根据生长环境给植物分类,根据外部特征给物体分类等。

4. 预测的方法和能力

根据线索提出问题,猜测答案,并能用一定的方法验证自己的猜测。

5. 尝试探索的方法和能力

学会使用一些小实验的器材。会用不同的方法进行操作,并观察它们的效果。独立或合作完成一些手工练习、小制作。学习与同伴交流实验结果。

6. 信息收集的方法和能力

了解收集信息的几种渠道和方法,知道可以利用多种渠道收集和记录信息。学习交流信息和展示信息的一些方法。

(三) 科学知识方面

1. 人体

(1) 人体的结构及其功能。

了解人体的基本结构:头、颈、躯干、四肢,以及皮肤、骨骼、肌肉、血液等及其功能。了解人体的感觉器官:眼睛、耳朵、鼻子、舌头、皮肤等及其功能。了解人与人之间既有共同的地方,也有不同的地方。不同种族的人在皮肤、眼睛和毛发等方面有差异,不同年龄、不同性别的人在身体特征上有差异。知道爱护并锻炼自己的身体。

(2) 人的生理活动和心理活动。

了解人体的生理活动:消化、呼吸、血液循环、排泄等。初步了解大脑可以思考问题,具有想象、记忆等功能。初步了解人有情绪、情感,学习应该怎样表达或控制自己的情绪。

(3) 个体的生长和衰老。

认识到人是一个自然实体,每个人都经历着从出生、成长到衰老、死亡的生命过程。让幼儿知道自己是爸爸和妈妈"造"出来的,是从妈妈的肚子里生出来的。了解食物、空气和水是人生长发育的基本条件;合理的营养、适当的运动和休息等都是个体健康成长的必要条件。

(4) 保护身体及身体健康。

知道在任何条件下,都应该注意安全,保护自己的身体不受侵害和损伤,以避免不必要的痛苦。养成良好的卫生习惯,预防疾病,健康成长。

2. 动植物

(1) 动物。

知道动物有很多种,如家禽、家畜、野兽、鸟、鱼、昆虫等,每一种动物都有区别于其他种类动物的特征。

了解各种动物不同的外部特征和生活习性。

知道动物是有生命的,它们需要水、空气和食物维持生命,否则就无法生存。

了解动物生活在不同的地方,有不同的行为方式、繁殖方式、食性。

初步了解动物对其生活环境的适应,如动物的身体结构与所处的环境的关系,行为方式与所处环境的关系,动物怎样改变自身以适应环境的变化等。

了解植物与动物、动物与动物之间的关系。了解动物与人类的密切关系,懂得动物是人类的好朋友,人类应该保护它们。

(2) 植物。

知道植物是多种多样的,每一种植物都有区别于其他种类植物的特征。

认识一些常见的花卉、树木和蔬菜,知道它们的名称和外形特征。

知道植物是由根、茎、叶、花、果实、种子六个部分组成的,初步了解植物各部分的功能。

知道植物有不同的繁殖方式。

获得植物生长过程的经验,初步了解植物生长的必要条件是阳光、空气、水、温度,以及植物生长与环境的关系。

观察植物的季节变化,了解植物与季节变化的关系。

观察生长在不同环境中的植物的形态特征,了解植物形态特征与所处地理环境的关系。

了解植物与动物、植物与人类的关系,知道植物对净化环境的贡献,懂得要保护植物。

3. 生态与环境

(1) 生态环境诸要素及其关系。

知道在我们生活的世界里,除了生物(人类、动植物),还有岩石、沙、土壤、水、空气等无生命的物质,它们都是相互联系着的。

结合对动植物的内容的了解,使幼儿认识到:人、动物和植物之间是紧密联系、相互依存的;生物和它所生存的环境之间也是紧密联系、相互依存的。

帮助幼儿理解无生命物质对于生命的重要性。使幼儿知道沙和土壤都是由岩石变来的,土壤是适宜生物生长的;知道生物离不开水和空气,地球上的水有江、河、湖、海以及地下水。空气存在于所有空间中。它们都是生命不可缺少的物质。

(2) 生态环境污染的表现。

初步了解一些环境的污染状况,如水污染、大气污染、噪声污染和生活垃圾污染等,知道这些污染对人和动植物的危害。

了解由于生活环境质量的下降,以及人类的过度砍伐、渔猎,许多物种正走向灭绝,同时也将危害着人类自身。

(3) 保护生态环境的方法。

使幼儿了解应从小养成保护生态环境的良好行为习惯。如爱护花草树木,爱护小动物,保护珍稀生物的生存,保护水源,保持环境整洁等。

了解人类为了保护和改造自己的生存环境所付出的努力,如植树造林等。

4. 自然科学现象

(1) 天文现象。

知道地球存在于宇宙中,除了地球外,宇宙中还有太阳、月亮和星星等,它们都离我们很远。

知道太阳是一个恒星,是一个发光、发热、燃烧着的巨大火球。它距离地球很远很远。没有它,实际上所有的生命都不能生存。

知道月球是地球的卫星,它不会发光,只有当太阳光照射到月球上,才使我们看到夜空中的明月。知道月亮在不同的时间看上去形状会改变,月相的变化是有规律的。知道月球上没有空气和水,也没有生命。宇航员可以乘宇宙飞船登上月球。

知道夜空中有无数的星星,它们有的像太阳一样会自己发光,有的自己不会发光。但因为离我们太远,我们只能看到一个个闪烁的光点。

(2) 气候和季节现象。

了解气候和季节是人类、动植物生存的重要环境因素,它们的变化是有规律的。

观察晴天、多云、阴天、雨天等天气,并学会进行记录。让幼儿学会用温度计观察并记录气温。

观察各种天气现象:雨、雪、风、冰、闪电、雾、冰雹、霜等。

知道四季的变化及其规律,了解不同季节的特征。

了解季节和气候变化对人类和动植物生活、生长的影响,能主动适应外界环境的变化,并保护身体。

(3) 物理现象。

① 光。

了解光和人类生活的密切关系,光为我们带来光明,使我们可以看见周围世界。光还为植物的生长提供了条件。

使幼儿发现光从哪里来,太阳、个别生物、燃烧的物体、电灯、闪电等会发光,月亮、镜子等会反光。

探索光和影子的关系。

探索光学仪器(如三棱镜、各种透镜等),了解简单的光学现象。

了解颜色是由于光的反射造成的,探索物体的颜色现象。

② 声。

知道我们生活在一个充满声音的世界里,注意倾听、观察和感受各种各样的声音。

探索声音的产生,知道不同的物体会发出不同的声音。

知道声音有乐音、噪音之分,乐音给人以美的感受,噪声会给人带来危害。

③ 电。

了解摩擦产生的静电、电线输送来的电和干电池里的电都是电。

了解干电池的用途,理解电的用途及优越性。

使幼儿懂得安全用电,避免事故。

④ 磁。

观察各种形状、大小的磁铁,探索磁铁的性质。

了解磁的用途。

⑤ 热。

知道任何物体都有温度,有的温度高,有的温度低。

不同温度的物体之间会发生传热现象,有的传热快,有的传热慢。

讨论生活中有关热的问题,如夏天怎样散热,冬天怎样生热和保暖等。

⑥ 力和运动。

知道力和运动是生活中最常见的现象,初步了解力的大小、方向、作用点和物体运动之间的关系。

知道力有很多种,如地球的吸引力、推力、拉力、压力、浮力、摩擦力,以及风力、水力、电力等,感受各种力的作用。

探索力的平衡。

探索省力的方法,如使用轮子、滑轮、杠杆、斜面等。

(4) 化学现象。

了解周围物质世界和日常生活中存在的简单化学现象。如大米经过烧煮变成米饭,面粉发酵做成馒头等。

知道食物的霉变现象,初步了解食物为什么会霉变。

5. 生活中的科学技术

(1) 科学技术在家庭生活中的运用。

认识并探索现代家用电器、现代浴具以及现代厨房用具等,了解它们的用途及安全使用的方法。

认识并探索家庭中的其他科技产品。

了解以上科技产品与人们生活的关系。

(2) 科学技术在社会生活中的运用。

认识各种农业和工业机械,使幼儿理解它们在工农业生产中的应用。

认识各种交通工具,从自行车、摩托车、汽车、电车,到火车、飞机、轮船,以至现代的最先进的交通工具(如电气火车、超音速飞机、磁悬浮列车等)。

认识各种现代道路,如高架路、立交桥、高速公路、隧道等。

认识各种通信工具,如电话、移动电话、传真机和可视电话等。

了解科技在其他城市建设等方面的应用。

(3) 科学技术的发展。

了解科学技术是不断发展的,科学家对于科技的发展作出了很大的贡献。向幼儿介绍一些著名的科学家。

初步了解科技给人们的生活带来方便,科技发展提高了人们生活的质量。

二、学前儿童科学教育的内容特点

学前儿童科学教育的内容突出体现了三个方面的观点:一是强调以探究为中心的科学观;二是强调科学、技术和社会的相互作用观;三是强调人与自然和谐相处的生态观。这些观点在《纲要》中也有充分的体现。具体来说,这些内容有以下几个方面的特点。

(一) 在引导学前儿童了解周围环境的同时,了解人体自身

学前儿童科学教育的内容,把探索人体自身的奥秘纳入了整个的内容体系中,使学前儿童不仅了解了自然物和自然现象,也能对自身有了一定的了解。我国很久以来有关自然常识的教育内容,一直是以孤立、单纯地认识自然物和自然现象为特点的,很少,甚至没有对人体进行探索和了解。引导学前儿童关心、注意自己的身体,培养学前儿童的自我保护意识和能力,同样也是科学教育的重要内容之一,例如引导儿童了解身体的主要器官——胃,胃的功能、作用,并且使儿童能够保护胃的健康,注意食物的营养,既不挑食,也不偏食,使自己健康地成长。又如让儿童了解自己的情绪,并初步懂得要控制自己的不良的情绪,保持愉快的情绪。

(二) 让学前儿童感受技术、崇尚科学

为了体现科学、技术和社会的关系,学前儿童科学教育的内容将认识自然科学和认识科技与其对社会的作用、地位有机结合起来。改变了以往一味地重视对动植物认识的做法。利用各种机会向学前儿童介绍丰富多彩的现代科技产品,了解它们的功能和作用、使用方法,帮助儿童理解科学技术和人类生活的关系,培养儿童适应科技迅猛发展的现代社会生

活。例如,在有关蔬菜、水果的内容中,增加了对大棚种植、营养液种植蔬菜水果,以及新品种的蔬菜等内容的认识。又如,在了解通讯技术和产品的内容中,增加了信息技术的内容,让孩子了解现代通讯技术的情况。通过这些内容,使学前儿童了解到现代科技对人类的意义,科技在人们生活中扮演的重要角色,从小形成对科技的向往和热爱。

(三) 在认识周围环境的同时,进行环境保护教育

学前儿童学习、了解科学与技术的意义之一,是要培养他们的生态意识和环境保护意识。《纲要》指出:"在幼儿生活经验的基础上,帮助幼儿了解自然、环境与人类生活的关系。从身边的小事入手,培养初步的环保意识和行为。"[1]

科学技术的发展使人们不断地认识、利用和改造自然。科学技术在给人们带来文明和享受的同时,也给人们的生存环境带来了很大的破坏。在终身教育背景下的现代学前儿童科学教育,更要求从小培养孩子的环保意识和行为习惯。包括从学前儿童能亲身感受到的环境问题入手,从他们生活中经历过,有经验的事情开始,帮助他们了解自然、环境与人类生活的关系,培养他们对环境的关爱之情。当然,学前儿童年龄尚小,对于很多有关环保的问题并不是完全了解,我们可以引导学前儿童从力所能及的事情做起,例如节约一滴水、不乱丢垃圾、爱护花草树木等。教师可以利用学前儿童认识周围环境的机会,进行环境保护的教育。

(四) 把认识个别物体的属性和认识物体的多样性结合起来

在学前儿童科学教育的内容中,既有一些对动植物或者非生物等个别物体的认识和了解的内容,同时还有大量的对物体和现象多样性了解的内容。例如,同样是认识风,并不关注风是怎么形成的,而更为关注让儿童了解风有各种各样的:微风、大风、狂风、飓风、暖风、寒风、热风,人力产生的风、自然风,等等。又比如在"物体的相同和不同"中,鼓励儿童运用观察能力去发现多种材料的独特特征,发现材料之间的"相同"和"不同",让儿童了解我们周围世界的许多物体有着相同的特征,许多物体有着不同的特征,可以根据相同和不同把物体分到相应的类别中去。

将认识物体的属性和认识物体的多样性结合起来,不仅能培养学前儿童细致的观察能力和对事物具体特征的认识及了解,而且还能培养他们的抽象逻辑思维能力,以及对事物多样性的全面的认识和了解,同时也能够扩大学前儿童的眼界。

(五) 从学前儿童的身边取材

《纲要》指出:"引导幼儿对身边常见事物和现象的特点、变化规律产生兴趣和探究的欲望。"[2]学前儿童科学教育的核心是探究,要使儿童有科学家般的兴趣去发现、去探究。让儿

---

[1] 中华人民共和国教育部:《幼儿园教育纲要(试行草案)》,1981年。
[2] 中华人民共和国教育部:《幼儿园教育纲要(试行草案)》,1981年。

童亲历科学发现的过程,能够通过他们自己的实验操作来得出结论,这些都有益于儿童从小就对周围的自然界产生浓厚的兴趣,并且激发他们的探究热情,使他们从小就善于探究和发现。

学前儿童虽然从小就像小小的科学家那样进行探究,但是他们所探究的事物却是简单的、相对熟悉的,科学探究的对象就在他们自己的身边。从学前儿童的生活中取材,包括喜爱的动植物,好玩的沙、水、石、土等材料,奇妙变幻的天气,以及生活中的各种工具等。可以这样说,学前儿童生活中的各种有关的物体和现象都是科学教育的很好内容。

从以上可以得知,学前儿童科学教育的内容是非常广泛的,也是与学前儿童的生活密切相关的,并且还是可以探究的。

三、学前儿童科学教育内容的选择与编排

(一) 学前儿童科学教育内容的选编原则

从总体上说,学前儿童科学教育内容的选编,要依据科学教育的目标来进行,即在选择与编排科学教育的内容时,要有明确的目标,必须全面贯彻科学教育的任务。在具体选择编排科学教育内容时,除了目标的指引以外,还要考虑以下几个原则。

1. 科学性与启蒙性原则

科学性原则是指选编的内容必须符合科学原理,应从自然界的整体出发,根据客观规律,正确解释幼儿周围生活中的一切自然现象和自然物,不允许带有任何宗教迷信色彩。科学教育是对幼儿进行科学启蒙的教育,旨在发展幼儿学科学、爱科学,初步学习使用科学的能力和志趣。因此,科学教育必须具有科学性,这也是由自然科学本身的特点和科学教育的性质所决定的。人类对科学的认识总是有所发现、有所发明、有所创造、有所前进的。今天看似科学的一些观点和结论,虽然不会因为社会的改变而改变,但它们不是一成不变的。随着科学技术的不断发展,新的发现、发明,必然会得出新的结论和引发新的科学观点,会引起基础知识的改造和改组。随着科学的进步和发展,也必然要求对科学教育内容进行调整、充实,要求我们摒弃那些被事实证明已经陈旧无用的东西,而把那些能反映新观点、具有先进性的基础知识引进到教材内容中去。当然,知识是逐步深化的,幼儿的科学概念也只能是逐步形成的,不可能一下子达到严密精确。幼儿阶段的科学教育达到的概念水平,是感性经验上的前概念水平,但不能因此而否认了科学性的要求,所选的内容仍应是科学的,绝不允许带有丝毫唯心主义和宗教迷信的色彩。科学教育使幼儿在学习过程中,从小开始学会客观、实事求是地看待周围世界,为以后形成辩证唯物主义的自然观、科学观和世界观打下良好的基础。所以,应选择那些能被幼儿感知的、证实的、可靠的材料作为科学教育内容。

启蒙性原则是指选编的内容必须符合幼儿的知识经验和认知发展水平,使幼儿在教师的帮助下,通过一定的努力能够达到教育目标,即能够理解和接受,这对幼儿来说特别重要。

科学教育内容应适合幼儿已有的知识基础、理解水平和生活实际。幼儿年龄小，受其生活经验、活动范围以及身心发展的局限，难以理解抽象的科学概念和规律。因此，选编内容的广度和深度必须是幼儿能理解和接受的。幼儿科学教育的目的是科学启蒙，而不是，也不可能是培养小科学家。但是启蒙性并不只是一味的"简单""容易"的内容，这是对幼儿接受能力的低估。如果科学教育内容范围过窄、程度过浅、分量过少，都会降低幼儿的认知能力水平，阻碍他们的认知发展，抑制他们的学习兴趣。教师要正确估计幼儿的理解能力，既不能过分低估幼儿的能力，也不能拔苗助长，急于求成。总之，启蒙性强调的是幼儿在教师的指导下，通过自己一定程度的努力而达到目的。

在选编科学教育内容时，教师要处理好科学性与启蒙性两者之间的关系，选择教育内容时遵循科学性原则并不等于专业性，启蒙性也不等于不要科学性。要兼顾科学性与启蒙性原则，就要求在选择内容时考虑科学性，在内容的范围和深度上遵循启蒙性。

应该选择幼儿可以直接探索及可以理解的内容，让幼儿通过自己直接的探索活动，在力所能及的范围内学习科学。幼儿对于自己生活中熟悉的内容，相对来说比较容易理解，因此，应选择一些幼儿日常生活中熟悉的内容，引导他们进行探索和发现。另外，为了使幼儿能够理解，在编排内容的时候，就应该考虑由近及远、由浅入深、螺旋式上升的编排方法。

2. 系统性与整体性原则

系统性原则是指选编的科学教育内容是按照由近及远、由简到繁、由具体到抽象、由已知到未知的认知规律编排。一般认为，在幼儿阶段进行科学教育，因为幼儿认知特点的原因，不必也不可能按照自然科学的体系向幼儿传授系统的科学知识。但并不是说在选择与编排科学教育内容的时候可以随意地编排，不需要系统性。把自然科学分成物理、化学、生物、地理等是科学史上的一大进步，但是，在幼儿的眼里，周围世界是一个整体。事实上，自然界本身就是一个整体，只是为了学习和研究的需要，才把它们分成各种门类。马克思就曾经注意到这样一个事实：在科学发展中往往是先认识比较复杂的物体和现象，然后才认识比较简单的结构。人类认识物质世界的过程是这样，一个人的认知发展其实也是这样的。在幼儿阶段，应根据自然界的客观规律、人的认识规律，以及幼儿的思维发展特点，来考虑科学教育内容的系统性。

系统性应体现在托班、小班、中班、大班各年龄班认识容量的增加与深度的提高上。按这样的系统选编内容时，可采用直线式上升或螺旋式上升的方式。直线式上升是指同一方面的内容按难易、繁简的程度予以安排。例如选编"认识人体"这一主题时，小班可以选择认识脸、眼睛、耳，中班可以选择认识脚和手，大班则安排认识皮肤、身体、消化系统、呼吸系统、循环系统、运动系统及其功能[①]等。螺旋式上升是指同一内容反复出现，循环加深。以"水"这

[①] 大班安排的这些内容，可以根据情况选择其中的部分，而不是全部。此处只是为了说明其难易程度而进行罗列。

一内容为例,在小、中、大班均可进行,但内容的侧重点及具体要求则不同。小班主要是感知生活中水的不同声音,初步认识水;中班是进一步探索水的物理性质,以及水的浮力、水向低处流等现象;大班则可以让幼儿认识地球上的各种水域,以及水的三态变化,教育幼儿保护水资源。

整体性是指在选编科学教育内容时,应考虑科学教育各方面的内容。在介绍事物时要注意其内在逻辑联系。例如在选择"鸟"作为科学教育内容时,除了使幼儿获得关于鸟的主要外形特征、习性和功能等方面的知识,还可以选择与鸟有关的森林、昆虫、气候、人们生活等各方面之间的相互关系,以及幼儿在观察方法上的学习。重点在于让幼儿动手操作,而一味让幼儿学习物理知识,将动植物摒弃的做法是不可取的。

现代学前教育正向综合趋势发展,作为学前教育内容之一的科学教育,必须要考虑与其他教育内容相互配合一致,使幼儿获得较完整的知识。但是,整体性并不是"拼盘式",对于不能相容的教育内容,也可单独进行。总之,教师追求的应是整体教育的真正效果。

3. 时代性与民族性原则

时代性原则是指要根据时代发展、科学技术的进步,来选编科学教育内容,使选编的内容跟上时代的发展,面向现代化。今天的社会是一个科学发现加速、高新技术发展迅速的社会。幼儿能通过各种途径,包括亲身感受及媒体传播等,充分感受现代科技在人们生产、生活中的渗透与应用。教育是为一定社会的政治、经济服务的,不同的时代对人才培养有着不同的要求。科学教育内容的时代性是社会和科技的发展对培养人才的客观要求,更是幼儿探索科技的要求。科学教育不能只是关注幼儿认识自然(偏重于生物,特别是动物),更应让幼儿了解高新技术的发展。今天的幼儿是21世纪祖国建设的栋梁,教育要具有超前意识,因此,在选编科学教育内容时,除了保留一些传统的必要的基本内容以外,还要注意选择那些与幼儿生活密切相关的、能为幼儿所理解的、体现时代特点的科技知识,以开拓幼儿的视野。例如,地铁、轻轨、电脑、家用电器、现代通信设备、无土栽培、航空技术、现代建筑等,让幼儿在了解这些科技知识的同时,感受科技的重要性。

民族性原则是指在选编科学教育的内容时,要注重弘扬民族传统文化,在幼儿的心灵中播下民族自信心和自豪感的种子,从而激励幼儿学习科学。我国是一个具有五千多年优秀民族文化传统的国家,我国古代的许多发明创造为世界科技的发展作出了卓越的贡献,例如指南针、活字印刷等的发明。在选编科学教育内容时,应选择一些与中华民族优秀的文化传统有关的内容。让幼儿在接触现代科技的同时,了解中华民族优秀的文化传统,这对于培养幼儿爱科学的态度,乃至爱祖国的情感,都有着不可低估的作用。因此,可以结合幼儿日常生活,选择一些具有我国民族特色的物产或当地有名的物产,让幼儿感受、体验、观察和了解。例如,四川的大熊猫,江南的养蚕等,都是能充分体现民族性的教育内容。

时代性原则与民族性原则虽有不同,但它们不是对立的,而是相互关联的。例如,在了解有关桥的知识时,既让幼儿了解现代的各种各样的桥,如立交桥、斜拉索桥、地面上的桥(旱桥)、水面上的桥等;同时也让幼儿了解我国古代的一些著名的桥梁,如赵州桥等。在这一系列内容的选择安排中,既遵循了民族性原则,又体现了时代性原则。

4. 地方性与季节性原则

地方性原则是指应联系当地的自然环境和文化背景,来选编科学教育的内容。我国幅员辽阔,地跨寒、温、热三带,不仅自然条件复杂,而且各地的自然资源差异也很大。例如,当东北还是冰雪满地的时候,南方已是遍地绿色了。城市与农村、南方与北方、山区与海岛、中心地区与边远地带等都有极大的差别。同时,各地的风土人情、人文历史以及科学技术发展状况也不一样。因此,要根据当地的特点选择科学教育的内容,还可以自行编制一些乡土教材,以保证幼儿直观地感受本地区的自然特点。要注意不要将不符合当地情况的内容照搬套用,而应该选择性地运用一些符合当地情况的内容进行科学教育。但这并不排斥为扩大幼儿的眼界而选择一些乡土以外的内容。例如,平原上的幼儿可以在先感知了解平原的特征后,再逐步了解地球上还有山脉、海洋。又如南方的幼儿也可以了解下雪的情景。

季节性原则是指应联系季节变化来选编科学教育的内容。科学教育内容中涉及的各种自然现象的发生、发展和变化,大多与季节变化之间有着必然联系。动植物的生长、活动也受季节的影响,各种天气变化更是与季节有关。遵循季节性的原则来选编科学教育的内容,既能丰富、加深幼儿对季节的整体理解,又能帮助幼儿理解事物变化与季节之间的关系。例如冬季,不仅要让幼儿了解冬季天气寒冷的季节特征(北方还会下雪),观察动物如何过冬、植物的变化等情况,还可以介绍人们如何过冬,如何使用取暖器、空调等来取暖。又如,随着水果保鲜技术的发展,人们一年四季都可以吃到橘子。但是让幼儿认识橘子还是以秋季为宜,因为在秋季,不仅橘子的数量、种类最多,而且新鲜程度也是最好的。

所以,要根据当地的季节变化特点,恰当地编排教育内容,并在教学过程中根据季节变化情况灵活地进行调整。

(二) 选编学前儿童科学教育内容的具体方法

科学教育内容在经过缜密的选择之后,还要合理与适当地组织,才能使科学教育活动获得最好的效果。其一般的组织方法有以下两种:

论理的组织法:是以成人的立场为立场,教师的观点为观点,注重教材内容的内在逻辑及系统性,由简到繁,由易到难,计划性较强,一般有统一的教材和教学要求。把内容分为片段,每段互相连贯,作出有规律的排列,分期教学。论理组织法的优点是能使幼儿获得系统知识及训练理论的思考,但它忽视幼儿的能力、兴趣及需要,容易使幼儿感到乏味,不适合幼儿的学习特点。

心理的组织法:是以幼儿为本位,以幼儿的观点为观点,根据幼儿的经验、能力、兴趣和需要来组织内容,以幼儿的经验为教材的出发点,逐渐扩大其范围,不必顾及内容系统本身的完整性。心理组织法的优点是容易调动幼儿的学习积极性和主动性,学习起来相对容易,能适合幼儿的能力、兴趣及需要。但是比较难形成系统的经验,再加上幼儿的兴趣难以预先确定,因此教师相对比较难以掌握。

在我国,学前儿童科学教育常用的具体选编方法曾经有以下几种。

1. 以季节为主线选编学前儿童科学教育内容

学前儿童科学教育的内容与季节联系的密切性,决定了以季节为中心来选择编排内容是较为科学的,也是较为常见的,这是各国学前儿童科学教育普遍采用的方法。以季节为主线选编科学教育内容,是以认识春夏秋冬季节为主线,将科学教育中与之相关的内容集中编排。其主要内容大致分为季节、常见动物、常见植物、自然现象、人们的生活及生活卫生等。例如大班科学教育内容中的"秋季",围绕着秋季这一内容、主题:包括让幼儿发现秋天的特征,通过秋夏的比较,发现两个季节的不同;认识几种蔬菜、花卉、瓜果等;认识几种树木,并将常绿树和落叶树进行比较;认识几种昆虫;秋季开始转凉,如何预防感冒等。

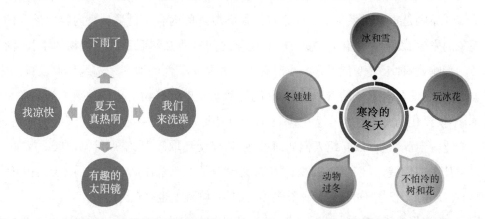

图3-1 小班科学活动内容"夏天真热啊" 　　图3-2 中班科学活动内容"寒冷的冬天"

以季节为主线的方式选编科学教育内容,也往往就是主题活动的方式。

2. 采用单元式选编学前儿童科学教育内容

采用单元式选编学前儿童科学教育内容是一个以类为单元组合教材,加强科学教育活动内容纵横联系的方法。具体做法是将幼儿三学年的科学教育内容编排成若干个单元,每个单元从内容到形式都注重体现知识的系统性与幼儿发展的连续性。每个单元又突出一个重点,围绕重点设计多种活动内容和形式。这个重点也就是,"主题"是单元活动的核心,它既表明幼儿将要参与的系列活动,又表明他们从中要获得的关键经验。在这些单元之间,纵向自成体系,横向相互联系。从纵的方面来讲,即现有知识内容与原有与之相关的知识、经验的联系。横的方面是事物与事物之间的联系,即外部联系,不同类别的知识之间也是相互联系着的。每个单元的科学教育过程都是循环往复、螺旋式上升的发展过程。

案例分享

单元式选编例举

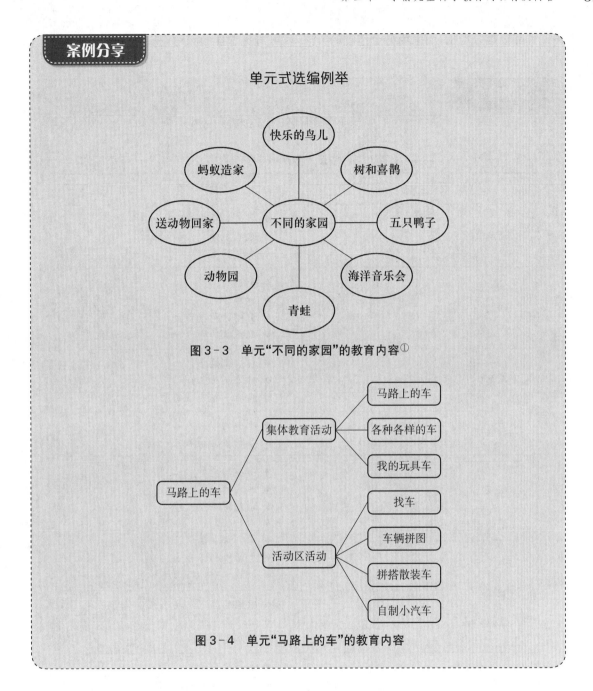

图 3-3 单元"不同的家园"的教育内容①

图 3-4 单元"马路上的车"的教育内容

3. 根据科学教育各个方面选编学前儿童科学教育内容

这是以科学教育的不同方面的内容范围为依据来选编学前儿童科学教育内容的方法。这种方法虽然目前并不很多,但仍有部分为幼儿园所采用。科学教育的内容十分广泛,上至天文地理,下至动植物、人体、现代科技,对于某些很重要的内容,由于以季节为主线或采用

---

① 上海市中小学(幼儿园)课程改革委员会编:《学习活动(5—6岁)》,上海教育出版社2009年版,第243页。

单元式都较难以囊括,而采用各个范围的方法,就可避免这样的问题,操作也相对比较简单。

案例分享

中班下学期科学教育内容

表3-1 中班下学期科学教育内容

范　围	课　题
动物	◆ 可爱的蚕宝宝 ◆ 吃蚊能手——蜻蜓 ◆ 森林医生
植物	◆ 美丽的梅花 ◆ 种瓜、土豆 ◆ 美丽的荷花 ◆ 吃蔬菜的哪部分
人体	◆ 我从哪里来 ◆ 可爱的小脚 ◆ 我有一双能干的手
材料	◆ 小小的沙粒 ◆ 多种多样的石头
事物间关系及其变化	◆ 磁铁的奥妙 ◆ 温暖的阳光 ◆ 到处都有空气 ◆ 奇妙的影子 ◆ 它们都在变 ◆ 生活中的声音 ◆ 放到水中的东西怎样了
使用工具	◆ 中国餐具——筷子 ◆ 小纽扣 ◆ 厨房里的好帮手
体验技术	◆ 多彩的扇子 ◆ 各种各样的笔
天气变化和自然界的奥秘	◆ 美丽的风筝
关爱和珍惜自然环境	◆ 节日的公园
科技对生活的影响	◆ 电冰箱 ◆ 大力士——起重机 ◆ 漂亮的小汽车

然后根据选定的内容,再进行相应的编排。但是,以上的三种选编方式都是以教师预先安排为主,虽然在选编过程中,会充分地考虑幼儿的经验、兴趣、能力与需要,但是在教育过程中,幼儿会有生成的需要,教师要根据情况,作出调整。

在选编科学教育内容时,除了以上几种方法以外,还应注意处理好"预设"与"生成"的关系。

"预设"是指教师根据课程目标和幼儿的兴趣以及已有的经验,对环境布置、材料提供、活动内容和方式进行有计划的设计与安排。教师可以把目标和内容渗透在环境中,激发幼儿自己有目的地活动,也可以直接设计并组织幼儿参加活动。

"生成"是指幼儿依据自己的兴趣、经验和需要,在与环境和他人交互作用中自主产生的活动。教师为幼儿创设良好的心理和物质环境,关注、支持、引发幼儿的主动探索和交往,满足幼儿自主活动、自发学习的需要。"生成"也是指教师在幼儿游戏与其他活动中发现一些有意义的活动,及时介入进行随机教育,或者对该活动加以进一步的充实和扩展。

在科学教育中,除了教师预设的活动以外,很多都是在幼儿的生活中自发生成的,这也是由科学教育的性质所决定的。因为科学教育的内容来自幼儿生活中的自然界,自然界所涉及的事物十分广泛。教师更应根据幼儿的兴趣和需求,结合教育的目标来组织科学活动,恰当地处理好"预设"与"生成"的关系。

 思考实践

1. 学前儿童科学教育的总目标是什么?你是如何理解的?
2. 学前儿童科学教育的内容范围有哪些主要方面?
3. 请以"水"为主题,设计小、中、大班各年龄段的主题活动目标,根据目标选择具体活动内容,并进行说明。

第四章 学前儿童科学教育的方法

学前儿童科学教育的方法既指教师为完成教育任务、实现教育目标而采取的具体方法和手段,也指在教师指导下幼儿学习科学的方法,两者是统一的。在确定了教育目标,具备了相应的教育内容后,采用适当的方法进行科学教育活动就显得十分重要。

第一节 观　　察

一、观察的含义

观察是人的感官在大脑的指导下进行的有意识、有组织的感知活动,是人们在自然发生的条件下对自然现象进行考察的一种基本的科学方法。可以说,观察是一切科学活动的基础,没有观察,就没有科学。学前儿童科学教育观察的方法是指教师有目的、有计划地组织和启发幼儿运用多种感官,去感知客观世界的事物与现象,使之获得具体的印象,并在此基础上逐步形成概念的一种方法。

认识开始于经验,科学开始于观察。我们对于日常生活环境中的事物所产生的好奇与探究,几乎都是受偶然间的观察所启发的。在科学教育中,观察是学前儿童认识世界、增长知识、发展能力的主要方法之一。教师要有目的、有计划地培养幼儿学习观察方法,善于引导和启发幼儿在习以为常的现象中获得发现。

观察的方法可以保证幼儿在直接接触事物的过程中,运用多种感官直观、生动、具体地认识事物,了解事物的特性,提高幼儿感官的综合活动能力,培养其运用感官探索周围环境的习惯,并为发展幼儿的抽象思维能力、形成概念提供丰富的感性经验。所以,观察在学前儿童科学教育中是最基本和最重要的方法,也是幼儿经常运用的探究科学的方法。

观察主要有两种方式。一种是借助感官进行的直接观察,另一种是通过仪器进行的间接观察。直接观察的优点在于没有中间环节,因而可以避免仪器等中介造成的误差。但是直接观察也有其局限性,因为人的感觉器官的生理功能有一定的极限。人眼只能在 25 厘米的距离之内明辨 0.1 毫米左右的细小物体;人耳只能听到 20—2 000 赫兹之内的物体振动。此外,人的感官还会产生错觉。成人尚且如此,年幼儿童的直接观察更会因为其能力而受到限制。间接观察利用各种仪器、仪表等科学观察手段,扩大了人的观察能力,在精度、速度、范围等方面都比直接观察更优越。但是科学仪器等观察工具并不是万无一失、绝对精确的,它们也会产生误差,从而影响观察的效果和精确度。

二、观察的类型

观察是人的感官在大脑的指导下进行的有意识、有组织的对外界事物的感知活动,应该根据观察对象的特点来进行。概括说来,客观事物都是有多方面的特征的;客观事物也是不断地发展变化的;事物与事物之间各有不同,但也有相同之处。以此为出发点,观察的类型从不同角度可有多种分法:从观察的时间分,可以分为间或性观察和长期系统性观察;从观察的对象分,可以分为个别物体的观察和比较性观察;从观察的空间分,可以分为室内观察和室外观察(也称实地观察)。以上分类之间有交叉现象,如室外观察同时也可以是对个别物体的观察,室内观察也可以是比较性观察等。现将其中最主要的几种观察类型介绍如下。

(一) 个别物体的观察

个别物体的观察是指幼儿对单个的物体(或一类物体)或现象的观察。幼儿通过有目的地运用感官,与周围某一事物或现象的直接接触,从而了解它的外形特征、属性、习性等。如观察鱼、石头等单个或一类事物,又如观察雾、雨等天气现象。在对个别物体(或现象)进行观察的过程中,通过对物体的观察,可以帮助幼儿获得有关物体的以下信息:物体的外形特征,如物体的形状、颜色、大小;发出的不同声音,散发的不同气味,软和硬、粗糙和光滑、轻和重,以及弹性、黏滞度、光滑度、湿度等不同特性,某些物体的味道等;物体的外部结构和功能;物体的生活、生长习性和特点;物体相对的静态和动态;个别物体的存在与周围环境的关系;等等。对个别物体的观察是最基本的观察技能,它是其他各种观察的基础。因此,个别物体的观察在各年龄班均可进行。例如,小班的"水真好玩",中班的"石头",大班的"蜗牛",等等。

(二) 长期系统性观察

长期系统性观察,也称长期跟踪观察,是指幼儿在较长的时间内,持续地对某一物体或现象进行系统的观察,对其质和量两方面的发展变化过程可以有较完整的认识。如对青蛙进行的长期系统性观察,开始从卵—蝌蚪—青蛙的整个生长过程进行系统的、比较持久的观察。学前儿童科学教育中的长期系统性观察，主要用于观察动物、植物的生长过程，以及气象的变化，以直观地了解自然界各种因素间的相互关系、因果关系和自然界的发展规律。长期系统性观察对幼儿的知识经验、认知水平要求较高，所以一般在中班才开始采用这种观察类型，而且主要在大班进行。根据长期系统性观察的要求，一般是在物体或现象有明显变化时组织幼儿进行观察。例如在蝌蚪长后腿、长前腿、尾巴退化时进行观察，但是这并不排除幼儿自发对对象的观察。

（三）比较性观察

比较性观察指幼儿同时观察两种或两种以上的物体并进行比较，以找出物体间的异同点。在观察过程中，通过比较分析、判断和思考，比较精确、细致、完整地认识事物。这种方法能帮助幼儿较快地发现事物的特征，有利于幼儿的分类能力发展和概念的形成。例如，鸡和鸭的比较性观察、自行车和摩托车的比较性观察等。在这样的活动中，通过比较性观察使幼儿发现物体间的不同点，找出相似点；学习以两样物体的相应部分和整体进行比较；在此基础上挑选出同类物，并进行分类。比较性观察要求对事物进行比较分析，需要较复杂的认知活动，因此它仅在小班后期与中、大班进行，更小的年龄不适合运用。而且各年龄班进行比较性观察时要求有所不同：中班可以仅比较物体明显的不同点；大班不仅比较物体的不同点和相同点，还可以在此基础上进行分类。

（四）间或性观察

间或性观察是指间隔一定的时间，带领幼儿对某个物体或现象进行的观察。每次的观察是在原来观察的基础上，进一步观察以加深对观察物的认识。同时，每次的观察也就是单个物体的观察。例如认识兔子，第一次观察兔子明显的主要特征和习性。第二次在原有认识的基础上，增加比较隐蔽的主要特征（如三瓣嘴、前腿短、后腿长等）。第三次则侧重于兔子的功用。每次观察是互相联系、互相制约的。间或性观察在小、中、大三个年龄班均可采用，根据间或性观察的要求及幼儿的年龄特征，大班幼儿采用间或性观察较多些。

（五）室内观察和室外观察

室内观察指一些观察活动需要在比较安静的环境中观察，适宜在室内进行，如观察鱼类、种子等。室外观察是指在实地进行的观察，一般与散步、参观、旅游活动相结合，如参观城市建筑，到海滨捉蟹，参观菜地和捡树叶等。幼儿外出的机会较少，而许多自然事物很难在室内观察。因此，应尽量多让幼儿进行室外观察，使他们尽可能多地接触自然、体验自然，获得感性经验。

> **活动设计**
>
> **倾听不同的声音——用听觉进行"观察"的活动**①
>
> **年龄** 3—5岁。
>
> **目标** 倾听不同物体落到桌面时发出的声音。
>
> **要点** 收集落在桌面上发出不同声音的物体若干。建议这些物体可以包括：硬币、纸夹、橡皮擦、橡皮圈、棍子、钥匙、铅笔、空心粒子、书、糖果、岩石、空罐、铃铛、塑料杯等。让儿童手拿每一个物体，并保持距离桌面5厘米左右的高度，然后让物体下落，并用一个或更多的词语描述物体落在桌面时发出的声音（叮当作响、砰的一声、轰然一声、撞击声等）。
>
> 让儿童说说声音是响亮的还是柔和的。让他们尝试将物体从不同的高度落下，看看物体的声音是否受高度的影响。

三、观察活动的指导

（一）尽可能提供实物、实景

实物、实景是指真实的事物与景象。提供实物、实景是保证幼儿观察活动成功的前提，可以使幼儿的观察得到最真实的效果。幼儿年龄小，通过用图片或模型供幼儿观察，会使幼儿的感性经验不真实、模糊，甚至出现错误。所以教师必须尽可能为幼儿的观察活动提供实物、实景，特别要经常带领幼儿外出活动，到实地进行观察，使幼儿的印象更清晰、准确。例如，观察秋季的自然景象，可以到公园或郊外树木较多、比较开阔的场所，让幼儿观察秋天的树叶及落叶的景象，以此获得对秋天的真实印象。

（二）调动幼儿的多种感官参与观察

客观事物的特征是多方面的，它们有着颜色、气味、味道、大小、形状、冷热、声音、手感等多方面的差异。同时，观察是多种感官的协同活动，既包括用眼睛看，也包括用其他各种感

---

① ［美］大卫·杰纳·马丁著，杨彩霞、于开莲、洪秀敏、苏伟译：《建构儿童的科学——探究过程导向的科学教育》，北京师范大学出版社2006年版，第41页。

官去感知事物。在观察过程中,只要条件许可,就应该让幼儿的各种感官都参与观察活动:用眼睛去看,用耳朵去听,用手去摸,用鼻去嗅,有些东西还可以用嘴去尝,使大脑接受的信息来自视觉、听觉、嗅觉、味觉、运动觉各种途径,在大脑皮层建立多通道联系,从而使幼儿从物体的不同角度对其属性有一个比较完整的认识,既学习了观察的方法,同时也发展了幼儿的感知能力及观察力,能用看、闻、听、尝、触摸等感觉来认识自然。例如,在观察小蝌蚪,看到小蝌蚪的形状时说:"啊!头好大,还有长尾巴呐!"当把冰放在手中时说:"啊!滑溜溜的、凉凉的,哎呀!"

像这样通过感官来了解事物与现象是认知的第一步。在自然界中,各种动物的形状、动作与叫声,滑溜溜、凉冰冰、毛茸茸、软绵绵等的感觉,酸、甜、苦、辣、咸等味道,大蒜、生鱼、蜡梅花等的气味,都是要靠幼儿自己感觉才能把握得到的。而丰富的感觉经验是需要与自然事物与现象作多方面的接触才能获得的。尽管目前观察仪器有很多,而且不断改进,也有一些是适合幼儿使用的,如放大镜等,但是这些仪器的运用还是离不开感官,因此感官仍是我们最重要的观察工具。指导幼儿运用感官进行观察时,要有的放矢地进行,否则会出现"视而不见,听而不闻"等现象。

(三) 引导幼儿多角度地观察事物

让幼儿学习全面地进行观察,除了调动各种感官参与观察活动外,还要引导幼儿从多种角度去观察事物。在指导幼儿进行观察时,一般可以先对现象有一个整体、大致的认识,使幼儿先能了解观察对象的全貌;再着重观察它的主要方面乃至某些次要的,但值得注意的细节;最后还要注意观察各个部分和各种现象之间的联系,使幼儿对所观察的事物有一个比较完整、清晰的认识。可以让幼儿从正面、侧面、上面、下面、远距离、近距离等多种角度进行观察。客观事物各有各的姿态,各有各的色彩。某些事物适宜近距离观察,而另一些事物则远距离观察更为全面,有时远距离观察是近距离观察的补充。另外,还要提供条件让幼儿观察事物的静态和动态。物体的静态比较容易观察,能观察得较细致,而物体的动态,能使幼儿观察到对象的生动活泼,所以,一般在观察动物时,两种观察可以结合进行。

(四) 指导幼儿学习观察方法

幼儿观察事物较笼统,不够精确,其主要原因之一是他们还未掌握一些初步的观察方法。教师在指导幼儿观察事物的同时,应根据观察对象的特点,有目的、有计划地教给幼儿一些最基本的观察方法。在幼儿阶段,主要是学习顺序观察法、比较观察法和典型特征观察法。

顺序观察法,就是根据观察对象外部结构的特点,有顺序地进行观察,如从上到下或从下到上,从左到右或从右到左,从整体到局部或从局部到整体,从明显特征到不明显特征,从外到里等有顺序有层次地细心观察,使幼儿对观察对象有整体的、较全面的认识。在观察过程中,因为幼儿思维的特点,经常会出现遗漏、凌乱的现象,从而会影响观察的效果。运用顺序观察法,能使幼儿的观察全面细致、不遗漏。长期有顺序地进行观察,能使幼儿形成一定的认知结构,可提高观察的精确度与速度,也能使幼儿获得的印象有条理,便于记忆储存。

比较观察法是同时观察两种或两种以上的事物,对相似事物中的不同因素,对不同事物中的相同因素进行对照和辨别的一种方法。例如为了说明橘子的形状,将皮球与橘子加以比较,使幼儿认识到橘子的圆和皮球的圆是不同的。这样不仅有利于提高幼儿对事物认识的精确性,发展幼儿的观察能力,也有利于发展幼儿的思维能力。应当注意的是,用比较的方法进行观察,不仅可用于比较性观察,也可用于个别物体的观察和长期系统性观察等各种类型的观察。在运用比较观察法时,一般是从物体的不同点开始进行比较,然后再观察其相同点。不仅要引导幼儿比较物体的个别部分,还要对物体的整体进行比较。

典型特征观察法是从物体的明显的特征入手,然后再引导幼儿对事物的全部进行观察的一种方法。有些物体具备一些鲜明的外形特征,这些明显的典型特征在幼儿的观察过程中首先作用于他们的感官,例如物体的鲜艳的色彩、特殊的气味、某一部分奇异的样子,或者不常见的声音等,都非常容易吸引幼儿的观察兴趣和注意力。因此,在观察过程中,可以首先引导幼儿从这些典型的特征开始观察,然后展开全面的观察,以提高辨认物体的能力。例如在对"马"的认识中,抓住马的典型特征——奔跑,从马的四肢、鬃毛等开始进行观察,让幼儿比较准确地感知"马"这一动物的外形特征。

| 条纹,条纹,发现啦 |

"条纹,条纹,发现啦"是一个中班集体科学教育活动,在活动中,教师运用了多种方法引导幼儿开展对"条纹"的探究。其中,教师主要指导幼儿运用观察的方法,对静态和动态的条纹进行细致的观察,引导幼儿发现条纹的典型特点及其变化。通过这一活动,幼儿对条纹以及条纹在生活动中的作用有了比较深刻的印象。更为重要的是,幼儿通过对条纹的仔细观察,进一步发展了细致观察的能力,掌握了典型特征观察的方法。

第二节 实　　验

一、实验的含义

实验是指在人工控制现象发生的条件下,对现象进行感知和测量的方法,它是科学实践的重要形式,是获取信息和检验理论的基本手段。学前儿童科学教育中实验的方法是在人为控制条件下,教师或幼儿利用一些材料、仪器或设备,通过简单演示或操作,对周围常见的科学现象加以验证的一种方法。实验的操作和演示过程是简便易行的,是带有游戏性质的。实验能帮助幼儿理解一些简单的科学现象和知识,培养幼儿对科学的兴趣和求知欲望,在实验过程中,能充分调动幼儿学习科学的积极性、主动性。同时通过实验,也培养了幼儿的动手操作能力,并让幼儿体验到科学探究的本质。由于实验是在教师创设的特定的条件下进行的,因而可以弥补在自然条件下观察的局限性。幼儿科学教育中的实验与研究自然科学的实验法不同,有其特点:仅是重复前人的实验,不要求有新的科学发现,往往是一些有关事物的、明显的、表面的因果关系。实验内容和操作方法以及对变量的操纵和控制比较简单,幼儿在较短的时间内就能看到实验结果。实验常采用游戏的形式,幼儿在十分有趣味的活动中生动活泼地进行科学的探索。

二、实验的类型

根据实验的不同目的,实验类型可以分为两种:探索性实验和验证性实验。探索性实验是指人们根据一定的目的,创造一定的条件,探索前所未知的自然现象或物质性质的实验。其特点是实验前人们对研究对象并不了解。验证性实验是指对研究对象有了一定的了解,并形成了一定认识或提出了某种假说,为验证这种认识或假说是否正确而进行的一种实验。在学前儿童科学教育的过程中,大多数实验都应该属于验证性实验。只是从幼儿年龄特点、认知水平来看,虽然幼儿进行的大多数只是验证性实验,但是他们往往对实验内容并不了解,许多已经发现的内容对幼儿来说却是前所未知的,因此,也可以把实验认为是探索性实验。

根据实验过程中实际的操作者来分,可以把实验类型分为教师演示实验和幼儿操作实验两种。根据现代学前教育的理念,教师演示实验并"不符合幼儿自主建构知识的原理",[1]但是在科学教育中教师演示实验还是有其需要的,只是我们不提倡,而且反对以教师演示实验来替代幼儿的操作实验。

---

[1] 张俊著:《幼儿园科学教育》,人民教育出版社2004年版。

(一) 教师演示实验

教师演示实验是指由教师操作实验的全过程,幼儿观察实验的过程、现象、变化和结果的一种形式。这种实验一般是由于实验难度较大,幼儿操作困难或者因为所需仪器设备条件不足而采用的。需要说明的是,这里所说的难度,是相对而言的,同一的实验内容,对于不同年龄的幼儿来说,其难度是不一样的。根据实验内容的不同,演示实验的运用也有不同,比较多见的是先由教师进行演示实验,让幼儿观察实验,并提出需要幼儿思考的问题,然后再由幼儿实验操作。这种方式就成了幼儿实验前的示范。

(二) 幼儿操作实验

幼儿操作实验是由幼儿亲自动手操作并参加实验的全过程。主要用于操作比较容易、简单、带有游戏性质的实验。例如,磁铁吸铁的实验、种子发芽的实验等。这种实验由于是幼儿自己动手操作,在操作过程中,幼儿可以充分摆弄材料、仪器,充分观察实验过程中的现象和变化,还可以反复操作,多次尝试,满足幼儿的好奇心,所以他们实验的积极性很高。例如,在沉与浮的实验中,教师只需提供各种材料,然后让幼儿进行自由的、充分的探索活动:将各种东西一一放入水中,观察这些不同材料的东西放入水中后的不同情况……在这样的带有游戏性质的活动中,使幼儿了解有些东西放进水中会沉,有些东西放进水中会浮等现象。由于幼儿在操作实验中兴趣很高,体验较深,获得的知识也就更为巩固。而且更为重要的是,幼儿在实验过程中学习和掌握了一些简单实验的方法,例如测定方法、实验条件控制的方法、记录方法等,并且还学习了将实验得到的感性材料经过分析、抽象,得出结论。因此,在条件许可下,应尽可能让幼儿有实验操作的机会。

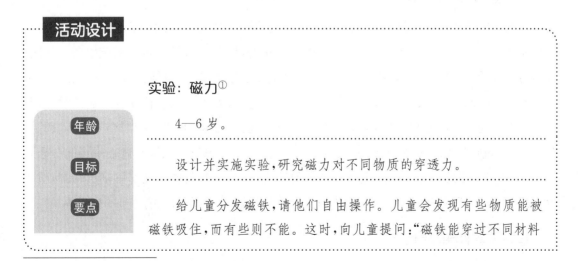

活动设计

实验:磁力[①]

年龄	4—6岁。
目标	设计并实施实验,研究磁力对不同物质的穿透力。
要点	给儿童分发磁铁,请他们自由操作。儿童会发现有些物质能被磁铁吸住,而有些则不能。这时,向儿童提问:"磁铁能穿过不同材料

---

① [美]大卫·杰纳·马丁著,杨彩霞、于开莲、洪秀敏、苏伟译:《建构儿童的科学——探究过程导向的科学教育》,北京师范大学出版社2006年版,第180页。

吸引物体吗?"请儿童设计并实施一个实验来研究这个问题。

首先,儿童要识别出影响磁铁穿透力的因素,如磁铁与被吸物之间的距离、材料的类型、材料的厚度、磁铁的磁力、磁铁的形状。然后,儿童需给磁铁穿透力下操作定义。以回形针为例,磁铁如果能隔着某物让回形针移动则表明它对该物质有穿透力。再请儿童列出他们想尝试的各种材料,如纸、纸板、塑料、幻灯片、铝箔片、沙子、纸杯中的水、塑料杯中的水等。教师提供相关材料并请儿童设计、实施实验。因为磁铁与被吸物之间的距离影响其对材料的穿透力,并且这种力会随着磁铁与物体之间距离的缩小而逐渐增加,所以儿童在尝试各种材料时,要想办法让两者之间的距离保持恒定。从实验中,儿童能得到磁铁能否穿透某种材料的定性资料而不是定量资料(数字资料)。在各种材料条件下,磁铁有时吸引回形针,有时不吸引回形针,通过观察这些资料,儿童便能得出最后结论。还可以鼓励儿童创建数据表,以反映计划的实验程序。

在做这个实验时,儿童会认识到必须要控制材料的厚度。如果要引入厚度这一变量,则需要进行另一个实验,即研究材料厚度与磁铁穿透力之间的关系。

三、实验活动的指导

(一)教师的实验准备

在幼儿园开展科学实验,教师首先需要清楚地掌握该实验蕴含的科学原理,尤其要厘清实验中自变量和应变量的关系,明确实验中的干扰变量,并且做好充足的实验准备。其次,在进行实验前,教师要进行几遍实验,也就是要做好预备性实验,以便妥善安排实验过程中每个环节的时间,检验实验仪器和材料情况,以保证实验效果。在进行预备性实验时,需要考虑以下问题:实验是否能够成功,要使实验成功必须注意哪些问题,例如材料准备问题、操作问题、时间问题等。如果是幼儿进行的操作实验,还要考虑幼儿在操作过程中可能会遇到的障碍,并且考虑给予什么样的支持或者如何解决;实验中的关键点在哪里,应该如何引导幼儿思考,哪个环节应该提出哪些问题;什么样的问题,可以引发幼儿进一步的探索等。

(二)实验材料的提供

在实验中,幼儿通过动手操作改变实验变量,发现事物的变化及其相互联系,这其中的媒介就是实验材料。实验材料是科学实验变量的物质化,教师必须为幼儿提供能够帮助其进行科学探索的实验材料。

首先,教师提供的实验材料必须暗含实验自变量,并最大程度去除干扰变量,也就是实验材料必须蕴含明确变化,且不能存在多项因素干扰幼儿的探究与思考。例如在"有的沉,有的浮"的活动中,自变量是物体的质量,因变量是沉浮的状态。活动中教师提供的形状、大小、颜色相同但质量不同的小方块暗含了质量(表面看是材质)的变化,并在最大程度上排除了物体形状、颜色、大小等无关变量对幼儿探究的影响,同时保证每个幼儿每人一份操作材料。

其次,幼儿实验的用具和材料应比较简单,尽量用一些玩具、日常用品代替,例如在"纸桥"的活动中,除了准备一些卡片纸用于做"桥面"以外,可以用纸杯或积木来做"桥墩"。但是无论用什么用具和材料,都要方便幼儿使用。最后,要根据实验内容为幼儿准备相应数量的用具和材料:人手一份或各组一份。

(三) 指导幼儿使用工具材料并学习操作技能

幼儿的实验一般都较简单且有趣,所以应尽可能让幼儿自己动手操作。但在实验中的某些环节,或在某些材料的使用上,幼儿仍会遇到各种困难,又因为幼儿能力的不同,即使简单的实验,也会有一些幼儿难以操作与完成。因此,需要教师根据实验内容的难度和个人情况,给予不同程度的指导。例如,指导幼儿轻拿轻放物品,控制手部的力量平衡地摆放物品,熟练地使用各种容器等。

(四) 允许幼儿反复操作以有所发现

在实验过程中,教师要保证给予幼儿充足的实验时间,允许幼儿反复操作并有所发现。做实验比起其他活动需要更多的时间,因为幼儿需要操作、理解和学习。幼儿在操作过程中探究、发现、提出问题,自己找出问题的答案。所以实验时,不能机械地限制时间,而应让幼儿尽量用自己的方式进行操作,以达到实验效果。原则上,就单次实验活动来说,幼儿操作时间应该占总活动时间的一半以上。另外,在实验过程中,还应引导幼儿观察操作过程中的变化和实验结果,并学习实验的方法。例如在"鸡蛋浮起来"的实验活动中,幼儿对不断加盐能让鸡蛋浮起来的现象十分感兴趣。有的幼儿就不断地往水里加盐,而对杯子里的变化不甚关注。教师就提醒大家仔细观察杯子里的水,看看会发现什么。这时大家才发现在杯子底部,厚厚的一层盐和鸡蛋一起静静地躺在那里。最后大家用小木棒进行搅动,鸡蛋开始慢慢地往上浮了。

(五) 实验与讲解、提问紧密配合

在实验过程中教师的讲解与提问贯穿于整个实验过程中。首先是交代实验规则,实验规则对于保证幼儿实验成功起到了重要作用。所以在实验开始前,教师有必要细致、反复地向幼儿清楚地讲解实验规则。刚开始学习实验方法时,教师应经常提醒幼儿实验的步骤以及实验操作应注意的事项。一段时间后,可逐渐放手让幼儿实验。在实验过程中,也应及时

指导、提醒幼儿遵守规则,以保证幼儿的安全以及实验的成功进行。

其次在实验中,教师还应根据幼儿的实验进行情况进行提问与交流,启发幼儿在观察和思考的基础上回答问题,理解知识。在实验前要引导幼儿进行猜测,例如会怎样?可能会怎样?还会怎样?会发生什么情况?可以用什么方法解决问题?有时候还需要不仅猜测会怎样,还要猜测怎么会这样的?为什么会这样?是什么造成这样,即造成这个结果的原因是什么?在实验探究后,教师要通过提问引导幼儿表达经验,并通过提问引导幼儿总结实验中发现的规律,发现事物间的表面关系等。

(六)实验内容指引

实验的方法是一种综合性的方法,是幼儿综合运用观察、操作、交流的一种方法。它是幼儿的科学学习中所运用的主要方法之一,但是并不是所有的内容都可以运用实验的方法。以下几方面的内容常以实验的方法来进行。

1. 物理实验

物理实验是学前儿童科学教育中最多的一类,包括光、声音、电、磁、热、力和运动等内容,都可以通过实验来让幼儿探索和体验。

2. 化学实验

虽然学前儿童科学教育中有关化学实验的内容并不是很多,因为化学实验如果进行不当,可能会给幼儿带来一定的伤害,但是也有一些是适合幼儿进行的,例如"让鱼刺变软"(鱼骨经醋浸泡后,鱼骨里的矿物质被分解后溶于水中,鱼骨变得较软),以及"人造雪"等。

3. 植物实验

植物实验主要是一些植物如何生长的实验,通过控制植物生长的一些条件,让幼儿观察植物生长于水、空气、土壤、温度、阳光等之中的情况,从而了解它们之间的关系。

4. 动物实验

对动物不能像对植物那样进行实验,但是也可以进行一些诸如小动物喜欢吃什么的实验,让幼儿了解小动物的生活习性等方面的特征。例如蚯蚓触觉的实验、昆虫味觉的实验等。

第三节 种植与饲养

一、种植与饲养的含义

种植是栽培植物,而饲养则是指饲养动物。学前儿童科学教育中的种植方法是指幼儿在园地、自然角（或用泥盆、木箱等）种植花卉、蔬菜和农作物等的活动。学前儿童科学教育中的饲养方法是指幼儿在饲养角里喂养和照管习性温顺的动物的活动。

种植与饲养的方法既是学前儿童科学教育的方法，同时也是幼儿喜爱的活动。幼儿对周围环境中最喜爱的东西莫过于动物和植物了，在对动植物的观察中，有意识地让幼儿亲自操作，种植一些蔬菜、花草，饲养一些小鱼、小鸟，让幼儿不仅观察了动物和植物的外形特征，也了解了它们的生长过程。通过种植与饲养的方法进行科学学习，伴随着动植物的生长，也就激发了幼儿热爱自然、热爱科学的兴趣与情感。在种植与饲养的过程中，幼儿对对象进行观察、分类、比较、记录……促进了认知能力的发展，并学习了一些简单的劳动技能，也培养了幼儿手脑并用的能力。

二、种植与饲养的类型

(一) 常见植物的栽培管理

常见植物的栽培管理主要包括：常见植物的播种、管理、收获等内容，如参加选种、浸种、移栽、浇水、松土、除草、追肥、收获、留种等工作。

1. 水养植物

水养植物就是把植物的一部分浸泡在水里，在短期内，它便会萌发、生根、长茎叶，甚至开花。主要有以下品种。

（1）种子：蚕豆、绿豆、红豆、扁豆、花生、芝麻、蓖麻、西瓜子、丝瓜子、南瓜子、稻谷、麦子、小米、玉米等。

（2）蔬菜：油菜心、白菜心、黄芽菜心、卷心菜心、芹菜、萝卜、土豆、大蒜、洋葱、芋艿、慈姑等。

（3）树枝：杨树、柳树、悬铃木、松树、水杉等。

（4）花卉：菊花、月季花、迎春花、白玉兰、水仙花、蔷薇花等。

2. 盆栽与园地植物

盆栽植物是指在泥盆里放置湿润的、富有养料的泥土，然后下种或扦插。有条件的幼儿园，也可以在墙边、墙角进行园地种植。盆栽植物的品种与水养植物是相同的，但是在幼儿学习自然的活动中，盆栽与园地植物却有着不可替代的作用。虽然水养植物能够让幼儿在较短的时间内直观地看到种子的萌发过程，但是由于它消耗种子本身的养料，等到其本身养料耗尽时，就会枯萎。因而只能让幼儿看到植物生长的某一阶段，而不能看到植物生长的全过程。这样就不能满足幼儿强烈的好奇心和求知欲望，也不利于幼儿对植物生长过程的全面了解。经常在水养植物枯萎以后，幼儿会提出一连串的问题，他们对已经枯萎的植物很不理解，也为没有看到水养植物的开花、结果，总感到意犹未尽，因此，应该创设条件，让幼儿全面地观察植物生长的全过程，以满足幼儿的求知欲望，以及了解植物的生长特征。

3. 无土栽培

无土栽培也是属于水养植物的一类。普通的水养植物,是把植物的根放在一般的水里,但是无土栽培,为了更好地控制给植物的养料,将植物生长需要的各种营养成分,按植物生长所需的比例进行搭配并制成溶液,在容器中放入一些洁净的玻璃球或沙子,然后将植物栽培在溶液中。这样就能保证植物生长所需的营养,使幼儿观察到植物生长的全过程。

4. 温室技术

植物的生长离不开一定的光照、气温和营养。在自然状态下,植物生长所需的最佳要求有时很难达到,而且不容易控制。在现代种植技术中,人们利用了温室技术。温室一般有透明的屋顶,可以接受充足的阳光。由于温室是密封的,能使温度保持在一个较高的水平,并可以使用人工装置调节温度。通过这些措施,可以使室内生长的植物基本不受外界自然条件的影响,而较快较好地生长。在幼儿园里,也可以搭建简单的温室,例如用塑料薄膜搭建的"小小温室",在天气比较冷的时候,让幼儿在"温室"内外种植相同的植物,比较种植的效果。

(二)常见动物的饲养管理

常见动物的饲养管理主要包括:帮助收集饲料、喂养、管理,学习简单的饲养技能,并观察小动物的外形特征、动作和生活习性,培养爱护小动物的感情。例如,饲养乌龟、小鸟、金鱼等。

1. 家禽

家禽身体比较小,也比较温顺,深受幼儿喜爱,而且养起来也比较容易,不易死亡。家禽包括鸡、鸭、鹅,相比较起来,饲养鸡是最简单的一种。

2. 家畜

家畜各有不同,在幼儿园里比较适合饲养小兔、豚鼠、猫等。虽然小兔相对比较难以饲养,对饲料要求比较高,但是因其可爱而深受幼儿的青睐。

3. 鸟

鸟也是幼儿园经常饲养的一种动物,由于小鸟的叫声清脆好听,形象可爱,幼儿也十分喜爱饲养。幼儿园经常饲养的鸟有:娇凤、禾雀、鸽子等。

4. 昆虫

昆虫也是幼儿最喜欢的动物之一,世界上有许多种昆虫,虽然幼儿并不能叫出它们的名称,但是凡是看到昆虫,幼儿总会研究一番。蝈蝈、蚕、七星瓢虫、知了、蚂蚁、蟋蟀等都是幼儿园经常饲养的昆虫。

5. 水生动物

水中饲养的鱼、龟、虾、蟹、泥鳅、螺蛳、田螺、蝌蚪等都是幼儿观察的对象,这些在水中生活的动物,比较容易饲养,有的甚至可以一段时间不进食,也不会死亡。所以这些动物是非常适合幼儿饲养的,其中虾比较难存活一些,其他的就比较易于饲养。

三、种植与饲养活动的指导

(一)选择合适的内容

幼儿年龄小,种植、饲养的技能差,因此在选择种植、饲养的内容时,要根据幼儿的年龄特征以及动植物本身的特点来进行选择。具体来说,在选择种植的植物时,应选择一些易生长、易照顾、对种植的土质肥料要求不高、生长周期相对较短的植物。对于小班幼儿来说,比较适宜的植物是较大粒的种子,例如扁豆、玉米、牵牛花籽等。中、大班幼儿除了较大粒的种子以外,也可以种植一些颗粒相对小的种子,例如蚕豆、豌豆、蓖麻。还可以植株的方式进行种植。

在选择饲养的动物时,应选择一些比较温顺、对饲料要求不高、不易死亡,而且对幼儿没有伤害的,包括不会传染病菌的小动物,例如,金鱼、小蝌蚪、蚕、兔子等。

(二)种植、饲养的过程应和幼儿的认识活动相结合

科学教育中运用种植与饲养方法的主要目的,是为了学习科学。因此,在活动过程中要注意结合种植与饲养过程,指导幼儿观察种植与饲养的对象及工具。例如,在饲养蚕的过程中,指导幼儿观察蚕的外形特征、生活习性、生长过程等,观察蚕是怎么进食桑叶的,是怎么行进的,又是怎么蜕皮的……同时,还应让幼儿认识桑叶的主要特征,了解桑叶与其他树叶的不同之处。又如在种植花卉时,指导幼儿认识使用的工具与种植的器皿:小铲、花盆,让幼儿了解花盆底为什么有个小洞,尝试一下,如果花盆没有洞,植物会怎样,以此使幼儿的认识更全面、完整。教师要利用各种机会,因势利导,帮助幼儿扩大知识面,满足好奇心,鼓励思考,发展求知欲,提高认知水平。

(三)鼓励幼儿的自主探究

在种植与饲养的活动中,幼儿扮演了"小小园艺家""小小动物学家"的角色,他们会以十足的热情参与到活动中去。但是由于种植与饲养的活动需要一定的操作技能,包括挖土、浇水、除草、喂食、打扫动物笼子等。如果掌握不当,会在一定程度上影响幼儿的种植与饲养活动。在种植饲养的过程中,不能让幼儿成为"看客",而要让他们主动参与。教师切记不能包办代替,而应指导幼儿学习一定的操作技能,克服困难,鼓励他们的活力,坚持以幼儿为主的种植、饲养。例如,可以让每位幼儿都种一盆植物,这样一来,每个人都会对自己的那盆植物非常珍惜,以后无须教师提醒,也会天天去照看自己种的宝贝。这样才能使整个过程成为幼儿亲身体验的过程,由浅入深地了解事物、充分发挥想象力和创造力的实验过程。

（四）爱护动植物，关爱生命

在种植与饲养活动中，幼儿是通过与动植物的亲密接触而获得对对象的了解的，这个过程的本身，就是生命教育的过程。学前儿童科学教育要培养幼儿热爱动植物、热爱自然的种子，产生关爱生命的情感。在具体的种植与饲养活动过程中，由于幼儿年龄小，无论从他们的心理特点还是手眼协调，以及控制手部力量的能力来看，都会发生无意伤害动植物的行为，例如，在给植物拔草的时候不小心把植物也拔掉了。又如，本想轻轻地抚摸一下小动物，结果因为抱得太紧而把小动物弄疼了。

在饲养活动中，可以通过照顾小动物的过程，让幼儿了解动物也是有生命的，培养幼儿形成"动物是人类的朋友，地球是人类和动物的共同的家，人和动物要和谐生存，就要从关爱动物做起"的意识，激发幼儿关爱动物的情感，产生保护动物的行为。在种植活动中，通过"与小树一起成长""树的秘密""百花园"等活动，让幼儿在照顾植物生长的过程中，体会植物的生长特征，积累植物生长的经验，自然而然地产生"爱绿""护绿"的行为。

第四节 分 类

一、分类的含义

分类亦称"归类"，是根据事物的同和异把事物集合成类的过程，即把一组物体按照特定的标准加以区分，抽取同类事物的共同特征进行概括的过程。属性相同的许多事物共同组成的一个群集称为"类"，例如燕子、黄鹂等可统称为鸟，鸟就代表事物的一个类别。客观事物是互相联系的，它们之间存在着种种不同的关系，其中一种关系就是类别关系。

学前儿童科学教育中分类的方法，是指幼儿把具有某一个或几个共同特征的物体聚集在一起，以学习科学的一种方法。分类是观察过程的延伸和应用，幼儿要能对客观物体进行分类，首先需要对事物进行观察，因为发现事物的共同点是分类的基础，在观察过程中，幼儿对物体进行分析、抽象、概括，形成概念，进行分类。分类既是幼儿学习科学的一种方法，也是幼儿需要发展的一项重要技能。分类是获取和分析信息、简化信息的有效、经济的方法。自然界的分类是根据万事万物的自然属性和特征来进行的，有着严格的规律。幼儿在与自然界的接触中，很自然地想把事物进行分组和聚类。幼儿用分类的方法整理自己所观察到的东西，在分类过程中，幼儿可以了解多种物体的特性，从而帮助幼儿把周围事物进行抽象与概括，有助于幼儿探索事物之间的联系和关系，使认识活动类化、简化。

二、分类的类型

在学前儿童科学教育中,分类方法的类型按照不同的标准有以下几类。这些分类类型对儿童认知水平的要求是不同的,在不同的年龄段、不同的活动中,可以采用不同的分类类型。

(一) 按照不同的操作方式分

按照学前儿童的操作方式,可以分为挑选分类、二元分类和多元分类。

1. 挑选分类

挑选分类是指从许多物品中将具有某一种(或几种)共同特征的物品挑选出来,成为一类。例如从许多幼儿中挑选出"他们都是男孩""他们都穿着红衣服"等的共同特征。又如从各种蔬菜、水果、花卉中挑选出水果来。

2. 二元分类

二元分类又称是与否分类,是指从许多物体中,选择出具备某一属性的物品,排除其他物品。即将许多物体按某一标准分为"是"与"不是"两种。例如将苹果、梨、香蕉、黄瓜、甜椒、桂圆、红枣等放在一起,让幼儿进行分类:苹果、梨……都是水果,黄瓜、甜椒……都不是水果,或者苹果、梨……都是水果,不是蔬菜,等等。

3. 多元分类

多元分类是指将物品按一些共同的标准分成两类或几类。例如鸡、鸭、鹅都是家禽,牛、羊、猪都是家畜,虎、狮、狐狸都是野兽等。又如苹果、梨、香蕉等都是水果,黄瓜、甜椒都是蔬菜,桂圆、红枣都是干果。

(二) 按照分类的标准分

每一种分类,都必须根据同一个标准,否则就会出现分类重叠和分类过程的逻辑错误。幼儿分类不同于成人,他们往往根据自己的想法进行,分类依据也在不断改变。但只要各类别物体彼此不交叉和重复,该分类依据就可成立。在学前阶段,幼儿会出现如下的分类标准。

(1) 根据物体的外部特征进行分类。例如,根据物体的颜色、形状等外部特征的差异进行分类。

(2) 根据物体量的差异进行分类。即按物体的大小、长短、粗细、厚薄、宽窄、轻重等的差异分类。

(3) 根据物体的功能(用途)进行分类。例如,将物体分为玩具、学习用品、家具等。

(4) 根据物体的材料进行分类。例如,将物体分为木头的、塑料的、铁的等。

(5) 根据物体之间的联系进行分类。例如,把兔子和萝卜分为一类,把鱼和水分为一类等。

（6）根据物体的物理属性进行分类。例如，把有弹性的物体分为一类等。

活动设计

哪些是玩具

年龄 4—5岁。

目标
1. 学习巩固生活中的常见用具。
2. 发展幼儿的分类及逻辑思维能力。

材料
1. 幼儿人手一套图片，上有碗、匙、锁、蔬菜、水果、面包、糖、脸盆、牙刷、牙膏、香皂、铅笔、乒乓球、小娃娃、小汽车、积木、毛巾、水杯、游泳衣、救生圈、吸尘器、电冰箱、彩电、洗衣粉、洗涤剂等。
2. 幼儿人手一本画册，上面画有各类物品的表格。

要点
1. 幼儿摆弄、观察图片，教师指导幼儿根据物品的用途找出：
（1）哪些东西能吃？
（2）哪些东西是玩具？
（3）哪些东西是盥洗用具？
（4）哪些东西是清洁卫生用具？
（5）哪些是游泳时用的？
（6）哪些是放在厨房里用的？
2. 幼儿根据教师的提问找出相应的图片，按画册上的图示摆放在相应的表格中。

三、分类活动的指导

在学前儿童科学教育中，可以进行分类的内容有很多，例如：

动物类——家禽、家畜、野兽、鸟类、昆虫、鱼类等；

植物类——树木、花卉、蔬菜、水果、谷类等；

人造产品——家用电器、玩具、炊具等；

非生物——沙、石、水、土等。

还有很多内容都可以结合认识活动，让幼儿进行分类。在指导幼儿运用分类的方法时，可以从以下几方面着手进行。

(一) 在充分感知物体的基础上进行分类

充分感知物体是对物体进行比较、找出它们之间的相互关系,并根据其共同特点与特性进行分类的必要前提。幼儿的年龄特点又决定了幼儿不可能在抽象的概念水平上进行分类,而必须依赖物体具体的形象和动手操作。所以,首先,教师要提供充足的材料让幼儿感知。其次,教师要允许幼儿细致观察、反复操作物体,使幼儿在具体的感知与操作中,获知关于这些物体的共性与差异,然后进行分类活动。例如在纽扣分类活动中,教师要提供(也可和幼儿一起收集)大量不同大小、形状、颜色、材料、结构的纽扣,供幼儿操作观察。在收集以及操作观察中,教师可启发幼儿边感知边讨论:在这么多的纽扣中,有哪些是相同的,把相同的挑出来归为一组。教师要引导幼儿仔细观察、比较各种纽扣,帮助幼儿找出"共同",才能使幼儿正确分类。

(二) 帮助幼儿学习不同的分类活动类型

如同前述,在学前儿童科学教育中,有挑选分类、二元分类和多元分类等三种分类活动类型。在幼儿阶段,主要指导幼儿学习二元分类法,即要求幼儿在感知水平上把物体分成两类。但可以根据幼儿的不同年龄,学习不同的分类类型。小班多采用挑选分类类型,小班末期可开始学习二元分类类型。中、大班幼儿在教师有计划的指导下,可以学习运用二元分类和多元分类认识客观物体。

(三) 指导幼儿学习根据不同的标准进行分类

科学家为了把对自然的调查结果加以条理化,创造了种种分类的标准,有些分类是植物或动物,脊椎动物或无脊椎动物,固体、液体或气体,金属或非金属等。在自然界中对事物的分类,还有其他一些标准,例如将事物分成有条纹的或单色的、粗糙的或光滑的。这样的分类也没有错,只是科学家认为这种分类标准用处不大,因而一般不采用。但无论怎么分类,每一种分类,必须根据同一个标准,否则就会出现分类重叠和分类过程中的逻辑错误。幼儿分类不同于成人,现在就开始进行严格地按照事物本质属性进行分类,几乎是不可能的,他们往往根据自己的想法进行分类,分类依据也在不断改变。但只要各类别物体不交叉和重复,该分类依据就可成立。

一般来说,小班只要求按事物的外形特征或量的差异进行分类,因为这些特征都是外在的、易观察到的。而对事物内在的、物理特性的分类宜放在大班进行。同时,还可以帮助幼儿学习把一大堆物体用两套标准(二维特征)分类,例如,要幼儿找出既是红色的,又是木制的纽扣。不过,这样的活动至少到中班下学期才能进行。因为对于3—4岁的幼儿来说,同时在头脑中考虑两件事,以及从不同方面来描述事件是比较困难的。在让幼儿学习用两套标准进行分类时,可以要求幼儿先根据一个特定属性给一组物体分类,然后再根据另一个属性对这些物体进行分类。例如可以先找出红色的纽扣,然后在红色的纽扣中再找出木制的纽扣。

(四) 帮助幼儿明确分类标准或鼓励幼儿自己确定分类标准

幼儿对事物类别关系的认知还不成熟,分类能力仍在发展中,表现为幼儿能按基本类别标准分类,能按事物的功能分类,但对按较宏观的类别标准分类比较困难,也往往不能前后一致地按概念标准分类。因此在运用分类的方法进行学习时,应帮助幼儿明确分类的标准,特别是在较小年龄阶段时,可以用"请你按照……来分类"这样的语言帮助幼儿明确分类标准。在幼儿已有了一定的知识基础,并已学习了分类方法之后,可以鼓励幼儿确定分类的标准,例如,面对着一大堆形态各异、材料不同的杯子时,问幼儿:"想一想,这些杯子可以怎么分呢?"逐渐使幼儿自己确定分类标准。

在这样的分类活动中,我们特别要注意不能以成人的标准要求幼儿。不能认为符合成人概念分类标准的才是对的,反之就是错。在分类中,其要点就是找出事物的"共同点",而对"共同点"有不同的抽象概括水平,从而显示出幼儿自身的认知发展水平,但只要幼儿能找出"共同点"就应予以肯定。例如在分类活动中,有的幼儿把"飞机"和"火车"放在一起,显然他们是从两者的作用去分类的;另有的幼儿却把"飞机"和"鸟"放在一起,因为他们认为"它们都有翅膀,都会飞",这些都表明发现了共同点。共同点或标准不同,只有水平高低之分,而没有对错之分。

第五节 测 量

一、测量的含义

测量是指用量具或仪器来测定物体的尺寸、角度、几何形状或表面相互位置的过程的总称,也包括用仪表来测定各种物理量的过程。时间和空间是运动着的物质存在的基本形式。时间具有流动性,它以时序和时距的形式表现出来。物质在空间的存在上具有广延性,如长度、面积、体积(容积)分别以一维、二维和三维的形式代表这种广延性。为了认识这种广延性和流动性,人们用一定的单位将它们数量化,这就是测量。在科学观察与实验时,经常要用到测量。这种测量的结构成分应该包括如下几个方面。

(1) 测量的客体,即被测量的量;

(2) 测量的物质手段,它既可以是人为设计制作的仪器和工具,也可以是自然界给出的对象和过程;

(3) 实验者或认识的主体,他进行着带有确定目的的测量;

(4) 测量的方式和方法,它是借助测量仪器完成的实际动作与操作的总和,同时也包含着一定的逻辑和计算程序;

(5) 测量的结果,它是借助相应的名称或符合所表达的被命名的数。

学前儿童科学教育中的测量是指通过观察或运用简单的测量工具,对物体进行的简单、初级的测定,包括:长度测量、重量测量、体积测量(体积是物体的长、宽、高三度空间的数量,而数量既指物体或容器包含的体积,也指该物体所占据的空间)。具体地说,测量包括测量物体的大小、长短、高矮、粗细、轻重等内容。客观事物是千姿百态的,它们有不同的性质、属性,我们也力图将这些属性数量化,以便相互比较。测量是人们生活中精确交换信息的一个重要方面,通过测量,幼儿可以更准确地观察、认识周围世界,获取关于时间、空间等方面的具体经验。例如,小方和小明比较高矮,谁更高?高多少?这些都只有通过测量才能知道。在幼儿学习科学的活动中,运用简单的测量方法,对于观察、理解周围事物,并以数作精确的表达,是很有益的。将事物的属性及其关系数量化,是科学思维的重要组成部分,数量化思维也是幼儿思维发展的一个重要方面,以测量为工具,将促进幼儿这方面思维的发展。

二、测量的类型

(一) 观察测量

观察测量是指通过眼睛、手等感官的观察来测量物体。例如,通过目测(眼睛)来测量物体的大小、粗细、长短等;通过手来测量水的温度;用手掂量物体的轻重等。这种直观感知的测量一般用于特征比较明显的认识对象,例如幼儿凭观察便可得出哪个物体大、哪个物体小的结论。但是如果特征不明显的物体,用观察测量就难以进行,例如两盆温度差异不太大的水,幼儿很难将它们区别开来。

(二) 非正式量具测量

非正式量具测量也称自然测量,指不采用通用、标准的量具,而是运用一些自然物,如木棍、积木、绳子、手指、手臂、步长等作为量具,对物体进行直接测量的方法。在学前阶段,由于幼儿年龄小,对掌握标准的计量单位有困难,所以较多地用非正式量具进行测量。如让幼儿用手指量一量小树长高了多少等。非正式量具测量可以避免测量单位给幼儿带来的困难,又能使其掌握测量的基本知识。如在测量长度时,要将测量工具与被测物对齐、放平。又如用不同的量具测量,会使结果不一样等。

(三) 正式量具测量

正式量具测量是指以通用的标准量具对物体进行测量。适合幼儿使用的测量工具主要有尺、天平、温度计、钟表、秤等。如同前述,要幼儿掌握正式量具的测量单位是有困难的,但是这并不等于幼儿不能接触正式量具。通过对正式测量工具的操作和使用,可以使幼儿懂得这些量具的作用,初步了解时空等概念性较强的知识。例如,让幼儿用温度计测量三盆不同温度的热水。如果用观察测量(手测)是难以测出哪盆水最热,哪盆水最冷的,但是使用温度计测量,即使幼儿读不懂温度计上的数字,但是只要通过观察温度计上水银柱的高低,便可知道这三盆水之间的水温差异了。

> **案例分享**
>
> **长度测量活动**[①]
>
> 年龄:4—5岁。
>
> 目的:测量他人的手臂、脚和其他身体部位的长度。
>
> 教师为每个儿童提供一根长约15厘米的绳子。将班上的儿童配对分组。要求儿童使用这根绳子测量同伴各身体部位的长度,如脚、手臂、大腿、手、手指、前臂等。要求每一对儿童相互测量同一身体部位,并判断两人的同一身体部位是否等长,如果不等长,是谁的更长,谁的更短。
>
> 在测量过程中,儿童可能会遇到一些困难,如记不住绳子的长度、测量的身体部位比绳子长等。在提供解决测量困难的建议之前,教师可以先让儿童提出自己的解决办法。

三、测量活动的指导

学前儿童科学教育中的测量包括以下几方面的内容:测量物体的长度、高低、粗细、厚薄、宽窄;测量物体的轻重;测量物体的温度等。

(一) 进行测量活动,重在培养幼儿的测量意识

大量的事例说明,在学前阶段,幼儿已经有了通过测量来认识周围物体的需要。例如在活动中,两个幼儿在比赛谁跳得远,但结果是两个人跳得差不多远,到底谁跳得更远一些呢?因为没有运用测量的方法,谁也说不清。这些事例说明了幼儿已开始构建测量的概念。因

[①] [美]大卫•杰纳•马丁著,杨彩霞、于开莲、洪秀敏、苏伟译:《建构儿童的科学——探究过程导向的科学教育》,北京师范大学出版社2006年版,第92页。

此，需要让幼儿从小树立应有的测量意识，特别是培养幼儿用量具对物体进行测量的意识，它是让幼儿更精确细致地认识事物的必不可少的手段之一。

（二）帮助幼儿学习运用非正式量具进行测量的方法

皮亚杰认为，量和数具有同构性，但是儿童对量的认识要晚于对数的认识，如测量的技能要到 8—11 岁才能完全发展，中班以前儿童的测量只是通过感知来比较量的差异。中班以后，儿童才有可能学习用工具测量（非正式量具）。同时，幼儿运用测量的方法，也稍晚于分类的方法。因为"相像与不同""大一点与小一点""多些与少些"以及与我们讨论分类、顺序排列等同数目有关的一些概念，对于测量来说都是十分基本的、重要的。因此，一般来说，幼儿学习运用测量的方法，要稍晚于观察、分类的方法。由于测量技能本身的要求，幼儿对于测量的方法、技能还比较难以掌握，因此，需要教师给予指导。幼儿学习测量，首先从直接比较两个并列的物体入手，然后让他们按照有刻度的标准单位比较两个或两个以上物体，大致到了 5 岁半时，天平就能成为他们进行精细测量的有用工具了。

（三）用正式量具测量时，量具要精确

正式量具之所以称为正式，就因为它的精确性。但幼儿用的量具要经常进行校正，才能保证它的标准性，如天平等。教师不能以幼儿年龄小，还不完全识别计量单位为借口，而让幼儿使用不精确的量具。

除此之外，还要明确，在科学教育中运用测量的方法，是作为认识环境的方法之一，是为了更精确地认识事物，这与数学教育中的学习数量是有所不同的。

第六节 信 息 交 流

一、信息交流的含义

信息交流是指幼儿将所获得的有关周围环境的信息，以语言的或非语言的形式来进行表达和交换。知识是在幼儿的探究之后，在讨论中形成的。要让每个幼儿都有机会表达自己的观点，无论他的观点是对的或是错的。每个人都可以向教师和同伴质疑，对结果的讨论可以引出新的探究，教师要重视幼儿之间的相互倾听。在学习过程中，由于经验背景的差异，幼儿对问题的理解常常各异，在幼儿集体中，这种差异本身便构成了一种宝贵的学习。在幼儿学科学的活动中，幼儿通过各种方法，获得了大量的有关客观世界的丰富的信息，以

及自己的感受。他们需要以各种方式(手势、动作、语言和图像)向教师、同伴、家长表达、传递自己的感受,告知观察周围世界的过程和结果,提出疑问,抒发愉悦、惊奇等情绪,和同伴们分享所得的成果,评价别人的科学探索的结果等。幼儿通过信息交流,使感知周围世界的第一印象在脑中形成表象,又通过语言或其他方式表达出来,这样不仅使幼儿对事物的理解更清晰,也有助于幼儿语言的发展;既促进了幼儿和幼儿之间的交往,也使师生之间得到沟通;更重要的是,使教师及时了解了幼儿的学习情况,使教学及时得到了反馈。

二、信息交流的类型

幼儿年龄尚小,虽然正处在语言迅速发展的时期,但是面对丰富的自然界,却难以完全用语言的方式进行交流。因此,学前儿童科学教育中信息交流的类型,除了运用语言的方式以外,还运用手势、动作、表情及图像记录等非语言方式进行。

(一) 语言的方式

信息交流中语言的方式包括描述和讨论。

描述是指在教师的指导下,幼儿用语言向同伴或成人讲述自己在科学探究中的发现、疑问等。讨论是指幼儿与幼儿、幼儿与成人之间通过口头语言,表达、交流自己在科学探究中的发现。幼儿通过语言的描述与讨论,不但可以向同伴、教师表达自己的各种发现、疑问、想法,还可以交流自己使用了什么方法进行科学探究、科学探究的过程,以及从中感受到的情绪体验等。例如,一名幼儿经过观察,问另一名幼儿:"这里有两只纸船,一只跟着磁铁开动了,你猜为什么?"这是幼儿之间发现现象时的交流。又如描述发现的交流"我看到了……"和表达情感的交流"我喜欢……"。

(二) 非语言的方式

非语言的方式包括图像记录、手势、动作、表情等。

由于幼儿的年龄所限,他们还不能用文字记录和表现他们的探究及发现,所以图像记录以及手势、动作、表情就成了幼儿主要交流的方式。

1. 图像记录

图像记录是指对自然事物和现象进行观察后,用各种不同方式,如剪贴、数字、表格、绘画、摄影等方式记下他们的发现、认识及感受与体验。图像记录包括:对探究内容的记录,例如,动植物特征、生长记录、四季特征记录、气象记录(见表4-1)、参观旅行记录、观察实验过程及结果的记录(见表4-2、图4-1、图4-2)等。例如,一名幼儿用曲线来表示蚕的蠕动,另几名幼儿共同合作,画了"地底下的秘密",他们将观察到的植物的根、蚂蚁、石子、昆虫的尸体、洞穴都一一展现在画面上,以此交流他们的发现。还有对观察、实验等探究方法、探究工具的记录,例如用放大镜观察昆虫时记录了放大镜等。图像记录既是幼儿观察活动的一个方面及一种表达形式,也是对幼儿进行科学教育的一种手段和方法。它不仅可以培养幼儿观察周围环境的兴趣,使幼儿获得清晰的、深刻的印象,提高幼儿观察的积极性、主动性和观察的能力,而且可以为教师总结幼儿科学教育经验、开展幼儿科学教育研究提供依据和材料。

在以图像记录进行信息交流的方法中,还有一种比较常用的方法,即指导幼儿采用各种自然材料(如秫秸、麦秆、果核、贝壳、树叶、羽毛、石头、瓜子壳等)以及一些废旧材料(如木块、包装纸、破乒乓球、废塑料盒等),制作一些简单的科学玩具或自然界物体的形象,例如,"青椒青蛙""螺蛳壳小鸡""塑料盒卡车""乒乓球熊猫"等。以这种科学小制作的方式来展现所观察到的自然界的物体,并进行交流。

表4-1 天气日记记录表

月份	星期						合计
	一	二	三	四	五	六/日	
五月			1日	2日			晴 共 天 阴 共 天 多云 共 天 雨 共 天

表4-2 科学活动"我们喜欢的味道"的记录表

我们喜欢的味道			
幼儿	葱	花 生 酱	辣 椒
1			
2			
3			
4			
5			
6		▨	
7		▨	
8		▨	
9		▨	

续 表

我们喜欢的味道			
幼儿	葱	花 生 酱	辣 椒
10		▓	
11	▓		
12	▓		
13	▓		
14			
15	▓		
16	▓		
17	▓		
18	▓		

注：▓ 表示幼儿记录喜欢该味道。

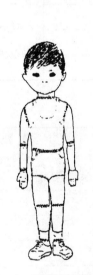

图 4-1 科学活动"身体的哪些部位会动"的图像记录

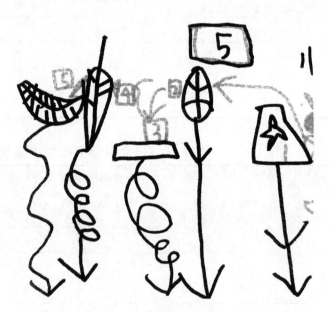

图 4-2 科学活动"哪种东西掉得快"的图像记录

2. 手势、动作、表情

手势、动作、表情也是信息交流的非语言方式。当幼儿在科学探索中遇到一些难以用语言表达的物体或现象，情绪特别好或惊异时，常常用手势、动作、表情来进行交流。例如，一名幼儿说："幼儿园种的南瓜有这么大（用手势表示）。"又如，幼儿尝到酸味后，脸上露出的尴尬表情。虽然手势、动作、表情不能完全表达幼儿的思想,但是对于年幼儿童来说,当无法用语言来表达、交流的时候,允许他们运用这些方式来进行,是非常重要的。

三、信息交流活动的指导

"通过引导幼儿积极参加小组讨论、探索等方式,培养幼儿合作学习的意识和能力,学习用多种方式表现、交流、分享探索的过程和结果。"[①]在指导科学活动中的交流活动时,应注意以下几个方面。

(一)要在幼儿获得大量感性经验的基础上进行

信息交流是在幼儿的科学活动中,引导幼儿将所获得的有关自然环境的信息,以各种方式进行记录、表达与交流,要使交流具有较好的效果,就必须要在幼儿获得大量感性经验的基础上进行。让幼儿在对周围环境进行观察时,用各种不同方式记录下他们的探究过程、发现,以及感受和体验,这是幼儿得出探究的结论、分享和交流的基础。这样才能使幼儿的信息交流的内容真实和丰富。

(二)语言方式的指导

在科学探索活动中,应关注三类语言的发展:接受性语言,指听到的可理解的词语;表达性语言,指用于交流词语的语言;语义性语言,指不仅理解了词的意义,而且能恰当地使用这个词。[②] 在科学活动中,首先要给予幼儿充分的描述、讨论的机会,及时鼓励幼儿用语言表达所获信息。例如,在幼儿观察物体后,允许幼儿进行交谈、讨论。教师应以与幼儿平等的身份参与交谈和讨论。在交流中,既可以教师提问,幼儿回答,也可以幼儿提问题,教师回答。有时教师可以扮演一名忠实的听众,注意倾听幼儿的语言,了解他们是否正确地理解了他们所使用的词语,并鼓励幼儿的交谈和讨论。

其次,指导幼儿学习用简单明确的语言表达、描述有关科学的发现。(1)培养幼儿在理解词义的基础上正确地运用词语。反映科学的词语是很丰富的,只有当幼儿掌握了足够的词汇后,才能运用确切的词语来表达对物体和现象的认识。所以,首先要在幼儿充分感知物体与现象的基础上,丰富相应的词汇,然后帮助幼儿在理解词义的基础上掌握运用词语。(2)培养幼儿的口语表达能力。幼儿正处于学习语言的阶段,面对诱人的大自然,往往不会用语言表达,只会用表情或动作来示意。应逐步要求幼儿用连贯、完整、通顺的语言表达,以提高科学探索活动的质量。(3)培养幼儿正确的发音。不同的语音代表不同的词语,如果语音不准就很难使人理解原意,这将直接影响语言交流在认识中的作用。因此,要重视培养幼

---

① 中华人民共和国教育部:《幼儿园教育指导纲要(试行)》,2001年。
② [美]罗伯特·E·洛克威尔、伊丽莎白·A·舍伍德、罗伯特·A·威廉姆斯、戴维·A·温尼特著,廖怡、彭霞光、曾盼盼译:《科学发现——幼儿的探究活动之一》,北京师范大学出版社2005年版。

儿正确发音的能力。

(三) 图像记录方式的指导

1. 根据不同的需要选择图像记录的形式

图像记录的形式可以多样,从记录内容的连续性看,可以进行连续性的观察记录,例如"种子发芽"(见图4-3)的记录;也可以进行单独的、个别性的观察记录,如"秋天的树林"。从图像记录的手段来看,可以用表格、数字、符号、形象、曲线等方式进行。在选择具体的形式时,应考虑科学活动的需要。例如,观察了螃蟹之后,幼儿可以自由选择用艺术创作的方式,用纸盒、纸、插塑件、火柴、橡皮泥等各种材料来记录和表征自己的发现。图像记录的材料和工具也很多样,包括运用纸笔、印章、泥塑,进行镶嵌、粘贴等。这样,教师就要为幼儿提供图像记录的条件,例如,提供一些纸张、画笔。在科学活动过程中及结束前,给予一定的机会和时间让幼儿记录等。为使幼儿运用不同的记录形式,教师可以直接鼓励或提醒幼儿用多种方式,提供多种可用于记录和表征的材料,帮助幼儿发现和形成图画,给予幼儿一些记录和表征的策略等。教师也可在幼儿的图像记录上用文字作些简短的说明,以使记录更明白易懂,并具有保存、研究价值。

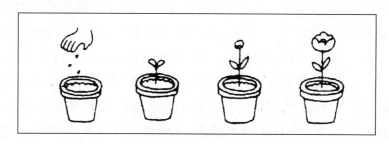

图4-3 种子发芽

2. 图像记录方法的适用性

因为图像记录需要幼儿具备一定的绘画方面的技能,因此,一般宜在中、大班进行。图像记录中经常运用曲线、图表、符号等这些方式,运用这些工具的技术虽然通常并不是很难,但重要的是,也可以说比较困难的方面是如何选择适合一定目标、适合特定信息的表征方式。选择有效的表征方式的技能来自经验,可以通过讨论来促进技能的发展,同时教师给予幼儿一些合适、清晰的样本,这些都对幼儿的图像记录有一定的帮助。

另外,随着幼儿年龄的增长,教师可以引导幼儿从图画记录逐步向图画结合符号、用符号记录的水平发展。

第七节 科 学 游 戏

一、科学游戏的含义

学前儿童科学教育中的游戏,即科学游戏,是指运用自然物质材料和有关的图片、玩具(科技玩具)等物品,进行带有游戏性质的操作活动,是对幼儿进行科学教育的一种有效方法。自然材料包括水、石、沙、土、竹、木、树叶、贝壳、果实等。例如"奇妙的口袋""猜一猜"等游戏是幼儿最喜爱的活动。科学游戏,或寓科学内容于游戏之中,又或将自然材料作为玩具,使幼儿在轻松愉快的游戏活动中丰富科学经验,还可以复习巩固已获得的知识,更可以激发幼儿对科学现象的兴趣和欲望,发展幼儿的观察能力和思维能力等。利用自然界的物质材料进行的游戏由来已久,在我国古代就有玩编草(花、草)、做柳笛(柳树枝)、吹葱笛(小葱)、玩冰车(冰)的游戏。

二、科学游戏的类型

(一) 根据科学游戏利用的材料分类

1. 利用实物进行的游戏

这是一种利用自然物等实物进行的游戏,通过对自然物的接触,了解自然物的特性。例如"水果、蔬菜分类"游戏,用各种水果和蔬菜的实物,放在幼儿面前,让幼儿通过视觉、嗅觉、味觉或触觉来辨别、分类。又如"影子"游戏,幼儿可以玩手影游戏,或者在室外两两成对玩"踩影子"的游戏。

2. 利用图片进行的游戏

这是一种利用反映科学内容的小图片进行的游戏。通常是在幼儿直接经验的基础上,利用图片帮助幼儿交流和复习巩固已获得的科学知识,也可用于帮助幼儿了解事物的一些主要特征。

(1) 配对游戏。配对游戏是将绘有科学内容的各种小图片分发给幼儿,游戏双方(或多方)的图片内容都有一定的联系。由一人先出示一张图片,另一人出示与之内容相关的"对子"配上。例如,在"给小动物找耳朵"中,一人先拿出一张小动物的图片,另一人要找出相应的"耳朵"配上。配对的范围包括:事物的名称、特征、功用、习性等。

(2) 接龙游戏。接龙游戏有两种。第一种是把一张狭长的卡片折成对等的两部分,在两部分上各绘制一种物体的一半,另一半绘制在另一张卡片上。每个幼儿拿着若干张这样的卡片,要求幼儿找到物体的另一半接上。这样接下去,可形成一条"长龙"(见图4-4)。

图4-4 找到另一半

另外一种是可以按动植物的生长发育的过程接成长龙。例如,在卡片上分别绘上卵→蝌蚪→长后腿→长前腿→尾巴退化→青蛙,让幼儿按顺序接上(见图4-5)。也可以按动物的食物习性配对接龙,如熊猫吃竹、猫吃鱼等。或按归类接龙,例如从许多物体中分成文具类、餐具类、玩具类等。

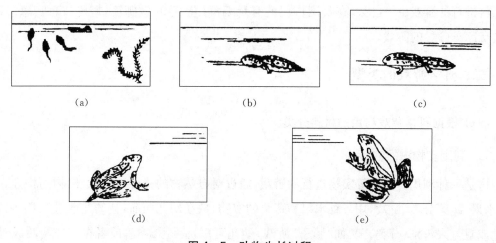

图4-5 动物生长过程

(3)拼图游戏。拼图游戏是把绘有科学内容的整幅图片分割成若干部分,游戏时将部分拼成整体。随着幼儿知识经验的丰富及认知水平的提高,拼法及画面可越来越复杂。小班可将一幅图片分割成两部分,拼上即可;中班可将一幅图片多分割成几块,画面也可复杂些;到了大班,可将两幅以上的图片按同样的规则分割,然后混在一起让幼儿拼起来。例如,将春、夏两幅景色图片混在一起,让幼儿分别拼好。

(4)看图识物游戏。看图识物游戏只要有图画即可,进行时简单方便,形式也可多样。例如"找相同"游戏,是在一幅画着许多相似物体的画面上,让幼儿找出两个或几个完全相同的物体。也可在重叠的画面上找出所有的动植物、生活用品等。另外,还可以只画出物体的局部,让幼儿通过局部来判断整体。例如"什么部位可以吃"的游戏。

(5) 看图辨物游戏[①]。看图辨物游戏也称找错改错游戏,是指有意在一幅画面上出现若干违反科学性的错误,让幼儿通过观察、辨认,找出错误所在,并用语言加以纠正。例如在冬季的画面上,池塘里游着小蝌蚪。又如电视机上有画面,却未插上电源插头。这种游戏可根据幼儿的年龄,考虑和改变难易程度。年龄较小的幼儿,画面简单且错误明显;年龄较大的幼儿,不仅画面复杂,还可加以时

图 4-6 看图辨物

间上的限制,例如图 4-6 中,共有 5 个科学性错误:① 西瓜长在树上;② 公鸡在孵小鸡;③ 鸭子在屋顶啼叫;④ 鱼在路上走;⑤ 鸡在水里游。

3. 利用科技玩具进行的游戏

这一类游戏是幼儿利用电控、声控、惯性、磁控等科技玩具进行的游戏,将玩与探索自然科学结合起来,以获取科学经验,培养能力与兴趣。科技玩具主要有以下几种:

(1) 发条(机械)玩具——用手或钥匙转动发条的轴,使发条卷紧,在发条放松的过程中,使玩具移动。如发条小汽车、小飞机等。

(2) 惯性玩具——用手推动玩具,使玩具向前滚动。如惯性小汽车、小天鹅等。

(3) 电动玩具——靠电池的电力作为动力,使玩具自行活动。如会拍照的小熊、碰碰船等。

(4) 声控玩具——靠电池的电力作为动力拨动开关,玩具会发出声音。如音乐盒发出优美的乐曲,小电话发出铃声和音乐声等。

(5) 光控玩具——靠电池的电力作为动力拨动开关,玩具中的伸缩杆滑动而摩擦打火石,使之发光发声。如电光冲锋枪、警车、救火车等。

(6) 遥控玩具——靠电池的电力作为动力,玩具上有一根天线,拨动开关,靠手中的遥控器控制和指挥玩具行动。

(7) 电子玩具——借助电子技术的动力作用。如电子游戏机,有声、光和活动的图像,微电脑玩具机器人、变形金刚等。

(8) 建构玩具——有小积塑、大积塑、管形积塑(空管和软管积塑)等。幼儿在建构活动中,逐步掌握了解了一些科学经验,例如只有当下面大、上面小时,建筑物才不会倒塌。搭建出在生活中观察到的一些物体,如不同的公路、桥、立交桥等,拼出能活动的车、动物等。

---

① 陈帼眉主编:《学前儿童发展与教育评价手册》,北京师范大学出版社 1994 年版。

4. 利用语言进行的游戏

利用语言进行的游戏是在幼儿具有感性经验的基础上，脱离实物和图片，运用口头语言进行的游戏。例如"谁在水中游""季节问答""开水果店"（玩具店、家具店……）等。又如"水里、地上"（小班）：皮球滚到谁的脚下，谁就要将皮球拿好，站起来。然后，教师问："什么动物地上走？什么动物水里游？"幼儿回答。答对了大家可以跟讲一遍，并鼓掌。如说错了，就把皮球滚还给老师，换人说短句。这种游戏过程不需要大量辅助性的材料，简便易行。但是因为需要一定的语言表达能力，因此，多在中、大班进行。

5. 情境游戏

情境游戏是由教师提出某个科学方面的问题，并以图画、玩具等替代物及音乐等各种手段设计出特定的场景，让幼儿设想身临其境时的正确做法。例如给幼儿设计出这样一个场景：某处发生火灾，假如你正在现场，旁边有水、毛巾、棉被、门、窗等多种替代物，你怎样保护自己。在幼儿充分思考、活动的基础上，教师和幼儿共同讨论，找出正确答案。

6. 多媒体互动游戏

多媒体互动游戏是利用多媒体软件进行学习科学活动的一种游戏。这种游戏可以让幼儿通过操作软件，通过软件中展现的画面内容来学习科学。例如在一个活动室内，有小羊、小猴、小兔、小鹿、小狗等动物，大家在地上发现了一块香蕉皮，于是就开始找是谁丢的。幼儿通过用鼠标点触画面相应的内容，最后自己找出了是小猴丢了香蕉皮。幼儿通过不断试误找出答案，在进行游戏时必须有相应的知识，并且能自己一个人玩。

（二）根据科学游戏的作用分类

1. 感知游戏

感知游戏是指幼儿运用各种感官，主要以实物或自然物为材料开展的游戏。例如，"听听谁在叫"，又如"摸箱"，即用一个布制口袋，或纸箱（上面开一个洞），里面放有不同材料的东西，包括积木、布料、棉花、塑料、海绵等，让幼儿通过用手触摸来说出不同的东西。这种游戏能发展幼儿的感知和观察能力，同时也进一步积累感知经验。感知游戏一般在小、中班运用得较多。

2. 分类游戏

分类游戏是指幼儿根据物体的相同点和不同点进行区别分类的游戏。物体的形状、颜色、用途、材料、质地，事物的生长变化规律、生活习性，与人们的关系等内容，都可作为分类的依据。例如"新车出厂"：出示各种不同的车辆，面包车、轿车、客车、卡车等，让幼儿将各种车辆进行分类，排出不同的车队，说说分队的理由，并思考其他分队的方法。又如"爸爸、妈妈和娃娃"，出示各种不同的动物图片，有鹿、狮、鸡、青蛙（蝌蚪）、孔雀等，让幼儿说说这些动物的名称,并分一分哪些动物是一家,比较爸爸、妈妈和孩子长得有些什么不同。分类游戏能发展幼儿的思维能力和分类技能,一般在中、大班运用较多。

3. 运动游戏

运动游戏是寓科学教育于学前儿童身体运动中的游戏。这是一类适合室外或游戏场进行的游戏,活动量较大。通过运动游戏,可以使儿童在身体活动的基础上,亲身感受自然界的一些现象与规律。例如,玩放风筝的游戏,既能使儿童身体得到运动,又积累关于风力的一些经验。又如在玩"踩影子"的活动中,儿童能深刻地感受到光和影子的关系,同时也是对身体的锻炼,并且还可以发展同伴之间的关系。

活动设计

找影子

年龄	3-4岁。
材料	1. 各类动物卡片,上面的动物特征明显,主要为:鸡、鸭、兔、猫、猪、狗、熊猫、大象、猴子、鱼、螃蟹、虾等。 2. 每一种动物可以有几个不同的造型。 3. 影子板,上面有和卡片上相同的动物的某一个造型的影子。
玩法	根据幼儿的发展水平进行游戏。 玩法1: 教师给予幼儿与影子板相同的造型与数量的卡片,幼儿随意选取动物卡片,在影子板上寻找相应的影子并重叠验证。 玩法2: 幼儿观察影子板上的影子,猜一猜、配一配,看看能认出几个小动物。 玩法3: 教师给幼儿卡片,其中有几个与影子板造型不同,幼儿随意选取动物卡片,在影子板上寻找相应的影子并重叠验证。 玩法4: 幼儿观察影子板上的影子,猜一猜、配一配,看看能认出几个小动物。

三、科学游戏的选编与指导

科学游戏的选编与指导应该遵循一般游戏的要求,但是它也有特殊的地方。

(一)注意游戏的科学性、趣味性、活动性、规则性

游戏的科学性是指教师在为幼儿选择,或者创编科学游戏时,要保证游戏内容知识是准确的,符合科学教育的目的。同时,游戏所涉及的内容及要求,以及游戏开展的规则,都是难易适中的,是年幼儿童能够理解及开展的。游戏的趣味性是指游戏的内容要有趣,开展的过程要有变化,能激发幼儿的好奇心。游戏中所运用的玩具或道具也要能吸引幼儿参与到活动中来。游戏的活动性是指游戏的结构应该是幼儿的探索过程,幼儿在游戏过程中,既要有外部的操作感知或身体运动,能满足幼儿爱活动的需要,又要有内部的智力活动,是需要幼儿努力进行思考的游戏。任何游戏都会有规则,否则就无法进行,科学游戏也是如此。在设计游戏时,要考虑到幼儿的年龄特点,其规则应简便易行,并能保证游戏的开展。

(二)让幼儿有充分活动的机会,进行自主探究

科学游戏的精神贵在自由自主,教师在指导幼儿进行科学游戏时,应让幼儿有充分的操作和活动机会,不要急于求成,让幼儿有充分的时间进行操作与思考,完成游戏。与此同时,教师应关注到该科学游戏中所蕴含的教育含义,在游戏过程中,通过幼儿的自主活动,有目的地引导其科学经验的积累与发展。

在游戏中,教师不仅是一个组织者,而且应是一个积极参与者。教师参与游戏,能够提高幼儿学科学的兴趣,了解游戏中蕴含的科学原理,对幼儿的活动也是一种积极的肯定。在游戏过程中,教师还要鼓励幼儿克服困难,提出问题,解决问题。

第八节 文 学 艺 术

一、文学艺术方法的含义

文学艺术的方法是指在科学教育过程中运用低幼文学作品、低幼艺术作品等作为学前儿童科学教育活动的内容和手段,来进行科学教育,以达到提高学前儿童科学素养目的的一种方法。

在学前儿童学习科学的过程中,不仅需要让他们亲历科学探究的过程,也可以,而且有

必要充分利用各种艺术手段,特别是低幼文艺作品来开展科学教育,这既是学前儿童科学教育的必然要求,也是学前儿童的年龄特点使然。从孩子牙牙学语开始,他们就对那些语言生动、情节丰富、画面形象突出、色彩鲜艳的图书产生了浓厚的兴趣,也对一些美妙的音乐旋律留恋不已。文学艺术作品(以下简称文艺作品)作为学前教育活动中的重要内容,贯穿于儿童生长的全过程中,在许多的文艺作品中都融入了大量的科技内容。学龄前儿童的已有知识经验非常缺乏,而他们对周围自然界的一切又十分好奇,因此,他们的求知欲极为强烈。文艺作品中包含着丰富的科技知识,有利于扩展和丰富学前儿童的科学经验,激发他们对科学的兴趣,引导学前儿童学习科学,帮助学前儿童理解科学概念,为学前儿童提供了广阔的思维空间。通过文学艺术的方法进行科学教育,还可以使学前儿童在欣赏、学习文艺作品的过程中,感受科技对人类的影响,潜移默化地受到熏陶,从而从小培养他们对科技的广泛兴趣。另外,文艺作品多以趣味性为主,在学前儿童品味无穷趣味的过程中,他们更容易接受粗浅的科技知识,并开拓他们的视野,激发想象力,在已有科学经验的基础上,产生丰富的科学想象,从而提高学前儿童的创造力。

二、文学艺术方法的类型

可以用于科学教育的文艺作品的范围很广,主要有文学作品和艺术作品两类。文学作品包括科学诗歌、科学童话、科学故事、科学谜语等,艺术作品包括图片、照片、科学图画书、视频、歌曲与律动等。

(一) 文学作品

1. 科学诗歌

科学诗歌以向学前儿童普及科学知识为主要目的,它是科学内容与诗歌形式相结合的产物。儿童科学诗歌的种类繁多,有科学叙事诗歌、科学抒情诗歌、科学儿歌或科学歌谣等。例如,诗歌《云彩和风》:[1]

  天上的云彩真有趣,天上的风儿真能干。
  吹呀吹,云彩变成小白船,竖起桅杆,扬起风帆,小白船,飘呀飘,飘到远处看不见。
  吹呀吹,云彩变成大狮子,弓起身子,张开大口,狮子吼呀吼,吓得羊群都逃散。
  吹呀吹,云彩变成胖娃娃,头戴帽子,身穿围兜儿,跑来跑去,跟着太阳公公闹着玩。
  天上的云彩真有趣,天上的风儿真能干。

---

[1] 上海市中小学(幼儿园)课程改革委员会编:《学习活动(5—6岁)》,上海教育出版社2009年版,第224页。

2. 科学童话

科学童话又称知识童话、自然童话。它是用童话的艺术形式向学前儿童传授科学知识，达到童话性和科学性相统一的一种方法。科学童话能传达一定的科学知识，丰富启迪学前儿童的智慧，愉悦学前儿童的心情。科学童话的内容一般较浅显，情节结构安排也较单纯、简明。拟人化手法是科学童话在艺术表现上常用的手法。例如《魔法奶奶的电话》：①

> 魔法奶奶的魔法电话只有四个键，但它能拨通春姐姐、夏哥哥、秋姑姑和冬爷爷的电话。
>
> 刚吃完汤圆、拿过压岁钱的卓子急忙要求魔法奶奶打电话叫春姐姐马上回来。卓子说："冬天没有春天好，冬天要穿厚棉袄，春天可以穿漂亮的裙子放风筝。"
>
> 汤豆却说："还是打电话给夏哥哥好，春天的花粉会让人打喷嚏，夏天游泳多舒服。还有西瓜大又甜，还有莲花、莲蓬和莲藕！"
>
> 小添却要给秋姑姑打电话："夏天的太阳晒得身上疼，还是风凉的秋天好。秋日的蓝天最好看，柿子、枣子、山楂、玉米……好吃的东西数不清。"
>
> 卓子不服气："我不要绿叶变黄叶，秋雨还不如冬雪好。过年都在冬天过，过年还有压岁钱，四季里面冬季好！"
>
> 魔法奶奶拍手笑："兜了一圈又说冬天好，我说四季也像娃娃脸，有时开心有时哭，无论是哭还是笑，每个娃娃我都爱。"
>
> 忽然听见电话响，春姐姐打电话来了："现在刚刚过二月，我正准备出门来，大家耐心等一等，哪个娃娃最乖，我送一朵报春花。"

3. 科学故事

科学故事是科学内容和故事形式相结合的产物。它把科学技术上的发现、发明及发展，常见自然现象的科学道理，动植物的生活习性或其他物体的特征、性能等知识融于有人物、情节的故事之中。科学故事主要有科学生活故事、科学幻想故事、科学家的故事等。例如，《少年伽利略》。又如《在海上》：②

> 大海的夜，十分宁静。海里的动物躺在海妈妈的怀里，静静地睡着了。
>
> 咦，那章鱼怎么不睡呢？你看，它的两个触手还围着身体四周，不停地绕动哩！其实呀，它早就进入梦乡了。原来，章鱼有许多触手。它睡觉的时候，除掉两个触手围着

---

① 上海市中小学(幼儿园)课程改革委员会编：《学习活动(5—6岁)》，上海教育出版社2002年版，第162页。
② 鲁克主编：《365夜知识童话(上)》，少年儿童出版社1991年版，第414页，有修改。

身体四周不停地绕动外,其余所有的触手都卷起来睡着了。这些卷起来的触手往往睡得很死,不容易弄醒。但是,那两只不停地绕动的触手可清醒呢,只要一有东西碰到,它就会马上跳起来。这样,章鱼就可以安心地睡觉,不怕敌人侵袭了。我暗暗地佩服章鱼真有办法!

　　河豚睡觉才有意思哩。它将身子弯起来,用水草或石子作为靠背。白天,它的身体是褐色和深绿色的,但此刻睡觉时,却变为浅灰色,鳍和尾多为黑色。有了这一层保护色,敌人很难发现它,河豚也可以安心地做甜蜜的梦了。

　　大海里,睡觉最有气派的动物,恐怕是海象。你看,几百只海象像开会一般地挤在一块,睡得多有趣呀。这些海象睡觉的时候,总有一只海象不睡,给大伙儿站岗放哨,做保卫工作。海象的纪律很严明,如果站岗的海象疲倦了,上下眼皮直打架,必须推醒旁边的同伴"换岗",才能去美美地睡觉。这样,一只换一只地轮流站岗放哨,大家才能睡得又甜又香!

4. 科学谜语

谜语是通过隐喻和暗示,提供某些根据和线索供人猜测的一种隐语。科学教育中的谜语主要以具体的自然物体和某种现象为谜底,通过对该物体或现象特点的具体形象的描绘,影射谜底,对学前儿童进行科学教育。例如,谜语《鹅》:

　　头戴红帽子,身穿白褂子,
　　走路摆架子,说话伸脖子。

又如谜语《狮子》:

　　头发乱蓬蓬,样子很威风,
　　开口吼一声,百兽都进洞。

(二) 艺术作品

1. 图片、照片

图片、照片等以其内容的丰富性深深吸引着孩子,可以利用学前儿童的好奇,吸引他们的注意力,培养其观察、想象、创造的能力。例如,当教师通过图片、照片展示每个季节最显著、最主要的特征时,就能使学前儿童认识四季的变化。同时,学前儿童还可以积累关于声、光、电的经验,如什么东西会发光,声音是怎么发生的,电有什么作用,电灯是怎么回事,等等,这样既增长了儿童的科技知识,也能提高他们对艺术的兴趣。

2. 科学图画书

科学图画书又称科学绘本,通过简单的有关科学内容的画面,向学前儿童进行科学教育。科学图画书因其图文并茂而深受学前儿童喜欢。例如《蚯蚓的日记》《大眼睛看世界》等。优秀的儿童图画书,因其画面美观、颜色丰富、内容的寓意深刻而深受孩子们的喜欢。因此,无论是诗歌、科学童话,还是科学故事,都应配有彩色的图画页面。

3. 视频

视频是以动态的画面向学前儿童展示科学内容的一种方式。它能比书本更生动地为学前儿童提供大量的信息。例如,一个视频能展现蜗牛移动的细节,也能在一个较短的时间内快速地展示一种动物或植物的生命周期现象。这是一本平面、静态的书籍所不能实现的。

4. 歌曲与律动

适合幼儿的歌曲很多,其中有不少都是描述自然现象或者自然物的,例如《夏天的大雷雨》《大肥猪》《乘汽车》等。其中有一首《秋天的落叶》这样唱道:

草儿黄,树叶飘,飘在地上睡个觉。小蟋蟀,喔喔喔喔,秋天来到了。草儿黄,树叶飘,飘在地上睡个觉。菊花开了,红的,黄的,秋天来到了。

另外还有一些音乐律动,让孩子跟随音乐旋律来做一些有关的动作,而这些动作往往和自然界的内容有关,例如兔跳、蝴蝶飞、马跑、猫走等。

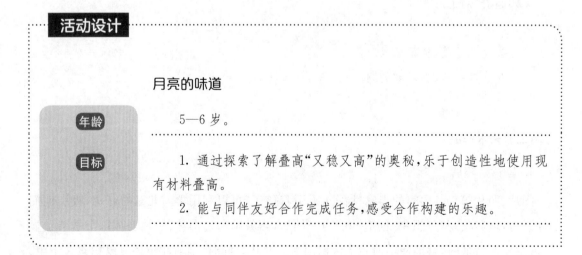

活动设计

月亮的味道

年龄 5—6 岁。

目标 1. 通过探索了解叠高"又稳又高"的奥秘,乐于创造性地使用现有材料叠高。
2. 能与同伴友好合作完成任务,感受合作构建的乐趣。

过程

1. 欣赏绘本，激发兴趣。

(1) 故事欣赏《月亮的味道》。

提问：小动物们用什么方法尝到了月亮的味道？

小结：因为月亮在天上，所以动物们合作用叠高的方法吃到了月亮。

(2) 抛出问题，引发思考。

来了只小兔子它也想尝尝月亮的味道，今天我们也用叠高的方法帮助它尝到月亮的味道。

2. 介绍材料，尝试搭建。

(1) 认识材料和工具。

提问：这些材料你们认识吗？有些什么？

(2) 提出要求：

● 运用提供的材料，两人一组合作尝试叠高。

● 探索发现任务的关键：稳、高。

(3) 幼儿尝试合作搭建，进行讨论。

提问：帮助小兔子尝到月亮的味道了吗？怎么能做到又稳又高？

3. 经验梳理，再次搭建。

(1) 幼儿再次尝试搭建。

(2) 合作探究中发现材料的可变性，尝试创造性地使用材料。

提问：大家是怎么做到的？

小结：小朋友们掌握了搭建的关键点（稳、高），同时大家通过合作想出了好方法，一起帮助小兔子尝到了月亮的味道。

以上案例是由绘本《月亮的味道》引入的，虽然绘本的内容"尝月亮的味道"看起来有点荒诞，但其中蕴含着科学探究的元素：如何搭建才能叠高。教师利用了这本绘本，在有趣的情境中使孩子自始至终有目的地进行探究。

二、文学艺术方法的运用

运用文艺作品的方法既是科学教育方法之一，同时也能促进学前儿童各个方面的发展。因此，文艺作品在科学教育中运用时，既要选择好阅读的材料，也应该对学前儿童阅读的本身加以指导。

(一) 选择适合的作品

在选择文学作品时,应考虑其内容的针对性。内容的针对性首先表现为内容应能结合幼儿园科学教育的需要,使文艺作品成为科学教育的重要内容及方法;其次表现为能符合学前儿童的年龄特点,不同年龄阶段的学前儿童所选择的文艺作品虽应有不同,但总体来说,作品应该围绕一个科学现象或概念展开其情节,避免内容松散或庞杂,使学前儿童通过文艺作品对内容留下比较深刻的印象。

在选择直接供儿童阅读的作品时,还要对材料本身进行考察。这种考察包括纸张、画面的形象、颜色、印刷质量等。一般来说,供学前儿童进行早期科学阅读的作品,应该是画面较大(最好是实物照片)、色彩鲜艳、文字少而浅显、主题突出、印刷及纸张质量好的,以吸引学前儿童阅读。

(二) 结合主题运用文艺作品

在幼儿园教育中可以结合主题活动的需要,运用文艺作品。文艺作品的作用之一,就是能通过阅读与欣赏,扩大学前儿童的眼界,使他们产生丰富的想象,并不要求他们一定要掌握材料所提供的内容。因此结合活动主题,让学前儿童接触一些与主题相关,但是又超越主题要求之外的、比较宽泛的背景,这样无疑对学前儿童是有益的。例如,在"物体的相同与不同"的主题活动中,提供了图书《安·莫里斯的帽子、帽子、帽子》,书中就展示了世界各地的帽子,强化了"物体是如何的相同与不同"。又如,在"秋天到了"的主题活动中,选择了《秋天、秋天》的歌曲,使孩子在感受秋天天气变幻的同时,释放自己愉悦的情绪。虽然,一些文艺作品,特别是图书中的内容对一些低龄的儿童来说,在理解上会造成困难,但是其中的许多内容,还是会使他们感到其乐无穷。

除了结合主题活动以外,也可以在"图书角""阅读角""科学阅读区""音乐角""小舞台"等场所放置一些文艺作品的材料,如图书、录音资料等,供学前儿童自由选择、阅读、聆听和欣赏。这些材料既可以是和主题有关的,也可以是和主题没有关系的,但是无论和主题有无关系,都应适合该年龄阶段学前儿童的特点。另外,也可以鼓励学前儿童将自己家里的有关科学的文艺作品带来,供大家分享。

(三) 挖掘文艺作品的科学内涵

文艺作品中虽有学前儿童自由阅读和欣赏的部分,但是师生共同阅读和欣赏也是很重要的。在师生共同阅读、欣赏的过程中,教师可以运用提问的方法与学前儿童一起阅读图书、欣赏歌曲,熟悉和理解图书、歌曲的大致内容。然后应围绕作品中有关科学的内容重点开展活动。在一些文艺作品中,科学的内容往往并不十分明显,需要教师注意分析和挖掘。例如在图画书《蚯蚓的日记》中有这样一段内容:"爷爷教过我们,礼貌非常重要。所以今天我对遇到的第一只蚂蚁说'早安'。'早安,你好!'队伍里还有六百只蚂蚁,我在那里站了一整天。"这样的内容是通过幽默的画面和语句来告诉我们——蚂蚁是群居的。所以,在和幼儿一起阅读到这里时,就可以进行"为什么蚯蚓弟弟会在那里站了一整天呢""这么多的小蚂蚁去干什么呢"等提问,引发幼儿的思考。在学前儿童对主要内容有所把握后,教师要鼓励他们将主要内容总结、归纳,结合作品的难点、重点,进行必要的指导,使学前儿童将作品中的细节与内容相结合,从而比较深入地理解作品的主要内容,并能体验作品中所折射出的情感。

(四)结合运用各种方法

文艺作品中的科学内容往往是学前儿童最关心的。在利用这些文艺作品丰富儿童科学活动的过程中,要结合各种科学教育的方法,并加以适当的引导。

结合观察的方法。观察是幼儿园科学活动不可缺少的内容。文艺作品中的科学知识往往是通过观察来验证的。如儿歌《七彩虹》:"雨过天放晴,太阳露微笑,双手捧出七彩虹……"教师可抓住雨过天晴的天气,带孩子们去观察彩虹出来后的景色,讲述其中的科学道理。使孩子们在观察中,通过自己感官的直接感知,相信科学,向往科学。

结合小实验的方法。将文艺作品中的科学经验付诸实践,让孩子们懂得其中简单的科学道理。例如歌曲《小红花》,是幼儿喜欢的一首歌曲,其歌词是:"花园中,篱笆下,我种下一朵小红花,春天的太阳当头照,春天的小雨哗哗下……"学前儿童通过学唱这首歌曲,不仅学习了歌唱,还可通过适当的方法理解歌词内容中的科学道理。教师可以组织小实验活动,让学前儿童亲手种植一些植物,通过植物的生长过程,逐渐明白泥土、阳光、水、空气在植物生长中的作用。

结合游戏的方法。游戏是学前儿童的主导活动,是他们最喜爱的形式,游戏中同样包含许多科学知识。例如,为学前儿童讲述科学家爱迪生的故事,不仅使大班的孩子们接受了爱科学、学科学的教育,还可以通过与他们一起玩"通电"的游戏,使科学知识贯穿于游戏之中。游戏的方法是:部分小朋友围成圆圈做"电线",双手依次拉起来便表示是接通电源了,另有部分小朋友站在圈内模拟电动玩具发动。外圈上的小朋友手一放下,就表示是断电了,圈内的小朋友就要停止活动,谁最慢就为输。

结合信息交流的方法。文艺作品中涉及科学的知识,需要孩子通过信息交流,特别是语言的方法来进行理解和提升。教师可以通过讲述、提问、讨论等各种方法,使儿童明白其中的一些简单的科学知识。

总之,在运用文艺作品进行科学教育时,因为文艺作品往往不是以单一方式呈现的,所以应该结合各种方法交叉进行,这样相互交融,手脑并用,效果更佳。

思考实践

1. 在本章中讨论的所有方法中,你认为最基本的方法是什么?并请说明理由。

2. 回忆与分析你看过的幼儿科学活动,思考信息交流方法在活动中的重要性,以及教师在运用这种方法时的要点。

3. 阅读以下资料,分析教师运用了哪几种方法来指导幼儿的学习。

科学活动"转起来"(中班)

一、活动名称:转起来

(1) 愿意尝试和探索使各种物体转动的方法。

(2) 关注生活中转动的现象,发现转动在生活中的运用。

二、活动准备

(1) 幼儿第一次探索用的物品:生活中、活动室里常见的能转动起来的物品,包括纸杯、盘子、积木、废弃的光盘、勺子、筷子、绳子、饮料瓶、呼啦圈、风车等,物品数量多于幼儿人数。

(2) 幼儿第二次探索用的物品摆放,包括:塑料齿轮玩具,当中有孔的积木、纽扣玩具、光盘,各类绳子;牙签,不同形状的、中心用针戳洞的纸片;纸杯、筷子、勺子,两只透明水缸杯中各盛半杯水;衣服。

三、活动过程

(一) 游戏:快乐小转盘

1. 引题并介绍游戏玩法

师:孩子们,瞧这是什么呀?(地上摆放彩色圆形泡沫垫代表小转盘)我们的"快乐小转盘"又要开始转啦!想玩吗?

游戏玩法:大家张开双手站在圆垫上准备。

师:快乐小转盘!

幼:大家一起转!

师:转呀转呀转呀,转出可爱的动物来!

儿歌结束时就站在原地不动,并做一个可爱的小动物的动作。然后老师倒数5个数。如果念到0,大家还能保持不动的话就算胜利。

2. 师幼一起游戏

第二次游戏时,教师播放PPT倒计时,让孩子感受游戏的快乐。

中班幼儿受知识经验所限,有时会将"转动"与"滚动"相混淆。我们知道"转动"是围绕着一个轴运动,"滚动"则是物体整体不断翻转着移动。这个游戏是让幼儿通过自身行动来体验、感受、理解"转动"。

(二) 第一次探索,让各种物品转动起来

1. 交代任务

师:你们今天转得这么快乐,瞧瞧都转出些什么了呀?(教师揭开屏风,让幼儿说说有些什么。)这些物品看见大家转得那么开心,也想玩"转起来"的游戏。请大家帮帮忙,用你们的办法让它转起来。

2. 幼儿操作,教师观察并指导

观察包括以下几个方面:

(1)当幼儿已经想办法使物体转动起来时,教师宜用提问帮助幼儿提升经验:"你用的是什么方法?"如当幼儿把长柄花放在手心并搓动使小花转动时,教师可以问:"你用的是什么方法?这个动作叫……"

(2)当幼儿已经使一种材料转动起来时,教师可以鼓励全体幼儿尝试更多的材料:"请试一试不同的材料。"

(3)有些材料可有多种转动的方法,如风车可用吹气、跑动等方法使它转动。幼儿尝试了一种方法后,教师可以用提问拓展幼儿的思维:"除了这种方法,还有别的方法能使它转动吗?"

3. 交流与分享

师:你刚才玩了什么?你是用什么方法让什么转起来了?

(这种填空式的提问能够帮助中班幼儿理清思路,使其尝试完整表达自己的探索重点。)

4. 出示图文相结合的汉字,师幼一起总结探索方法

(当幼儿说出教师估计到的一些方法时,教师就翻开已经打印好的图文相结合的汉字;当幼儿说出教师没有估计到的方法时,教师就直接在空白纸上写出此方法。虽然教师并不强求幼儿认识所有出现的文字,但以上做法可以满足部分对文字敏感的幼儿的表达需要,另外有了图解配上文字对中班幼儿来说更容易理解,同时有利于梳理归纳探索方法。)

师:你们用拨、搓、拧、转、扭……那么多方法使物品转动起来了,真了不起!

5. 引出转动和"力"有关

教师可以对选择风车的孩子提问:"刚才是怎样让风车转动的?"幼儿可能会回答:"吹。"这时,教师故意不用力吹,使风车转动不起来,然后问幼儿怎么办。当幼儿提出"用力"时,教师顺势出示文字"力",并追问:"我们刚才所想的那么多方法都要用力吗?"最后总结:"原来这些转动的方法都和'力'有关。"

在科学探索活动中,教师需要引导幼儿获得粗浅的科学知识。我们知道,转动需要两个要素:轴和力。对于中班幼儿来说,感知"力"这个要素更符合他们的年龄特点。

(三) 通过创造性地组合,第二次探索让两种物品一起转动起来

这个环节是本次活动的难点,是在幼儿掌握一定的使物体转动的方法之后,对幼儿运用方法解决问题提出的挑战。

1. 交代任务

师：看，这是什么？（教师出示手势"2"，这次代表两样东西。）接下来要增加难度了哦，请你到后面的桌子上选两样东西，让一样物品帮助另一样物品转动起来。

2. 幼儿操作，教师观察并指导

观察包括以下几个方面：

（1）当幼儿出现初步的组合意识时，教师要及时捕捉并鼓励。如：幼儿用绳子穿进光盘的中心时，教师可以提醒幼儿用力甩动绳子。一方面帮助幼儿成功，另一方面自然引导幼儿进一步体验转动要素"力"。

（2）当幼儿已经通过组合使两个物体转动起来时，教师可以通过提问"你在哪里也看见过这种转动"，引发幼儿回忆转动与生活的关系。如当幼儿用筷子在水中搅拌，使水转动起来时，教师可以提出上述问题。

3. 小结转动与生活的关系

小结：留出空间，让幼儿边上来演示边讲解。教师适当在一边总结、提炼。

选择一些幼儿上来演示创造性地转动物品，由此自然引导到生活中的转动。比如，请幼儿演示用手甩动衣服，使衣服转动，并提问："衣服除了这样转动，还可能在哪里转动？"幼儿会联想到洗衣机清洗和甩干衣服时，衣服会在洗衣机里转动。这时，教师追问："衣服在洗衣机里转动后会怎样呢？"幼儿依据自己的经验回答。教师再进行总结："转动将我们的衣服清洗干净，给我们带来洁净的生活。"如果想拓展幼儿的思维，教师可以进一步追问："还有什么会转动？"引发幼儿联想生活中更多的转动现象，从而自然达成第二条目标，即体会转动给我们带来的乐趣。

（四）游戏：想得快，说得多

师：你们发现生活中有哪些东西是会转动的呢？想得快说得多——开始！（孩子一边说，老师一边把自己事先收集好的会转的物品照片通过PPT播放出来。）

师：原来转动可以给我们带来那么多方便、那么多快乐……那么，是不是所有的转动都是有好处的呢？有没有不好的转动呢？让我们到生活中再去仔细观察和发现吧！

科学活动"影子变了"（大班）

一、活动名称：影子变了

（1）通过观察影子，使幼儿感知太阳移动会使同一物体的影子发生变化，发现时间与影子的关系。

（2）培养幼儿初步的测量意识及仔细观察、认真记录的习惯。

二、活动准备

（1）粉笔、记录卡、尺、绳子。

(2) 找一个晴朗的天气,便于活动顺利地开展。

三、活动过程

(1) 想一想：同一个物体的影子在一天中会变化吗？（幼儿讨论）

(2) 试一试：会变的影子。

幼儿在早晨、中午、傍晚画出物体的影子,并记录影子在一天中的变化。

① 自由讨论观察对象（小朋友、椅子、棍子等）。

② 幼儿到户外阳光下画影子。

(3) 量一量：影子有没有变化。

(4) 说一说：我的发现。

① 早晨小朋友的影子长,中午最短。

② 早晨和晚上小朋友影子的位置不一样。

③ 中午的时候物体的影子最短。

(5) 记一记：我的实验现象。

四、延伸活动

(1) 运用影子的原理玩"手影"游戏。

(2) 运用影子的原理制作"皮影"。

科学活动"拉力"

一、活动名称：拉力

(1) 通过活动使幼儿了解磁铁能拉着多少个回形针穿过桌子,并以此来确定磁铁的相对强度。

(2) 培养幼儿对自然的兴趣。

(3) 学习运用记录单的方式来记录所了解的信息。

二、活动准备

(1) 不同型号和强度的磁铁（每个幼儿一块）,并用不同的颜色标记不同的磁铁。

(2) 准备大量不同长度的回形针条（即由多个回形针组成的长条）。

(3) 记录单（每个幼儿一张）。

图4-7 记录单

三、活动过程

(1) 让每个幼儿在回形针条的一端放一块磁铁,并慢慢地拉着回形针条走。

(2) 提问:磁铁拉动回形针条了吗?如果没有,让幼儿试着拉一根短一些的回形针条。磁铁能拉动的最长的回形针条是哪根?

(3) 当幼儿已经发现磁铁能拉动的最长回形针条时,让幼儿在记录单上为回形针条中的每一个回形针做标记。

(4) 让幼儿用几块不同的磁铁重复这个过程。

(5) 提问:哪块磁铁力量最强?哪块磁铁力量最弱?哪些力量相等?

第五章　幼儿园科学教育活动的设计与指导

　　幼儿园科学教育活动是指教师利用周围环境，为幼儿提供材料和机会，使幼儿通过自身感官去探索周围世界、获取信息、发现问题、寻找答案的一种活动。首先，这种活动是有目的、有计划的教育过程，并不是幼儿随意自发的活动，应当在教师的组织和指导之下，以幼儿为主体，有目的、有计划地进行。其次，这种活动是引导幼儿主动活动的过程，没有幼儿积极主动的参与，教育目标是不可能达到的。再次，科学教育活动是多种形式的教育过程，包括专门的科学教育活动、渗透的科学教育活动等。

第一节　幼儿园科学教育活动概述

一、幼儿园科学教育活动的结构

　　结构一词，原指房屋的构造，如砖木结构的房屋、钢筋混凝土结构的房屋。也可以用来表示某一事物各个组成部分的搭配和排列，如文章的结构、语言的结构等。将结构这个词引用到科学教育活动中，是可以将科学教育活动结构看作是某类活动的各个组成部分的搭配和排列。

（一）专门的科学教育活动

　　专门的科学教育活动，是教师按计划安排专门时间组织全体幼儿参加的活动。按教师指导程度的不同，又可以将专门的科学教育活动分为预定性科学教育活动、选择性科学教育活动和偶发性科学教育活动三种。

　　1. 预定性科学教育活动

　　预定性科学教育活动也称正规性科学教育活动。它是指由教师根据学前儿童科学教育的目标和任务，有计划、有目的地选择课题，决定学习的内容、学习的方法和技能，并提供相应的材料,以达到教育目标的形式,是在教师指导下开展的科学教育活动。例如,认识"电"的活动,教师预先选择课题,设计活动方案,准备家用小电器、小电珠、电线、电池等相应的材料,并通过教师的指导开展活动。

预定性科学教育活动是在教师预先计划好的、确定一个统一目标的前提下开展的,教师在整个活动到中起了重要的作用。从根据幼儿的情况确定目标,精心选择内容,创设环境,准备材料,到组织、实施活动计划的整个过程,都离不开教师的指导作用。虽然教师要考虑幼儿的不同差异,因人施教,但更要保证每个幼儿都参与到预先设计好的活动中去。

预定性科学教育活动的组织形式可以根据活动内容及班级幼儿的实际情况、幼儿的具体条件,以全班或分组的形式进行,也可以个别形式进行。采用全班集体活动的形式,应考虑活动场地条件,是否能让每个幼儿都有活动的余地及充足的材料,同时还要考虑在活动中对不同能力水平的幼儿应有不同的要求。而分组活动的形式则可按年龄或幼儿发展水平情况来定,有时也可根据学习内容的要求而采取分组形式。分组活动形式又可分为两种:分组同时进行和分组轮流进行。分组同时进行是指将班级幼儿分成若干小组,各小组探索的内容或操作方式可有所不同,教师分别予以指导。分组轮流进行往往是因为受到材料、场地、师资等条件的限制,教师先后对两个以上小组的科学探索活动进行指导,幼儿交替地参与活动。个别幼儿的形式则是各个幼儿从自己的发展水平出发,自由选择和决定学习方法,教师作相应的指导。总之,不管采用以上哪一种活动形式,都要保证让每一个幼儿参与教师计划好的活动,并力求全班达成预先确定的活动目标。

2. 选择性科学教育活动

选择性科学教育活动又称非正规性科学教育活动。它是指幼儿在科学活动室(桌)、自然角或活动室的区角等设施内进行的科学教育活动。选择性科学教育活动需要教师为幼儿创设一个宽松和谐的环境,提供丰富的材料和设备,供幼儿按自己的意愿和兴趣,从自己的发展水平出发选择活动的内容,决定学习的方法。例如,在一个科学活动室内,有的幼儿选择了放大镜和各种种子,他们运用放大镜比较各种种子的不同;有的幼儿选择了电珠、电池和电线,他们在做会发光的小电珠的实验……在这样的活动中,幼儿的探索活动比较自由,教师除了为幼儿创设条件、提供设备外,也可作少量指导,特别是当幼儿在探索过程中发现了问题、遇到了困难时,教师可作启发帮助,提出些思考性的问题,鼓励幼儿继续探索。

选择性科学教育活动是根据幼儿自己的意愿和兴趣来选择并进行操作的,所以更能激发幼儿学习科学的积极性与主动性,当幼儿发现了自己从未注意到的科学现象,或是问题得到圆满解决时,能让幼儿充分感受到自己的能力或成功的喜悦,引起再探索的愿望,并能因此增强幼儿的自信心,发展幼儿良好的个性品质。选择性科学教育活动还有利于幼儿独立能力和交往能力的培养。由于这种活动形式往往以幼儿个人选择为活动方式,幼儿是通过独立操作来完成任务的,所以,在这样不断的独立操作、积极探索、获得发现、表达交流的过程中,培养了幼儿的独立能力。选择性科学教育活动又是自由宽松的活动,可以三三两两地与同伴商量、合作,进行操作及交流各方面的信息,幼儿在这样的活动过程中,学习了如何合作,如何交流、表达,这对发展幼儿的交往能力及社会适应性都有很大的促进作用。

选择性科学教育活动没有固定的组织形式。根据幼儿的意愿及活动的需要,有的是以个别形式进行活动,有的是以几个同伴或小组的形式进行活动。

预定性科学教育活动与通常所说的预设性活动并不是一个概念。所谓的预设性活动是指教师根据课程目标和幼儿的兴趣以及已有的经验,对环境布置、材料提供、活动内容和方式等进行有计划的设计和安排。其要点是教师对活动内容、方式、材料等的预先设计。而预定性科学教育活动不仅预先设计了活动内容、方式、材料,而且往往以集体活动的形式开展。选择性科学教育活动虽然允许幼儿自由选择,但其材料、内容、环境也是预先设计的,所以也是一种预设性的活动。

3. 偶发性科学教育活动

偶发性科学教育活动是指由外界情景诱发引起,并围绕着偶然发生的科学现象展开的一种科学探索活动,是科学教育中特有的一种活动。例如,初冬的早晨,突然起了大雾,教师立即组织幼儿对这种不常见的天气现象进行观察、交流。偶发性科学教育活动与幼儿的日常生活、周围物质世界紧密联系,在不同的时间、不同的地点都可能发生。这种活动延续时间的长短,由幼儿的探索兴趣和教师的指导决定。偶发性科学活动的参加人数也比较宽松,可按集体、小组、自由结伴或个人单独的形式进行,完全凭幼儿的意愿进行组合。

由于偶发性科学教育活动是由外界情景中偶然发生的事件引起的,因此,教师事先既没有活动计划,也不可能为活动提供设备和材料。正因为是偶然发生的,所以,幼儿都极具好奇心,愿意进行探索,有助于发展幼儿对科学的兴趣及探索精神。

偶发性科学教育活动的内容十分广泛,周围环境中的各种事物现象都可以成为幼儿观察、探索的对象。例如,突然飞进活动室的一只小鸟,下雨前池塘上空低飞的蜻蜓,蚂蚁搬家,等等。有很多内容又是教师不能设计和准备的,例如天空中的彩虹等。这种特点是预定性科学教育活动、选择性科学教育活动都不具备的。

综上所述,专门的科学教育的三种活动形式,即预定性科学教育活动、选择性科学教育活动和偶发性科学教育活动,都对完成和实施学前儿童科学教育的任务起到了重要作用。它们三者是密不可分的,三种活动形式在幼儿的一日生活中,彼此联系、相互补充,又可以相互转换。选择性科学教育活动可以是预定性科学教育活动的前期导入活动,也可以是预定性科学教育活动的扩展延伸;在选择性科学教育活动、偶发性科学教育活动中,幼儿感兴趣的、有教育价值的活动内容也可引入有计划的预定性科学教育活动中。三种活动有机地结合,既能发挥各自的特殊作用,又可共同促进幼儿的智力技能和情感、态度等方面的发展。例如,在进行预定性科学教育活动"沉与浮"之后,有些幼儿兴趣仍未减,就可以将这一内容放入科学活动室或区角(域)中让幼儿继续探索。又如,幼儿发现了正在搬家的蚂蚁并很感兴趣,教师可将这一内容纳入计划中,进行预定性科学教育活动,帮助幼儿探索。

(二) 渗透的科学教育活动

1. 日常生活中的科学教育

在幼儿一日生活中,时时处处会遇到许多有关科学的问题。例如,在洗手时了解水的特性,散步时发现了小草的萌发,进餐时接触的各种蔬菜,等等。教师都可以不失时机地结合日常生活进行科学教育。例如,进餐时介绍今天所吃蔬菜的名称、主要特征,了解其味道;散步时引导幼儿观察开放的花朵;午睡时引导幼儿不蒙头睡觉;等等。在日常生活的点点滴滴中进行科学教育。日常生活中的科学教育,使幼儿在生活的同时,也学习了科学,日积月累,获得了大量的科学经验,也培养了相应的能力及态度,同时也丰富了幼儿的生活,促进幼儿的身体发育。

2. 其他教育活动中的科学教育

科学学习还渗透到幼儿园的其他教育活动中。例如,语言教育的任务之一是丰富幼儿词汇,发展幼儿思维和口语表达的能力。在进行语言教育的过程中,幼儿必须要有对周围世界的认识,否则他们就无法理解词义,不理解词义的词汇再多也不能成为思维的工具,可以说幼儿的语言是在认识客观事物的过程中发展的。又如,在进行数教育的过程中,要使幼儿理解并掌握数的概念,就必须结合认识具体的实物进行,科学教育中幼儿获得的感性经验是幼儿数概念形成的基础。音乐和美术是人们用艺术手段表现对客观现实的认识,一首歌、一幅画,都反映着一定的社会和自然的内容。所以,在对幼儿进行音乐和美术教育的同时,也在对他们进行科学启蒙教育。在幼儿进行体育活动时,根据幼儿思维具体形象性的特点,幼儿园的体操与发展基本动作的走、跑、跳等体育活动常常是采用一些动物的形象和游戏的方式。所以,在进行体育活动时,幼儿也接受了科学教育。

3. 游戏活动中的科学教育

游戏是幼儿的主导活动,是幼儿通过模仿和想象对现实生活创造性的反映。幼儿在游戏过程中,为了使游戏顺利地开展,必定要对周围世界进行仔细的观察和了解,否则游戏内容就要枯竭,游戏就不能成为教育幼儿的重要手段。例如,在进行建构游戏"美丽的城市"时,幼儿在进行拼搭前,一定会对城市的建筑、绿化等有比较细致的了解,然后才能动手拼搭。而且在游戏过程中,幼儿在对某一部分的拼搭有困难时,他会再次去观察、思考,这样就扩大了幼儿的眼界,丰富了他们对周围环境的认识。

二、幼儿园科学教育活动过程的特点

幼儿园科学教育活动过程是教师引导幼儿学习科学的过程,也是幼儿在教师指导下对客观世界的认识过程。

(一) 幼儿园科学教育活动过程是师生双方活动的过程

幼儿园科学教育活动过程,包括教师的"教"和幼儿的"学"。我国古代《学记》就指出"学学半",意思是教与学是一件事情的两个方面,说明教和学是矛盾的两个方面。教师的"教"是以幼儿的"学"为基础的,是外因,是条件,是第二位的原因;幼儿的"学"是内因,是根据,是根本的原因。幼儿园科学教育活动过程是师生双方活动的过程,也就是说科学教育活动过程是通过教师与幼儿之间的相互关系来展开的。虽然幼儿的"学"是科学教育过程中的内因,是根本原因,教师的"教"只是外因,但通过教师的"教"可引起幼儿的"学"。作为教师,应相信幼儿的能力和潜力,大胆放手,允许幼儿进行相对独立的探索活动。通过教师的"教"对幼儿的"学"进行指导,也即教师在科学教育活动中起主导作用。教师的"导"就是要导出幼儿的积极性、主动性。

教师在幼儿科学教育活动中的主导作用表现在:

指导幼儿"在探究中认识周围事物和现象"(《指南》)。引导幼儿掌握一些学习科学的方法,培养幼儿"具有初步的探究能力"(《指南》)。通过各种方式调动幼儿学习科学的积极性、主动性,使幼儿"亲近自然,喜欢探究"(《指南》),培养幼儿形成对科学的正确态度、良好的个性品质。

教师的主导作用,不仅表现在预定性科学教育活动中,也表现在选择性科学教育活动和偶发性科学教育活动中;不仅表现在班级内、园内,也表现在班级外、园外,以及幼儿的一系列科学活动之中。

教师要发挥其主导作用,首先必须具有良好的科学素养,这样才能更好地指导幼儿探索科学。教师的"教"是以幼儿的"学"为基础的,教师还要研究幼儿学习科学的实际,包括熟悉幼儿的年龄特征和个别差异,以及他们的有关科学知识的水平和认知发展水平,这样才能有的放矢地进行有效的教学;教师还要研究科学教育的手段、方法,激发幼儿的学习兴趣和求知欲,以及探索精神,引导他们积极思考,并运用经验解决一些生活中遇到的科学问题。

幼儿在科学活动过程中是学习活动的主体,在科学教育活动中,教师的主导作用是重要的,但如果没有幼儿主动积极的参与,没有幼儿能动性的发挥,教师的主导作用就无从谈起。

(二) 幼儿园科学教育活动过程是幼儿重演科学家科学活动的过程

在科学教育活动过程中,幼儿获得科学经验和认识周围事物、现象都是在教师指导下,主要通过接受前人的经验进行的,这是幼儿科学教育过程的重要特点之一。

虽然,一切真知都是从直接经验发源的。但不能事事都来自直接经验,事实上多数的知识都是间接经验,例如一切古代的和外域的知识。因此,就知识的总体和知识的总和来讲,都来自直接经验。但是就个体知识来讲,不论是在实践中总结出的经验、理论,还是科学研究中的新发现,大都是以掌握间接经验为中介的。但是没有一定的直接经验作基础,就不可能掌握相应的间接经验;不通过"探索未知"的实践,就不可能培养幼儿的科学能力。特别是一些"已知"的东西,对幼儿来说仍属"未知"。所以幼儿学习间接经验的过程,与科学"探索未知"的过程有某种程度上的一致性或相似性。幼儿科学教育活动过程就是使这两种过程有机地统一起来的过程。

真正的科学家和我们的"小探索家"有基本的相似点,也有重要的区别。幼儿一般不会选择做实验用的有结构的材料。教师把材料放在幼儿面前,随后幼儿可以自由地、按自己的愿望支配那些材料。幼儿能在一个很短的时间内发现科学家已知的东西。幼儿也是在实验中,特别是在讨论中开始形成概念的。他们具有一个科学家最起码的经历:当面对不知道的东西时,假设、猜测,自己进行探索,受自己的直觉预感的支配,和伙伴们分享各自的发现,共同合作作出解释,并对解释性的理论进行验证。科学家将自己的成果发表出来,幼儿则把自己的发现讲出来,有时由他们讲述后请教师写下来,有时用非文字的形式记录下来供大家交流。人类认识真理的过程是漫长而曲折的,要经过反复的实践,在挫折和失败中不断寻找正确的道路。但是幼儿在科学活动过程中,由于有前人的经验和教师的指导作用,因而大大简化和减轻了这种挫折并缩短了时间,较易较快地接受了人类已经发现而且验证过的真理。为了培养他们将来有可能去发现新的科学知识的能力,我们希望幼儿要像科学家那样去探究自然,主要是为了发挥幼儿的创造性,从小培养他们勤奋学习、刻苦钻研、独立思考、发挥主观能动作用等品质,学习、发展科学探究能力,并不是要求幼儿像科学家那样去探索新的课题,在科学领域里有所创造发明。

在科学教育过程中,教师要注意创造条件,组织幼儿通过观察、实验、参观、劳动等实践活动,接触实际,获取科学(直接)经验。尽量使幼儿通过感官直接接触实物、标本、模型、图片等直观具体的东西,自己动手,获得感性认识。一方面,这些活动符合幼儿的年龄特征,可以促使他们为今后学习间接经验打下基础;另一方面,可以培养他们像科学家那样探究未知的能力和独立学习的习惯,为将来在没有教师指导的情况下,能继续独立学习,解决实际问题打下基础。

(三) 幼儿园科学教育活动过程是科学知识教育、科学方法教育,以及科学精神、科学态度培养相协调的过程

在科学教育活动过程中,幼儿的科学知识、科学方法、科学精神和态度是相互作用及协

调发展的,这种教育的成功带来的是完全人格的发展。在科学教育活动中,幼儿在教师精心设计与组织的环境中进行各种科学探索活动,用放大镜观察昆虫,仔细倾听周围的声音,等等。在这样的过程中,幼儿不仅获得大量有关周围世界的感性知识,同时也使幼儿学习到科学的方法:分类、测量、观察、实验……另外也发展了"学科学、用科学"的能力,包括观察能力、实验能力、逻辑思维能力、想象能力、创造能力以及实际动手能力等。目前,科技迅猛发展,新知识增长很快,这同时也加速了知识老化的进程。在科技发展迅速和知识不断更新的时代,儿童除了学习知识外,还需要培养他们迅速掌握新知识的高水平能力。因此,在幼儿获得知识经验的同时,必须培养和发展他们的科学探究能力,这是学前儿童科学领域发展的核心目标。

例如,幼儿在"各种各样的气味"的活动中,通过用鼻子闻,了解了各种气味,这里不仅让幼儿知道世界上有多种气味,也使他们掌握通过闻的方法,能区别不同的气味,并且能进一步区别不同的物质,既获得了知识经验,又发展了能力和学习科学的方法。另外在这样的过程中,幼儿的科学精神和科学态度也得到了一定的发展。在自由、充分的科学探索中,幼儿的好奇心不断地被激发,又不断得到满足,好奇的探索使幼儿形成对科学的兴趣。幼儿在科学教育中所形成的对科学的兴趣,是他们长大以后在科学世界中进行探索、不断进取的动力,也为他们今后适应未来社会奠定了良好的基础。

总之,幼儿园科学教育活动过程的特点就在于,它是师生双方活动的过程,是幼儿重演科学家科学活动的过程,是幼儿获得科学经验的过程,是科学知识教育、科学方法教育、科学精神和态度教育协调统一的过程。

三、幼儿园科学教育活动设计与指导的要求

幼儿园科学教育活动设计与指导的要求,是科学教育活动设计应遵循的基本准则,它既体现了某种理论观点和学前儿童的年龄特点,又反映了科学教育活动的客观规律。针对幼儿园科学教育活动设计与指导而言,应遵循以下几方面的要求。

(一) 发展性

发展性要求是指设计幼儿园科学教育活动时,应着眼于促进学前儿童全面的发展。发展性要求应包含两层含义:一是所设计的科学教育活动应适应学前儿童的发展水平,不可任意提高,也不可盲目滞后,所提出的教育要求和内容应以学前儿童身心发展的成熟程度为基础;二是科学教育活动应能体现早期教育的特征,促进学前儿童尽可能地获得全面和谐的发展。幼儿园教育的目的是儿童能得到尽可能的发展,科学教育作为幼儿园教育的一个内容和途径,其目的当然也不例外。科学教育活动总是为特定的儿童群体或个体设计的,科学教育目标的确定,是在了解学前儿童现在已经能够做什么、知道什么、具备哪些能力的基础上,

提出进一步的要求。也即要在学前儿童现有发展水平的基础上，找到苏联心理学家维果茨基提出的所谓"最近发展区"，[①]或者说是发展的新的可能性。例如在大班进行"四季轮换"教育活动，必须首先了解儿童原有的发展水平，并了解儿童通过之前的学习，已经获得了哪些知识经验，形成了哪些概念，又具备了哪些能力……才能确定进行怎样的设计，来促进儿童在原有的水平上得到发展。必须指出的是，不应当把这种发展的新的可能性理解为必然的、自发的发展，而必须把教育影响这一因素考虑进去，换言之，是在教育影响下，学前儿童可能学会什么、理解什么，体现教育参与发展、引导发展，而不仅仅是让学前儿童自然发展。

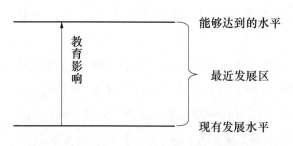

图 5-1 两个发展水平与教育影响之间的关系

图 5-1 说明了两个发展水平与教育影响之间的关系。有无教育影响或有无适宜的教育影响，儿童发展的方向与可能性是有区别的。当然在这里必须注意"两个发展"水平之间的匹配程度，或者说是"差距"要合适。一方面是儿童在适宜的教育影响下可以做到的，另一方面要注意不要人为地加速儿童的发展。例如，在进行"空气"的科学教育活动时，有的教师把"空气"的教学目标定为"让儿童了解空气是地球的'大衣'，地球上到处都有空气，空气无色无味，看不见，摸不着，很轻，压力大，空气能维持生命、传播声音、助燃，日用品与玩具需要空气"。这样的目标就是学前儿童难以达到的。

在设计科学教育活动时，达到发展性要求应注意以下几个方面：

第一，要把促进学前儿童发展作为科学教育活动设计的落脚点。也即在设计科学教育活动时首先应考虑的是"活动"对儿童的发展有什么作用。例如，在帮助学前儿童获得科学经验上有什么作用，或在发展学前儿童的能力、技能上有什么作用等。如果一味停留在原有经验上，只是让儿童不断重复原有经验，无疑这样的学习是毫无效益的，对孩子的发展也就没有意义。

第二，促进学前儿童的发展应是全面的。从理论上讲，幼儿园科学教育三个方面的目标是并重的，它们不存在孰轻孰重的问题，更不能只注重某一方面，而偏废了其他方面。例如，过去有些教师对知识的传授比较重视，而忽视了培养能力与发展科学情感、个性等方面的目标。但是如果相反，只是关注能力的培养，这样的活动，也是不可能达成目标的。在每次具体的科学教育活动中，可以在某方面的培养上有所侧重，但不能偏废。一个好的活动设计应该是把达到三方面的目标有机地结合起来的。

[①] "最近发展区"意指要确定儿童的发展水平与教学的可能性的实际关系时，应当确定两种发展水平：一种是儿童在独立活动中所达到的解决问题的水平，另一种是在有指导的情况下借助成人的帮助所达到的解决问题的水平，两种水平之间的差异，便是儿童的最近发展区。

(二) 趣味性

趣味性要求是指设计与指导科学教育活动时,应充分考虑学前儿童的兴趣和需要,并能激发学前儿童学科学的兴趣。兴趣是人对客观世界的一种选择性态度,它具有明显的情感色彩。当人的选择持续倾向于特定的对象,表现为对某种活动或事物的关心和爱好,同时伴有一种积极的情绪时,这种情绪往往是一个人活动成功的保证。因此,兴趣是幼儿进行科学学习的心理推动力。趣味性要求包含两层含义:一是设计的科学教育活动要考虑幼儿兴趣所在。幼儿年龄尚小,他们对于一些活动的、色彩鲜艳的、不熟悉的事物往往会非常好奇。教师在设计活动时,如果能利用幼儿的这种心理特点,设计的科学活动能吸引幼儿的注意,使之产生浓厚的兴趣,幼儿就会积极主动地参与到科学探究活动中来,并且得到一种精神上的满足。二是通过所设计的科学教育活动,能引发幼儿对科学探究的兴趣。虽然幼儿对探究对象的好奇和兴趣,能使幼儿始终保持积极的学习状态,但是事实上,幼儿不可能对所有的对象都感兴趣,也不可能所有的幼儿都对某一对象感兴趣。而且有时候,幼儿感兴趣的内容,也并不一定是有益的。即"满足幼儿的兴趣和需要本身并不是幼儿园教育的终极目标,而只是实现终极目标所必需的"。[①]

在设计科学教育活动时,要达到兴趣性的要求,可以在以下几方面加以特别的注意。

首先是制定的活动目标不能脱离儿童的原有水平与生活实际,对于年幼的儿童来说,科学教育的主要目的不是要求幼儿掌握知识,而是培养幼儿的探索态度、求知欲以及发展他们的探究能力。过高的目标和不切实际的要求,容易导致幼儿有失败感,并因此而挫伤了他们的兴趣,因此太难的教育内容和太深奥的科学原理,都是不适合的。

其次,在活动过程中,可以设计丰富多样的活动形式。设计幼儿园科学教育活动要重视幼儿自身的操作,教师不仅要让幼儿看与听,更重要的是让幼儿亲自动手操作。例如让幼儿认识自己的小脚,脱去鞋袜,用手摸一摸,试着走一走各种不同的地面,如硬的、软的、光滑的、粗糙的、木地板、石子、凹凸的地面。在脚上沾上不同的颜色印脚印,或者闻一闻自己的脚,这些都令幼儿觉得自己平时并不注意的小脚很有趣,同时对自己的发现很惊奇,使幼儿始终对活动保持着很高的兴趣。如果采取让幼儿被动接受的方式,或者活动形式单一,会使幼儿很快因感到枯燥乏味而失去兴趣。

在设计活动的过程中,还应挖掘科学教育内容自身的趣味性。科学活动内容涉及面广,包罗万象,其中很多是孩子感兴趣的、喜欢的,例如,熊猫可爱的憨态、菊花品种的千姿百态等,都是容易引起幼儿兴趣的内容。但是也有一些对幼儿来说是关键经验,却并不是幼儿感兴趣的内容,在设计活动时,必须挖掘这类内容自身的趣味性。例如前例所说的关于对自己

[①] 李季湄:《关于幼儿园课程的几个问题——幼儿园教育目标、课程目标及其课程模式》,《学前教育研究》2001年第1期,第27—30页。

小脚的探索,幼儿一般并不会对自己的脚感兴趣,但是如果我们充分挖掘内容的趣味,将周围自然界的奥秘用各种方式呈现出来,就会使幼儿兴趣无穷。

重视活动过程的吸引也非常重要。科学探索的过程,是幼儿科学兴趣发展的催化剂。幼儿虽然年龄小,但是存在着对自然科学现象的爱好。只要适当地引导,这种潜在因素就能被激活,使他们对科学产生浓厚的兴趣。当幼儿对现象发生的原因,比对他们所发现的科学现象本身更感兴趣时,就说明他们正在发展一种更高层次的科学兴趣,这种兴趣不单单由事物的刺激所引起,而是一种探索欲望的表现,教师的活动设计应该有助于幼儿科学探究过程的进行,促进学前儿童好奇心的满足和科学兴趣的发展。

总之,设计的科学教育活动应该既能满足幼儿的好奇心,又能不断促使幼儿产生新的好奇。

(三) 开放性

开放性要求是相对于封闭式的教育活动而言的。开放性要求是指幼儿园科学教育活动是一个开放性的系统,科学教育活动应为幼儿创设操作的环境,让他们自己去实践、研究;给予幼儿探索的线索,但不是直接指定探索的方向;鼓励幼儿产生多种多样的想法,允许他们得出不同的结论。总之,在科学教育活动中提出开放性的要求,是由科学教育的本质特征所决定的。在封闭、程式化的科学教育活动中,教师对每一个教育内容、每一个活动环节,甚至每一个提问都制定了详细的活动程序,更为甚者,在活动过程中,一切都按事先编制好的程序进行,不顾幼儿当时的情况,单向、传递式地进行,教师始终处于绝对权威和控制整个活动的地位,而幼儿完全处于被动的地位。开放性则要求教育活动没有千篇一律的固定程式,强调根据具体的活动内容和活动对象灵活多变具有弹性,否定对幼儿的严格控制,鼓励和倡导让幼儿按自己的想法去寻找结论。幼儿的科学学习内容应该来源于他们的生活,使幼儿在积极探索、教师适当指导点拨的自由气氛中进行自主的学习。

教师在进行科学教育活动设计时,应按以下做法设计出开放性的,而不是封闭性的幼儿园科学教育活动。

开放性体现在活动内容上,强调科学学习的内容要联系幼儿的生活实际,整个科学教育活动,从开始到结束,都应该同幼儿的生活经验联系起来,一次活动的开始应该来自幼儿已有的经验,而每次活动的结束则应使幼儿有进一步探索的可能,成为获取新经验的开始。同时,科学活动的内容要渗透时代的精神,体现科学技术发展的新成就。

开放性体现在教学方法上,要求教师精心设计活动情境,给幼儿创造一个开放的探索环境,提出能启发幼儿积极思考的问题。即使在座位的安排上,也应该有助于幼儿和教师之间、幼儿和幼儿之间的多向交流,创设一个促进幼儿自由探索、自由发表想法的环境气氛,幼儿有较大范围的自由度,能够自由地进行操作,进行开放式的思考,与教师、其他同伴进行自由的交往活动。教师提问也应是开放式的提问。教师的提问从开放性程度来区分,可以分为开放式的问题和封闭式的问题。其中开放式的问题是指一种问题可以有多种的答案,而不是只有唯一的一种答案。教师多提开放式的问题,有利于活跃幼儿的思维,从多种角度去考虑问题,也有利于发展幼儿的创造性。

开放性要求体现在活动的组织形式上,要沟通各种途径的科学教育活动。从科学教育活动的形式来看,无论是哪一种活动都是开放的,即预定性科学教育活动可以来源于选择性科学教育活动,而预定性科学教育活动结束时又可引入选择性科学教育活动。选择性科学教育活动可以是预定性科学教育活动的来源,而偶发性科学教育活动也不是孤立的行为,往往成为一个预定性科学教育活动的开始。同时,幼儿园科学教育活动与家庭、社区的科学教育活动也是相互开放的。幼儿园科学教育活动可以延伸到家庭、社区,并且相互联系起来。

(四)活动性

活动性要求是指科学教育活动的设计和组织应以活动为基本形式。活动,是人在与周围环境积极的相互作用中有目的地影响客体以满足自身需要的过程,是积极地对待客观现实,并建立起与客观现实之间联系的形式。幼儿最初获得的各种科学知识、技能和个性都是在活动中逐步形成的。活动是人的心理发展的基础与源泉。幼儿的科学学习离不开幼儿主体的活动。幼儿的发展是通过不断地获得经验而实现的。这些经验不是由教师灌输给他们,强迫他们去获得的,而应通过他们自身的操作活动,与事物产生交互作用去获得,是一个主动的发现过程。

强调活动性的要求,就是要通过科学活动,使幼儿在活动中动手、动脑、动口,通过他们自身的操作活动与环境发生交互作用,从而获得经验、得到发展。这里的活动指的是幼儿与材料、周围环境间的相互作用,包括幼儿的感知活动和操作活动等,幼儿只有通过活动,才能得到发展。

在科学教育活动设计中坚持活动性要求,应注意以下几方面。

要正确把握活动的实质。引导幼儿积极充分地进行活动,并不是指形式上让幼儿动一动。幼儿的认知产生于活动中的操作,可操作的对象不仅是客观的物体,还包括内部的智力活动或语言活动。设计的科学活动应该使幼儿在有计划、有组织的多种活动中接受教育影响,更好地得到各方面的发展。

要提供充分活动的机会,创造各种活动的条件。要使幼儿真正能在活动中学习,依赖于教师所创造的各种活动机会和条件。这些活动机会和条件包括:充分的活动时间、充分的操作材料、充分的活动空间与机会,以及教师与幼儿相互作用的条件、教育内容的条件、教学教具条件等,这样让幼儿能积极主动地活动起来。

设计的活动要从讲科学变为做科学,能使幼儿积极地参与各种活动,并在活动中获得亲身体验。在参与活动中,幼儿会碰到教师设计的一些问题情境,因为面对着已有经验无法解决的问题,就会造成认知冲突。幼儿会通过动手操作、用脑思考、互相交流来探究问题的答案。通过积极的动脑、动手、动口,探索、实际操作,亲自获取知识和经验,并且运用所学到的科学知识和经验,在获取知识经验的过程中,促使幼儿不断地探索,从中培养分析问题、解决问题的能力。

设计的活动要注重过程而不是结果。需要说明的是,科学活动并不是真正的不要结果,作为教育,如果连结果也不要,那就根本谈不上是教育。这里的不要结果,是指单纯地通过注入式教学获得的结果,是指只是注重知识获得的结果。科学探究活动的本质,不是简单的知识或内容的传授,而是过程或程序。这种科学教育活动不是将结果或内容直接灌输给幼儿,而是通过让幼儿亲历发现过程,积极参与活动和实践探索,从中培养幼儿初步的获取信息、处理信息,以及运用信息解决实际问题的能力。教师则应创设宽松自由的探究环境,使幼儿主动地发现问题,积极地探索,亲身体验,进行主动建构。

(五) 整合性

整合性要求是指在科学教育活动设计中,将科学领域不同的内容、目标、活动形式进行有机的整合。也是指将幼儿园课程各学习领域的目标、内容进行适当的整合。

《幼儿园工作规程》提出,幼儿园教育的任务"德、智、体、美各方面的教育应当互相渗透,有机结合",各方面的教育内容要"综合组织",在幼儿园教育的途径和方法问题上,提出要"充分发挥各种教育手段的交互作用"。《幼儿园教育指导纲要(试行)》指出:"教育内容的组织充分考虑幼儿的学习特点和认识规律,各领域的内容要有机联系,相互渗透……"[1]《指南》也指出:"关注幼儿学习与发展的整体性。儿童的发展是一个整体,要注重领域之间、目标之间的相互渗透和整合,促进幼儿身心全面协调发展,而不应片面追求某一方面或几方面的发展。"无论是国家的法规文件,还是目前幼儿园课程改革的现状与趋势,都要求在设计科学活动时要考虑活动的整合,综合地思考,综合地设计。

当前幼儿园课程,无论是哪一种具体的模式,大多是以整合课程为主要模式。整合课程是以教育内容的性质和组织方式为标准来定义的。所谓的整合课程,简单地讲,就是将课程中各种因素综合化的课程,而整合课程中最为常见的是通过主题进行。主题活动则以幼儿的实际生活经验为基础,从幼儿的需要和兴趣出发,用"主题"或"单元"的名称,围绕一个中心课题来组织幼儿的学习经验和生活经验,也包括相关的学科内容。琳达认为:"在问题解决的活动中,以科学和社会学习两个领域为核心的综合活动是最为合适的。一种值得推荐的综合方法是,首先在基于这两个学习领域的教学活动中展示科学和社会学习的领域的研

---

[1] 中华人民共和国教育部:《幼儿园教育指导纲要(试行)》,第三部分"组织与实施"第六条。

究,随后运用数学和语言技能,有些活动还可以将音乐、戏剧、美术等领域结合进来,以给予创造性的机会。"①学前儿童科学教育有两种不同的设计模式,第一种是以学科为背景的科学教育,另一种是以主题为背景的科学教育。无疑现在的科学教育是后一种模式。以往,科学教育往往被视为发展智力、培养科学教育探究能力的重要、唯一的领域。如今,正如琳达所描述的那样,科学教育是以科学领域为核心的综合活动。合作、分享、交流、尊重和理解他人,这些过去属于社会、语言、艺术领域的目标也进入了科学教育的领域。"沟通"(绘画、图表、语言、肢体动作)甚至被作为幼儿科学探究能力的四大基本组成成分之一。在科学活动中,包括预定性科学教育活动和选择性科学教育活动,都与幼儿各领域的发展紧密结合,自然地开发科学教育内容所蕴含的多方面的教育价值,是设计科学教育活动的重点所在,大体可以从以下几方面考虑。

科学教育活动目标的整合。科学教育对幼儿的培养是多方面的,既要使幼儿获取一定的科学知识经验,也要发展幼儿的能力、兴趣、科学情感和态度。这些是同一过程必然获得的几方面的结果,偏废任何一方面,都不可能达到良好的效果。目标整合是指各方面目标之间要统一设计,促进幼儿身心和谐地发展。例如在科学探究活动中对过程、结果等方面的记录,既是科学活动的目标,也应该注意到记录与交流本身其实是美术、语言等领域的目标。

科学教育活动内容的整合。一是指把科学教育的各类内容有机地加以整合,例如在认识冬天的活动中,就将动物、植物、季节、人类活动等各方面的内容整合在一起。二是指把各个教育领域的内容按某一合理的方式整合在一起,例如,在"物体的运动"单元中,"影子舞"就是将幼儿的表演活动(包括语言、身体动作)整合在科学活动中。②

科学教育活动形式的整合。一是指把专门的科学教育活动的三种形式——预定性科学教育活动、选择性科学教育活动、偶发性科学活动加以整合;将专门的科学教育活动和渗透的科学教育活动,包括游戏加以整合。二是指各种组织形式的整合,将小组的、个体的、全班的活动加以整合。

第二节 预定性科学教育活动的设计

幼儿园科学教育活动的设计就是对科学教育活动的各个要素进行处理,从而形成特定的相互关系的过程。即对科学教育活动的基本要素,包括目标、内容、教材、学习活动、媒介、

---

① 朱家雄:《幼儿园课程》,华东师范大学出版社 2003 年版,第 217 页。
② [美]罗伯特·E·洛克威尔、伊丽莎白·A·舍伍德、罗伯特·A·威廉姆斯、戴维·A·温尼特著,廖怡、彭霞光、曾盼盼译:《科学发现——幼儿的探究活动之一》,北京师范大学出版社 2005 年版。

时间、空间和环境、教学方法等,按一定的方式进行编制和处理。科学教育活动设计根据其操作性和具体化的不同,可以分为不同的层次。这里的科学教育活动设计是指具体教育活动层次的设计,是根据已经拟定的计划或目标,对某一具体科学教育活动进行的设计。

预定性科学教育活动是指教师根据学前儿童科学教育的目标和任务,有计划、有目的地选择课题,决定学习的内容、学习的方法和技能,并提供相应的材料以达到教育目标的形式。预定性科学教育活动一般以集体(全班或小组)的组织形式开展,活动设计包括:活动目标的设计、活动内容的设计、活动材料与环境的设计和活动过程的设计等方面。

一、活动目标的设计

活动目标的设计是预定性科学教育活动设计的初始环节,它是教师根据学前儿童科学教育总目标、该年龄阶段的目标、幼儿身心发展的特点、班级幼儿的实际水平,并结合本次活动内容的具体特点,对幼儿提出的全面、恰当的要求。在理论上,这些要求应在本次活动结束时都能达到。

在制定科学教育目标时,首先要考虑的是幼儿已有的经验水平。其次,是采用一些方法来确定目标。

(一) 了解儿童已有的经验

幼儿在学习本单元或内容之前,已有的经验是什么,这一点对制定活动目标、开展活动是非常重要的,因此首先要了解幼儿已有的经验及水平。教师在引导幼儿学习科学时,必须为幼儿学习科学提供一个教学情境。这个教学情境是能够反映出他们已有经验的,以使活动一开始幼儿就能较快地辨别将要学习的内容,并用已有的经验,来解决教学情境中展示的问题,帮助自己学习新的知识。按照建构主义的知识观,学习者以已经存在的概念为基础积极地建构知识。幼儿头脑中已有的知识是建构新知识时的"建筑砖块",[1]也是进行学习的基础。奥苏贝尔认为,学生头脑中已有的知识是他同化新知识的基础,只有当已有的知识与新知识之间产生了本质性的联系时,有意义的学习才会发生。[2] 例如,在学习有关"电"的知识时,幼儿以往对电的了解,主要是通过家庭生活中经常使用的电器来认识的,而这些电器是通过电路而获得电的,这是大部分幼儿所没有的经验。但是,手电筒等使用电池的小电器却不同,大部分幼儿对此都有相关的经验,甚至有的幼儿还会拆装电池,使得电动玩具能发动。通过了解幼儿对"电"原有的经验,准备情境化的教学,可以确保知识与技能的转移是直接的,并且是与幼儿经验有所相关的。

当探究对象所带来的是幼儿在他人帮助下能够解决的问题,幼儿就有可能积极地投入、

---

[1] 孙可平、邓小丽编著:《理科教育展望》,华东师范大学出版社 2002 年版,第 126 页。
[2] 孙可平、邓小丽编著:《理科教育展望》,华东师范大学出版社 2002 年版,第 126 页。

表达他们的想法,利用自己原有认知结构中的有关经验,同化当前学习到的新知识,从而赋予新知识以某种意义。这种对学习内容的观点影响着幼儿的学习。对学习内容的观点和观念的建构必定是在个体期望的驱使下进行的。这是指学习者必须觉得所要建构的知识是有用的或者有趣的。知识建构的这一特性是与"平衡"的概念联系在一起的。在生物进化的过程中,有机体都具有天生的生存潜能。而认知本身便是与有机体的生存密切地联系在一起的。学习者在认知建构过程中总是存在着这样的趋势,即要不断地使自己头脑中已有的知识与新知识之间的冲突和矛盾减少。而这种冲突和矛盾又是学习者进行认知建构的原动力。在幼儿已经知道鸟类是卵生的时候,再认识一种未知的鸟类时,就能了解这种鸟也是卵生的。如果原有经验不能同化新知识,则要引起顺应过程,即对原有认知结构进行改造与重组。

虽然,幼儿已有的经验是幼儿学习科学的基础,但是,从另一方面来看,在进行科学学习时,幼儿头脑中已有的经验或知识是普通的生活知识,而不是科学知识,要将这些知识或经验转化为科学知识和概念是不容易的。因为原有的生活概念,必然对幼儿建构那些与其有很大差异的科学概念产生了负面的影响,当然,在学前阶段,我们并不要求幼儿掌握严谨的、真正的科学概念,但是,教师仍应了解幼儿对所要探究对象可能具有的错误概念,即对所要探究的对象可能具有的迷惑甚至错误之处。例如,因为看见过或者了解了某些动物生"小宝宝",所以认为所有的动物都以胎生的方式繁衍下一代。教师如果能事先知道幼儿因为没有正确的引导,而自发形成的错误观点,就有可能因此采取对策,制定活动目标,设计科学活动与经验,确保幼儿在科学概念不是直接可观察时,不会有自我建构错误观点的机会。

教师还应了解幼儿对学习对象已有的日常生活用语。日常生活用语容易造成幼儿观念上的混乱。可以采取一些办法,检查日常生活用语与规范化用语间可能的差异点。例如向幼儿清楚地指出两者之间可能的混淆之处,在一日活动的任何时候,都确保规范化用语的使用。幼儿需要运用这些规范化用语去描述、命名他们的经验。例如,"蒸汽"这一概念,很多幼儿会以"水蒸气"这一日常生活用语来描述,教师如果预先能了解两者之间可能的混淆,就能帮助幼儿在学习时避免这一不规范用语的运用。

(二)确定合适的目标

1. 活动目标应着眼于幼儿的发展

活动目标的制定应适应幼儿已有的发展水平。预定性科学教育活动的设计是为特定的幼儿群体设计的。制定目标的基础是对幼儿的了解,只有在对幼儿的认知水平、兴趣、个性特点等各方面都有充分了解的基础上,才能设计目标。在设计活动目标前,首先应分析本班幼儿的特点,然后再将科学教育计划中的目标具体化,以此作为确定目标的主要根据之一。在此基础上,考虑目标的筛选与确定。一般来说,作为班级教师,对于班级儿童的一般情况还是比较了解的。因此,要把重点放在与本次活动内容相关的知识、技能、情感态度上。例如,"光和影子"活动内容的重点是在其关系上,那么探究能力、光和影子的关系就成了活动的主要目标。

2. 活动目标的内容和要求,在方向上应与阶段目标、终期目标相一致

整个学前儿童科学教育目标可以分为三个层次,即科学教育的总目标(或称领域目标)、科学教育活动阶段目标(或称各年龄目标)和科学教育的活动目标。从理论上看,这三个层次的目标应该形成这么一种态势,即若干个科学教育活动目标的积累,便构成了阶段目标,若干个阶段目标便构成了终期目标。每一项活动目标的实现,都是向阶段目标、终期目标迈进一步。为了体现这一点,在具体制定活动目标时,就要根据幼儿的年龄和发展水平,注意由浅入深、循序渐进地提出目标,使幼儿从具体到抽象、从直接到间接地获得科学经验,发展各种能力,并形成相应的情感和态度。当然,这种向上一级目标的达成,不是一朝一夕的,而是一个渐进的过程。

3. 活动目标的内容应包括科学情感和态度、科学方法、科学知识三个方面

科学情感和态度包括幼儿情感态度及个性品质的培养。例如,培养幼儿关爱小动物的情感,培养幼儿对科学小实验的兴趣,等等。科学方法是指在科学探索活动中,使幼儿哪些能力得到发展,形成哪些技能,学习哪些方法。例如,培养幼儿细致观察的习惯及能力,帮助幼儿用语言表达自己的观察结果等。又如,学习运用典型特征观察法,对某种动物进行较细致持久的观察等。科学知识是指科学经验的获得、初级科学概念的学习,包括通过活动,使幼儿获得哪些经验,形成哪些初级科学概念。例如,通过活动,能使幼儿了解动物的种类、外形特征、生活习性、与人类的关系等。

一次活动的目标不可能面面俱到,无论是从幼儿身心发展的角度,还是活动内容特点的角度,都不可能在个别、几次活动中包含各方面的目标。但是从科学探究活动的程度来分析,即使是最简单的活动也具有各个方面的价值功能。每一个活动目标可以有所侧重,但不能偏废。虽然在实际中,可以看到一些幼儿园教师并不将每条目标都以文字的方式写下来,但实质上,在教师的脑中,仍有各方面的要求。如果真正只注重某一方面的目标,而忽略了其他方面的目标,即使是在一次活动中这样,也是不应该的。

4. 活动目标的表述应明确具体

目标根据其呈现方式的不同有以下几种。第一种是行为目标。所谓的"行为目标",指的是一种用可以具体观察或测量的幼儿行为来表示的,描述的是对教育效果的预期。换言之,教师在活动后,能通过幼儿的行为表现,看到目标的达成程度。[①] 行为目标的特点是目标

[①] 冯晓霞主编:《幼儿园课程》,北京师范大学出版社2000年版,第43页。

中表述的行为,教师能够观察与测量到。例如"能将杯子按材料进行分类""能说出小兔的主要外形特征"等。行为目标具有操作性强、容易评估等特点。但是有些内容是很难用行为目标来表述的,例如幼儿科学情感发展方面,无法在一次活动或几次活动中实现,更难用行为目标进行表述。

第二种是表现性目标(或非行为性目标、一般性目标)。所谓的"表现性目标",指的是一种非特定性的、较广泛的目标。[1] 表现性目标并不明确儿童在学习后会产生什么行为,而就像是学习的主题或情境,儿童围绕它展开个性化的各种反应。它往往描述的是一种学习者身心的一般变化,例如"乐意探究""喜欢吃蔬菜"等。表现性目标虽然和行为目标不同,无法非常明确地看到幼儿行为的变化,但是因其目标表述的宽泛性,比较适合表述中、长期的目标。另外,表现性目标可以用来表述难以用具体行为来表现的情感态度方面的目标。

在活动目标的撰写中,具体采取什么形式的目标,这取决于所要解决的具体问题。如同上述,如果是能用行为表现的内容,例如重点放在基本知识和基本技能上的内容,一般可以采用行为目标的表述方式。如果是不能用行为表现的,或者是逐渐发展的内容,例如发展幼儿解决问题的能力、鼓励幼儿的创造精神、培养态度等,表现性目标的形式就比较合适。

行为目标有三个基本要素,即核心的行为、行为产生条件、行为表现的标准。在行为目标的撰写中,要根据以下三个标准撰写。

(1) 核心的行为:是期望幼儿能够做到的行为表现,可以描述幼儿做的结果或产物。往往用一个操作性动词来表示,例如"指出""比较"等。

(2) 行为产生条件:是行为表现所需要的条件或背景。例如,"在室外"而不是"在室内"或在其他场所。

(3) 行为表现的标准:是衡量学习者的行为表现可接受的程度。例如,"能说出两种水的重要性",这里的两种,就是标准,也就是说,幼儿能够说出两种水的重要性,就说明他达到了目标,但是如果只说出了一种,虽然也是说出了,但是仍属于未达到目标。

根据这三条标准,在撰写时应注意以下几个方面:

首先,目标中要说明具体的行为,即学习后幼儿能做(说)什么。要将这些内容明确地进行陈述。目标的陈述往往是一个动宾结构的句子。例如,"在教师的启发下,能说出两种水的重要性"。句子中"水的重要性"是内容,一般来说,宾语部分的内容与活动的具体内容有关,这一点相对比较好掌握,只要按活动内容安排就行了。而"说出"就是行为。其次,目标中还要说明产生上述行为的条件,即学习者表现行为时所处的环境、人、设备、时间等因素。例如,"在教师的启发下",就是条件。再次,目标中要指出评定上述行为的标准,即作为学习结果的行为,可接受的最低衡量依据,这些依据可以是精确度、时间、完整性等。例如上例中

---

[1] 冯晓霞主编:《幼儿园课程》,北京师范大学出版社2000年版,第43页。

的"两种"便是标准。

表现性目标表述比较宽泛,相对好掌握一些。但是也常常会遇到这样的情况,在描述幼儿的行为时,教师常用的术语往往会产生各种解释:

(1) 发展幼儿的观察能力。

(2) 教师指导(创造条件、引发)幼儿学习……

第(1)条中所带来的问题是,我们无法了解在这样的活动中,幼儿的观察力是否得到了发展,而且这一条目标是放在任何年龄、任何活动中都不能算错的。撰写的目标应该是明确的、具体的,尽量避免用含糊的和不切实际的语言陈述目标。例如,还是以观察能力为例,从程度上,至少有初步、继续、进一步之分。从内容上,也有观察习惯、观察方法之分,而观察方法又有细致性、顺序性、目的性、理解性等。从观察类型上,有比较观察、个别观察之分。第(2)条中所带来的问题是,目标陈述的不是幼儿的行为,而是教师的工作或行为。在这样的目标指引下,教师只要指导了,创造条件了,也就完成任务了。因此,活动目标应该从幼儿的角度去表述,指明幼儿通过学习应该达到的发展水平。

二、活动内容的设计

活动内容的设计,是指针对已选内容,确定学习范围和深度,应和第三章中的"内容选择与编排"相区别。活动内容有时也被称为"内容与要求"。具体地说,活动内容的设计,是在已确定学习内容以后,针对内容本身,确定应该或可以让幼儿了解的内容有哪些方面。例如,已经确定在班级(大班)中进行"电的用处大"的集体科学教育活动,活动内容的设计要考虑的有:让幼儿了解哪些有关电的知识,包括电的哪些性能、哪些用处,以及与电有关的其他哪些知识(如安全用电),等等;通过活动可以让幼儿发展哪些能力,或学习什么方法;在活动中可以培养幼儿什么样的情感或态度;等等。

在活动内容的设计方面,很容易与活动主题的选择相混淆。一般来说,主题的选择(或设计)在先,然后才有具体的内容的设计。在主题选择方面,预定性科学教育活动的一个关键,是要选择适合开展集体学习活动的内容。科学活动中的许多内容,都不一定适合集体性的活动,而是适合个体,或者三三两两的探究活动。在一个主题单元活动的开展过程中,有一些环节是需要全班幼儿,或者是小组幼儿进行集中探究、相互启发、共同学习的。有时候也需要教师对集体进行指导,或者总结。活动内容的设计可从以下几个方面入手。

(一) 有助于幼儿获得最基本的科学经验、能力和情感态度的内容

预定性科学教育活动一般是以集体活动的方式进行的,即要求全班幼儿在教师的安排下,集体性地开展活动。虽然在活动过程中,会照顾个别差异,因人施教,但是总体来说,是在统一的目标指引下的活动。集体性质教育活动的特点,就是要求所有的幼儿都必须参与

到活动中来,因此,所安排的内容范围应该是最基本的、最具代表性的内容,包括知识经验、能力方法和情感态度,以及在此指引下的幼儿行为的培养,各方面都是如此。

最基本的、最具代表性的内容,应该是绝大多数幼儿感兴趣的、有需要的内容。"兴趣是最好的老师",不仅是幼儿,成人也是如此,当我们面对的是我们喜爱的东西时,学习起来绝不会感到劳累。世界著名的情绪研究专家依扎德指出:"兴趣对思维和记忆的功能联系是如此广泛,以致在缺少它们时,对智力发展之濒于险境的危险不亚于脑组织的损伤。"①在活动设计时,必须要充分考虑幼儿的兴趣和需要,将这些内容转换成活动的内容。而且在幼儿感兴趣的内容中,不少蕴含着丰富的教育价值,教师要善于分析、发现。幼儿的兴趣与需要虽然是十分重要的内容,但并不是所有的内容都是从幼儿的兴趣和需要而来的。还有一些内容,虽然因为幼儿的年龄、经验、生活的空间等原因,现在并未被幼儿关注,但是并不等于这些内容不重要。相反,虽然并不是所有的幼儿都感兴趣,但这些内容从幼儿的长远发展来看是必要的。因此,将科学领域中的一些内容转化为活动内容,也是活动内容的设计中需要关注的方面。只是,在设计这部分的内容时,必须比较谨慎,需要运用一些方法,使幼儿能对之感兴趣。例如,同样是关于"土壤里有什么"的主题,一般幼儿会对土壤里的昆虫等小动物感兴趣,但是对土壤里腐烂的树叶、一些沙子就不如动物那么感兴趣了。

在设计最基本的、最具代表性的内容时,往往会忽略了能力方法、情感态度方面的内容。这些方面的内容和知识经验同样重要,甚至超越了知识经验的重要性。② 能力方法的特性之一就是"问题性",也就是说,它们只有在解决问题的过程中、在实际"做"的过程中才会出现并活跃起来。③ 情感态度是伴随着活动过程而产生的体验,类似的体验积累得多了,就形成了有关的情感和态度。情感和态度不是教师教出来的,而是潜移默化的结果。在预定性科学教育活动中,设计一些需要幼儿思考的问题,创设一些问题情境,使幼儿自始至终地感受探索发现的快乐,体验科学探索需要的理性思考。在这样的内容中,幼儿的能力、情感态度会得到很好的发展。

(二) 容量合适的内容

内容的容量问题,在活动内容的设计中经常会被忽视。我们现在是以一节活动为单元来考虑容量的问题。容量的合适与否,有时并不能很明显地表现出来,但是经常会在活动设计中发生。内容的容量表现在两个方面:第一个方面是内容的超载,另一个方面是内容的不足。

内容的超载是现在活动设计中比较严重的、明显的一个问题。其实,不仅是活动内容的

---

① 孟昭兰著:《人类情绪》,上海人民出版社1989年版,第351页。
② 需要说明的是,这样的说法并不是代表了知识经验不重要,而且目前确实有从一个极端走向另一个极端的倾向,即忽视了知识的学习,这同样是需要纠正的。
③ 冯晓霞主编:《幼儿园课程》,北京师范大学出版社2000年版,第53页。

超载，而且是整个幼儿园课程内容的超载，在这里，我们不对课程内容的超载进行探讨，仅就活动内容的超载进行一些分析。但是，课程内容的超载确实是具体的活动内容超载的原因之一。活动内容的超载表现为两点。第一是容量过大，在一节集体活动时间内，从小班的15分钟左右到大班的最多的35分钟，幼儿疲于从一个内容转换到另一个内容，其结果是幼儿什么也没有学到，反而浪费了时间。如果在有限的时间内无法完成预定的内容，教师就将时间延长，将幼儿的游戏时间、自由活动时间都变成了集体活动时间。第二是难度过高，内容的设计超出了幼儿所能接受和理解的程度。幼儿在无法理解的情况下，只能运用死记硬背的方法来将需要学习的东西记住。运用这种方法学习的结果，只能是记住一些概念、名词，至于能力方法、情感态度的发展，就大大地被削弱了，甚至会因为被动的学习，而产生对学习的厌恶感。

内容的不足同样是活动内容设计中比较明显的问题。在设计活动内容时，有时候会因为过于考虑幼儿的兴趣，而造成内容容量的不足。在一个科学活动中，仅满足于让幼儿把玩一些物品，或者设计了许多不同形式但却是指向同一内容的活动，这些内容虽然一遍又一遍地在进行，却是没有意义的，只是低水平的重复。例如，让幼儿进行多次"沉与浮"的实验，但是每一遍都是同样的要求，让一个小组的幼儿一起进行，只是准备的积塑、积木的颜色不同而已。没有任何挑战，幼儿也没有自己思考的需要和机会，最后，幼儿会对科学活动兴趣索然。内容不足的原因，有时候是因为简单照搬教材的内容，而不考虑幼儿园所在地区的特点，以及幼儿的已有经验。也有时候是因为没有很好地把握幼儿的年龄特点，这些都会使教师所设计的活动内容容量不足，造成低水平上的重复。例如，让一个生活在海边的孩子反复地观察一种鱼。事实上，孩子早就对这种鱼非常熟悉了。

要避免内容的超载和不足，首先要把握幼儿的年龄特点，了解幼儿不同年龄阶段所能够学习和应该学习的内容，避免过难过深的内容出现。其次，要了解达成活动目标的核心经验是什么。预定性科学教育活动，它是目标指引下的集体性的科学活动，在内容设计时，就应该考虑为了达成这些目标，哪些是核心经验，其他的都不需要，或者说是不重要的。例如在科学活动"手的大小"中，其目标是让幼儿学习测量手的大小的方法，而不是了解手是有大有小的。在活动中，通过幼儿自己的讨论与实验，对两种方法进行验证并得出结论。再次，要了解幼儿已有的经验，不要进行无意义的重复。这也并不是说幼儿已经历过的事物不可以引入内容中，对于幼儿生活中经历过的事物，要进行扩展、整理和提升，同样是关于鱼的主题，如果教师考虑到幼儿已有的经验，可以让幼儿将几种鱼进行比较。在比较活动中，虽然幼儿对这些鱼已经比较熟悉，但是比较活动可以使幼儿学习观察方法，学习了解鱼的一些平时不太被注意的细微方面，也使幼儿在细心、耐心等方面得到培养。

以上是一些关于内容设计方面的建议，在实践中，还要求能够根据不同的情况来进行具体的设计。内容的设计不能仅从一节活动来考虑，还需要从整个课程内容的总体来考虑，即要考虑整个课程内容的均衡性。[①]

三、活动材料与环境的设计

活动时所用的材料和各种环境是幼儿科学教育的外部条件之一，教师应在科学教育活动前准备好安全、充足，又能激发幼儿探究兴趣的材料，设计幼儿科学探究的理想环境。

(一) 预定性科学教育活动材料的设计

1. 活动材料必须紧扣具体活动目标

应在科学教育活动目标确定以后，再考虑设计哪些材料，以达到这些既定目标并配合活动内容。整个活动中所出示的材料，都必须围绕活动目标而选用，不要有任何多余的材料出现。例如，为了使幼儿仔细清晰地观察蚂蚁的外形特征，就为幼儿选择设计了装蚂蚁的小盒子，盒子的上面是用玻璃封住的，既便于幼儿观察，又防止蚂蚁爬出；盒子的边上又钻有细细的透气孔，使盒子里有充足的氧气；另外还为幼儿准备了放大镜，让幼儿可以清楚地观察蚂蚁。这些活动材料的准备为幼儿的活动成功，乃至达成目标提供了保证。有些活动材料确实很吸引人，确实能吸引幼儿的注意力和兴趣，但是在活动中并不是必需的，因为一些过于花哨的材料，容易使幼儿因过于注意材料本身而忽略了探索活动，这样的材料就需要教师"忍痛割爱"，绝不要因此而影响活动效果。

2. 活动材料应具有趣味性

选择、设计具有趣味性的活动材料，能激发幼儿的好奇心和探究欲望，增强活动效果。具有趣味性的材料特别适合较小年龄的幼儿，也适合刚参与探究活动的幼儿。事实上，任何一套好的材料都能适用于不同年龄或能力悬殊的孩子们。如在"会滚的轮子"中，教师设计了缺少一个或两个轮子的拖拉玩具，活动时一拉牵绳，该拖拉玩具东倒西歪，不能往前，幼儿在大笑之余，也直观地感受到了缺少轮子的不便，体验了轮子的作用。

3. 要为幼儿提供充足的材料

充足的材料是科学活动开展的保证，特别是供幼儿操作的材料，更应保证数量足够。材料充足与否，直接影响幼儿探索过程的进行，影响幼儿科学经验的获取。数量足够的材料可以减少幼儿的等待、闲逛和攻击性行为，提高幼儿学习科学的积极性和效率。

要为幼儿提供数量充足的材料，并不是意味着给予幼儿的材料越多越好，也不是说每样材料的数目必须和幼儿人数相等。应根据活动的具体性质，确定材料数量与幼儿人数的比例关系。活动材料的设计既要从幼儿科学探索过程的需要出发，还要考虑到客观条件的限制。一般认为，操作性、实验性的活动需要每个幼儿一份材料，例如，在"有趣的玻璃片"活动

[①] 可参考有关幼儿园课程的书籍或文章。

中,应为每个幼儿准备一份包括凹、凸、平三片玻璃和一幅与玻璃片相应大小的图片在内的活动材料;有的活动可以几个人或小组共用一份材料,例如在认识鲫鱼的活动中,每组有一份包括鱼缸、活鱼、鱼食等在内的材料;而有的活动可以全班共用一份材料,例如,认识常用家用电器。全班共用一份材料的情况,一般来说是属于不宜让幼儿进行操作的(如安全因素)或材料本身不易搜集的等类型。

4. 提供的材料应具有典型性

在准备材料时,还必须考虑到其具备的典型特征,通过特征鲜明的,并且能直观地感受到的突出事例,使幼儿在脑中形成表象,从而获得科学经验。例如菊花的品种很多,近年来,园艺家们也研究开发出了很多新的品种。有些菊花品种的外形、颜色与本来的菊花品种已相去甚远。在让幼儿进行观察时,特别是在进行预定性科学教育活动时,就应先提供一般的具有典型特征的菊花。这些具有典型特征的菊花,也就是在幼儿周围环境中、他们的生活中经常能接触到的,如白色菊花、黄色菊花等,而不应先让幼儿观察各种"奇花"。以后在参观花展,或是第二次活动中,在让幼儿了解菊花还有许多新的品种后,就可以让幼儿观赏多种不同的菊花了。

当今由于科技的发达,反季节植物很多,因此需要特别注意这一点。

(二) 预定性科学教育活动环境的设计

1. 选择适合的物理活动环境

物理活动环境是幼儿学习科学的一个重要因素与条件。从这一点来分析,环境的空间大小、安静程度、温度、通风情况、湿度、干净与否都会在一定程度上影响幼儿的学习。很多科学活动可以也应该在室外进行,如观察树木的活动、种植活动等。应该说,大多数的有关植物、气候的内容都适宜在室外进行。有些课题可以在室外进行,也可以在室内进行,如有关动物的内容,应根据实际内容及气候情况加以选择。在天气晴朗、动物比较大型的情况下,适宜在室外进行,而一些如鱼、虫、龟等小型动物,相对可以在室内进行。有些内容则适合在室内进行,如物理方面的内容,包括一部分人体的内容等。因为物理的内容往往以实验的方式进行探索,需在比较安静、没有大风的情况下进行。而一些与雨、雪、冰、雾等有关的课题,则应选择在相应的天气情况下进行。无论是在室外还是室内活动,都应选择在安静、干净、空气清新、无污染的地方进行,在这样的环境中可以使幼儿静心地进行探索,学习科学。

2. 创设宽松的心理环境

宽松、和谐的人际氛围是幼儿学习科学的必备条件之一。幼儿在这样的环境中,没有任何压力,愿意尝试各种活动,活动容易取得成功。

在科学探究活动中,幼儿用各种方式进行探究,这也是一种创造活动。许多心理学家指出,安全、自由的集体气氛是儿童创造力得以表现的必要条件。所谓的心理自由是指探索、表达、思维、感觉的自由,塑造自我的自由。一个人的心理自由感,也意味着承认和尊重他人的心理自由。心理安全是指感到自己被人承认,受到别人的信任。必须避免消极的和谴责式的评价。这种评价常使人产生被威胁感,因此需要保护自己。在努力地探究学习时,幼儿希望感到自己被他人所理解。科学活动,特别是集体科学活动过程中的这种"心理自由""心理安全"十分重要。营造一种使幼儿有"心理自由""心理安全"的心理环境,幼儿没有任何压力,愿意尝试各种活动,活动容易取得成功。

首先,教师和其他成人要给予幼儿应有的信任,提供充分的机会,让幼儿能够自主、独立地进行科学探索等活动。教师的信任对年幼儿童尤为重要,这种信任是幼儿培养、增强自信心的基础,而自信心又是幼儿发挥创造性不可缺少的因素。其次,应减少不必要的规定。在活动中,应尊重儿童,允许自由表达、自由探索。过多过细的限制,会使幼儿因为害怕违反各种规定而紧张、焦虑,甚至压抑。再次,延迟评判,或者拒绝评判。就是在幼儿做一件事,或说出一种想法之后,不急于或不对他的言行作出评判或结论,而是让他处于一种自然发展的状态。例如,教师提问:"有什么办法,让传到管子里的声音被更多的人听见?"幼儿可能有多种回答:管子分叉、管子开洞、让声音出来、把管子上的另一头拔掉等。教师并不在每个幼儿回答后即时作出评判。拒绝评判能给幼儿带来心理安全的感觉。试想,如果幼儿想出一个想法就遭到评判(当然也包括表扬),或者想到一种探究方法就遭到制止,新的想法就不会紧接着出现,原来的想法本身也不会变得深入。不恰当的评价就是给孩子的思维划定框架。最后,对幼儿表示诚恳的支持。赞扬、奖励是常用的方法,但也不能一味地这样做。当幼儿的探究活动出现了某种问题,并且幼儿对其状况不满的时候,如果教师一味地赞扬,是不合适的,而应给予恰当的评价。但要注意,评价不应让幼儿产生自己能力不足的想法,而应指明其现有的表现并未发挥他的真实水平和应有的潜在能力,这样才能激发幼儿的求知欲和继续探究的行为。

四、活动过程的设计

科学教育活动过程是为实现教育目标,而对教育内容的具体展开,以及教育方法的具体运用,是整个预定性科学教育活动的核心环节,所以,预定性科学教育活动过程的设计,也就成为整个设计中的关键。换言之,目标设计是否到位、内容选择确切与否,都在活动过程中体现出来了。教师在设计活动过程时,特别应注意从活动目标出发,去考虑活动过程的各个步骤。

1. 活动结构的设计

活动结构是指一次教育活动的基本组成部分以及各部分的顺序和时间分配。活动结构受到教育活动内容、活动方法、活动对象等因素的制约,是教师、幼儿、教育信息等三因素多种组合的不同表现。

在确定活动目标以后,设计者应对整个活动过程进行大体上的安排,这样可以使活动展开的线索清晰,更符合教育规律,最终使幼儿在有条不紊的安排下,开展活动。简单地说,活动过程应包括哪几个步骤,通过这些步骤,最后达成什么目标,这就是活动结构的设计。

科学探究有其一般规律,科学探究的过程有四个互相联系的步骤。这四个步骤从问题开始,到得出结论结束。第一个步骤是引起注意,或者说是提出问题,即开始关注要研究的问题,引起了探究的动机。第二个步骤,想知道答案,包括:是什么?是怎么样的?为什么会这样?怎么来的?还会怎样?等等。既然想知道答案,那就先要猜测[①],这是第三个步骤。猜测是利用已有的知识经验,以及当前的问题提出猜测:是什么样的?为什么会这样?采取什么方法可以知道?为什么会这样?即提出诸如此类的猜测。紧接着,根据猜测去寻找答案,或观察,或实验,或收集资料,以获得对猜测的验证。最后第四个步骤,将所获得的结果,以及如何获得结果的过程,与别人分享和交流。幼儿的科学探究活动虽然简单,但也包含了以上几个步骤。

但是预定性科学活动往往以集体活动的组织形式开展,一次集体活动的开展有其大致的时间限制,上述所谈到的科学探究活动,是指人对科学事物、科学现象探究的整个过程,而不仅仅是一次性的活动。因此,集体性的科学活动根据其探究的不同阶段、科学对象的不同性质,就可以分为不同的类型。有人认为,集体性科学活动主要分为四种类型:观察认识型、实验操作型、科学讨论型和技术操作型[②]等。无论哪一种类型,其主要活动过程一般都要经历以下三个阶段:

第一阶段——引起动机阶段。幼儿学习科学的先决条件,就是必须对所探究的对象有兴趣。幼儿有了活动的动机与心理准备,才能促使他们积极主动地去学习、探究和发现。在预定性科学活动中,这个阶段也可被称为导入活动阶段。这个阶段活动开展得成功与否,往往会影响活动的整个过程。在设计这一阶段时,教师首先应注意这个环节的目的,是为了引起幼儿的学习动机,而不是真正地开始探索。因此时间上宜短,在短短的两三分钟内即应进入第二阶段。为引起幼儿的学习动机,这个环节应设计有趣的活动。根据幼儿的心理特点及一般的心理规律,新奇、变化的事物容易引起他们的注意,使幼儿的注意力集中于活动内容上。其次,在这一阶段中所设计的活动只有一个目的:将幼儿的注意力、学习积极性导入主题。例如,在小班认识"五官"的活动中,教师一开始便说:"小朋友,看看老师放在桌上的是什么?(小镜子)请小朋友照照镜子,看看自己的脸上有什么?"短短几句话,符合幼儿心

[①] 猜测,包括预测与推断。
[②] 张俊著:《幼儿园科学教育》,人民教育出版社2004年版。

理——喜欢照镜子,马上就导入了活动的课题——"认识五官"。

第二阶段——主要活动阶段。这个阶段是整个活动过程中最重要的阶段,占时也最多,大多数的活动在此阶段中展开。在这个阶段中,教师要安排如何让幼儿活动,用什么方法活动,教师如何提问,如何出示教具,等等。如果是探索活动,教师首先要让幼儿提出猜测,然后再进入观察或实验。特别要注意的是,问题可以由教师提出(也可由幼儿提出),但猜测必须由幼儿做。同时,在设计这一阶段时,教师首先要考虑的是如何使这个过程中的每一个步骤、每一个活动都有序:幼儿的活动要有序,如果是观察活动,那么应考虑引导幼儿先观察对象的什么方面,再观察什么方面,其他活动也是如此;教师出示教具要有序,先出示什么,再出示什么;教师的提问要有序,先提什么问题,再提什么问题等。其次,教师的提问、幼儿的活动都应设计得有趣,能激发幼儿的学习兴趣,能始终得到保持。再次,所设计的活动要有变化:教师的提问要有变化,例如,"认识五官"中的提问,在问到"五官"的作用时,不能全用同一种问法:"眼睛(鼻子)有什么作用?"可改变一下提问的方法或者语气,可以问:"眼睛用处真大,那么眉毛呢?""眼睛、鼻子、眉毛、嘴巴用处都很大,那么,耳朵不要可以吗?"活动的节奏要有变化,各个活动有详有略,突出重点,解决难点。最后,所设计的活动都应通过启发引导,使幼儿获得科学经验,发展各方面的能力,而不是灌输注入式。例如,通过发现引导幼儿自己得出结论;通过教师的提问、启发,深入观察,获得科学经验等。

第三阶段——综合阶段,也可称之为整理阶段。在主要活动阶段过程中,幼儿已经获得了丰富的经验和深刻的体验,这时需要教师引导幼儿发表自己的见解,进行讨论与交流、评价等活动。在这个阶段中,首先要考虑如何让幼儿整理小结,提升经验。对于中、大班的幼儿来说,可考虑让他们自己整理小结,而对于小班幼儿,或者认识对象较复杂、内容较多的事物则可采取分段整理或教师整理的方法。不管用什么方法整理,时间都要短一些,对于幼儿来说,经过前两个阶段的活动,到此时精力已不够,注意力也开始分散,因此,不适合再用大段的时间来整理小结。当然,这里所说的整理小结,不仅是运用语言整理小结,形式可以多样,例如用图像表现、动作姿势等进行,在时间上也可灵活掌握,有时可以让幼儿休息一会儿再进行交流或整理,有时候可以即时进行。其次,综合阶段往往既是这一个活动的结束,又意味着下一个活动的开始,或者只是这一个活动的暂时结束,幼儿园的科学教育活动是一个连续体,每一次的集体活动是这个连续体上的一个点。因此,教师可以设计一些延伸活动,导入幼儿的再次活动。例如,将本次活动的实验内容放到区角活动中,导入幼儿的再次实验;又如教师布置一些再次观察任务等。总之,要设计开放性的活动结尾,使幼儿始终保持强烈的求知欲望。

活动结构的设计只是对整个活动过程作一个大致的规划,在设计好活动结构后,就需要对结构中的各个要点作进一步的设计。

2. 导入活动的设计

如前所述,导入活动的目的在于"导",导出幼儿的学习积极性,将幼儿的注意力和经验导入活动主题。教师在设计导入活动时,可以考虑以下几种方法。

(1) 利用多种物质材料。科学教育活动往往为幼儿准备了丰富的物质材料,这些材料会引发幼儿的求知欲望,教师可以利用这些材料来导入活动。例如,利用实物、图片、模型、可操作的材料等。这时,教师只要辅以简单明了的说明、提问或指令,幼儿就能很快地随着教师的设计思路进入科学活动过程。

(2) 利用各种文学艺术作品。文学艺术作品为幼儿所喜爱,活动的导入阶段可根据需要利用儿歌、谜语、歌曲等文学艺术作品作为导入。例如,利用谜语"远看像只鸟,近看像只猫,晚上捉老鼠,白天睡大觉",来导入认识猫头鹰的活动。

(3) 利用情境表演。科普情境表演是推广科普知识常用的一种方法,后又被引入幼儿园科学教育活动中。例如,活动开始,由几名幼儿表演一段情境,引出一个疑问,或提出一个问题,然后由全班幼儿针对这个问题进行假设、讨论、实验、观察,来解决或回答这个问题。

(4) 利用环境设置。教师预先布置一个可以引出主题的环境,然后带领幼儿进入这个环境,由此导入活动。例如,在一个门窗紧闭的屋子内,放入一锅冒着热气的肉汤,幼儿一进入这间屋子,纷纷说"好香、好香",教师就问大家:"闻到些什么气味,你们怎么知道?"由此引出用鼻子闻到香味,教师就马上提出了认识鼻子这个主题。

(5) 利用直接指令或提问。有时也可以利用直接指令或提问,开门见山式地开始活动。例如在认识交通标志的活动中,教师一开始就问:"马路上有各种各样的标志,你认识哪些标志?"有时也可利用直接指令,如在观察蚂蚁活动中,教师带幼儿到花坛边,提出要求:"仔细地找一找,看看哪里能找到蚂蚁?"利用直接指令或提问的方式,一般比较适合中、大班幼儿。

以上几种方法应根据具体活动内容来灵活选择,可用一种或两种方法。但不管是使用什么方法,都应从幼儿已有的经验入手,这样才能使幼儿比较自然地进入活动主题。

3. 幼儿活动的设计

幼儿活动的设计是至关重要的,没有幼儿的活动,科学教育活动的结果一定是失败的。幼儿年龄小,他们还不能自己独立地学习科学,因此,教育活动的设计应强调教师的外部推动。同时,幼儿是一个发展的能动的主体,任何外在教育环境都必须通过幼儿主体的努力,才能促使幼儿发展。因此在科学教育活动的设计中,要把幼儿放到主动发展的位置,变"思考教师如何教",为"思考幼儿如何学",从研究幼儿入手,设计幼儿学科学活动,引导幼儿发展。幼儿在科学学习中的活动包括身体动作和脑的活动两方面。而身体动作又包括动口在内,同时,动口又是动脑的外在表现和结果。所以,幼儿科学教育活动要努力改变"教师讲、幼儿听,教师做、幼儿看,教师教、幼儿记"的消极被动的学习模式,充分地让幼儿动手、动口、动脑,主动积极地去活动、去探索、去发现。

(1)操作活动。就是让幼儿充分利用周围环境、各种设备材料,进行各种尝试,获得直接的体验与感受的活动。例如,在小班"有趣的鸡蛋"的活动中,教师设计了以下的操作活动:为孩子收集准备了许多碎海绵、沙子、碎布,各种各样的瓶子、盖子、油泥、珠子等,让幼儿操作探索:"怎样让鸡蛋站起来?"孩子通过操作,让鸡蛋站在沙子里、油泥里、瓶口上……以此了解鸡蛋的形状。又如在"各种各样的电池"的活动中,教师设计了让幼儿操作、摆弄各种电动玩具,引导幼儿了解电池的作用。在活动中,教师为幼儿准备了各种各样的电动玩具及各种规格的电池,让幼儿通过自己的观察,了解装电池的地方及电池的大小配对,装电池还必须注意电池两极不能装反,这样才能使玩具动起来。幼儿的操作过程就是一个学习发展的过程,孩子们在操作过程中还发现了电池有7号、5号、2号等,电池上有"+""-"符号,有图形……孩子通过操作、思考后找到了装电池、玩电动玩具的窍门,增强了对科学探索的兴趣。

幼儿是在动手操作、动脑思考的活动中学习和发展的。教师在为幼儿设计科学活动时,要特别考虑该活动是否能使幼儿动手操作。有些内容是不容易让幼儿动手操作的,我们应想方设法让幼儿操作活动起来。例如,在"认识眼睛"的活动中,一般来说,很难让幼儿进行操作活动,但教师可以通过"照一照"——用镜子照眼睛,"画一画"——用纸、笔画眼睛,"比一比"——和小朋友比较一下,"找一找"——找脸谱上的眼睛有没有画错,"改一改"——脸谱上如有画错的地方就改一下等各种办法进行操作。

动手操作的活动要反复多次,让幼儿在多次操作、反复感知思考的基础上认识事物、了解自然规律。例如,在"认识电"的活动中,教师设计了三次不同类型的操作活动,让幼儿通过不同内容的操作,了解电的作用。第一次,让幼儿自己玩一些家用小电器(电吹风、录音机……)或电动玩具,了解怎么玩,发现了什么。第二次,让幼儿试一试电是否真的能让东西发光、发热、发声,或使机器转动。第三次,再次让幼儿操作,这次操作主要是让幼儿玩一下没有操作过的东西。这样,就能使幼儿充分感知、经历科学发现的过程。

操作活动的形式是相当多的,小实验、小制作、采集、记录、种植、饲养、测量、分类等都是有趣的操作活动。教师要考虑在整个科学教育活动过程中幼儿的操作活动,提供充分的机会以及充足的工具、用品、材料等,尽量让每个幼儿都动起手来。

(2)讨论活动。讨论活动就是把教学内容中的重点、难点和幼儿的疑点作为问题向幼儿提出,或由幼儿自己提出,让幼儿七嘴八舌地讨论,互相补充,互相启发,充分思考,同时也发展了幼儿的思维能力和语言表达能力。以往的科学教育活动,过多地用一问一答式的教学模式。曾有人作过这样一个调查统计:在预定性活动中,最高的发言人次为六七十人次,人均回答两次,但作进一步的分析,发现其中有些幼儿回答三四次,甚至四五次,有些幼儿却一次也没有回答。所以幼儿虽然在一起学习,而实际参与活动的机会是不均等的。这样一问一答式的教学模式,减少了幼儿发言的机会,造成等待,降低了幼儿的智力活动的密度。要改变这样的状况,讨论是很好的办法。讨论可以让幼儿人人动口,给每个幼儿更多的说话机会,无论幼儿处于何种水平,都可以得到发展。

当教师把重点、难点、疑点作为问题向幼儿提出后,先不急于让幼儿回答,要让幼儿互相商量,七嘴八舌地议论,幼儿会主动地参与讨论。例如,在"洗涤剂"的活动中,当幼儿了解了有各种各样的洗涤剂后,教师提出问题:工人叔叔为什么要生产出这么多不同的洗涤剂?让幼儿随意分组讨论,每个孩子都积极地参与讨论,在充分讨论的基础上得出:工人叔叔生产出这么多的洗涤剂,是为了使我们洗东西干净、方便、省力。

(3) 发现活动。即不把答案直接告诉幼儿,而是创设环境,准备材料,组织各种活动,带领幼儿寻找答案,让幼儿多动脑的活动。幼儿科学教育的主要目标不是获取知识,而是激发兴趣、陶冶情感、发展能力、学习探究的方法。教师的注意力不应只放在学习"结果"上,而应注重学习过程,让孩子亲历科学家的发现过程。在教师精心设计的科学活动过程中,活动、尝试、观察、比较分析、概括,再找出答案,这是思维的"体操",是培养幼儿兴趣和能力的重要途径。例如,在认识"棉花"的科学教育活动中,教师并不是直接指导幼儿得出棉花有何特性的结论,而是通过为幼儿准备各种材料:棉花、小瓶子、小盆子(内装有水、剪刀等各种材料),鼓励幼儿用各种方法来玩棉花,比一比哪个小朋友玩棉花的办法多,在玩的时候想一想,你发现棉花是什么样子的。幼儿通过撕棉花、吹棉花,往空瓶里塞棉花,往有水的盆子里放棉花等活动,发现棉花能吸水、有弹性、很轻、能用手撕开等特性。所以在科学教育过程中,凡是幼儿能想的就让他自己想,凡是幼儿能做的,就让他自己做,尽量设计一些能让幼儿多动脑、多思考的活动,使其体验发现者的成就感,学习探索方法。

(4) 记录活动。记录活动就是幼儿用图画、符号、数字、照片,甚至简单的文字等多种适宜的形式,将自己在科学活动中的想法、计划、问题、所获得的经验、设想和感受,以及在探究中运用的方法和过程等记录下来,以进行表达表现、与同伴或成人交流的活动。在设计科学活动时,应该考虑幼儿可以在哪些环节进行记录,应该引导他们用什么方式进行记录,以及记录些什么内容。

首先,应安排一定的时间给幼儿进行记录。记录一定是在探究的基础上进行的,只有当幼儿在对探究的事物有所了解时,运用了自己能理解的方式进行探究时,对自己的探究结果满意时,他们才会有记录的意愿。这就提醒我们,在幼儿进行探究时,一定要留给幼儿充足的时间,才能使他们将自己的想法等记录下来。其次,要提供一定物质条件。例如给予纸张和画笔,或者表格等,以及其他可供幼儿记录的工具。再次,要创设宽松自由的心理环境,耐心倾听他们的心声,理解他们记录的内容,使记录真正成为培养幼儿探究兴趣的手段,让幼儿养成严谨、科学的态度,同时,也使得教师能了解幼儿内心的想法。

以上四类活动是从不同角度来阐述的,它们之间有交叉,如发现活动也可以同时是操作活动。另外,这几种活动也没能穷尽科学教育过程中幼儿的所有活动,如除了动手以外,还有身体活动等。

4. 活动方法的设计

在设计科学教育活动时,活动方法的设计是很重要的一环。它既包括教师教的方法,也包括幼儿学习的方法。前面我们已经介绍了各种不同的科学教育方法,在具体的科学教育活动过程中,这些方法一般都是配合使用的。

在科学教育过程中,教师既要反复研究每一次科学教育活动的目标,也要对各种教学方法加以比较,从中选择对实现教育目标最为有效的一种或几种方法来使用。一般说来,设计活动方法时应考虑下面几点。

(1) 根据活动目标设计方法。科学教育的方法是教师为实现科学教育目标而采取的方法,它是为活动目标服务的。而在每次科学教育活动过程中,具体的活动目标又是不同的,因此就应采用不同的活动方法。例如,在介绍新知识时,教师可以安排一些观察、实验的方法,同时还可穿插一些信息交流的方法。在幼儿已掌握了一些知识内容的基础上,就可以采用巩固知识能力的方法,例如,采用游戏的方法来复习巩固等。又如在发展分类能力的目标指引下,就应采用分类的方法进行活动。

(2) 根据活动内容设计方法。科学教育内容具有广泛性的特点,涉及自然科学的许多学科领域,各部分的教育内容具有不同的性质,这对方法的选择和运用具有一定的制约性。从总体上看,科学教育多采用实物观察、小实验、种植与饲养等方法。从具体内容看,有关动植物、人体的内容多用观察的方法,有些植物、部分动物包括人体,可用实验的方法;动植物又可用饲养、种植的方法;非生物的内容多用观察、实验、测量、分类的方法。总之,针对各种不同的内容,都必须考虑不同的活动方法。

(3) 根据本班幼儿的特点设计方法。从总体上说,前面所介绍的各种教学方法之所以成为科学教育中常用的基本方法,是因为它们既体现了教学的普遍规律,又符合学前儿童的年龄特点,能为幼儿所接受,在实际工作中也是行之有效的。此外,还应看到,各种方法之所以构成一种独特的方法,是因为它们所采用的基本手段(直接感知、语言交流、动手操作等)各不相同,这些不同的手段对幼儿的经验基础、认知能力有不同的要求。要使各种方法在使用时能达到预期的效果,就必须考虑幼儿的实际水平能否适应这些方法的需要。一般认为,幼儿年龄越小,直观的、游戏的方法就越重要,随着年龄的增长,以语言为主要手段的方法可以适当增加;同时,年龄越小,在一次活动过程中采用同一种方法的时间越短,因为年龄幼小的儿童注意力不易长时间集中;幼儿的科学经验基础不同,在运用方法时,也要有所区别。在幼儿对某些知识已有一定基础时,可以采用信息交流等间接的方法;在幼儿对知识或现象缺乏感性认识时,应尽量运用直观的手段。在设计方法时,还要注意班级特点,如幼儿的知识水平差异、思维灵活性、表达能力等。总之,要从幼儿的实际出发设计方法。

（4）根据幼儿园设备条件设计方法。由于各地区、各幼儿园的地理环境和物质条件有差异，教师在设计方法时，必须因地制宜，从幼儿实际出发，选用切实可行且行之有效的方法。例如，农村的幼儿园和城市的幼儿园环境条件就有不同。农村的幼儿园，可充分利用周围的自然条件，通过实地参观、观察、种植、饲养等方法认识环境；而城市幼儿园对一些诸如城市交通、现代建筑等内容的认识也可运用实地参观的方法，对一些田地、饲养场等自然的了解，有时只可通过挂图、幻灯、录像、外出参观等方法进行。同样地区的幼儿园，各种活动条件也不尽相同，有的幼儿园设备较齐全，使用实验方法时得心应手，而有的幼儿园设备仪器很少，教师就必须从实际出发，自制必要的教学用具，或设计其他的方法。当然，有些环境条件是靠人去创造的，教师应积极创造条件，以便更多地采用那些适合幼儿的、效果明显的方法。

（5）各种方法的配合使用。根据教学论的基本观点，教育活动既然是幼儿认识周围世界的一种特殊形式，就必然受到人类认识规律的制约。心理学在研究人类的认识过程时，既分析了人类对客观世界的认识需要通过感知、记忆、想象、思维等由简单到复杂（即由感性到理性）的活动，又指出这些活动从来都不是单独存在的，而是互相联系不可分割的。这就要求我们在设计方法时，不能把各种着重以感知促进记忆的、发展思维或想象的方法孤立起来使用，只有把多种方法配合起来使用，才能更好地完善整个认识过程。例如，外出参观（观察方法）可以使幼儿直接接触周围环境，获得丰富的感性印象，但却因客观环境中干扰的因素太多，致使幼儿得到的印象比较零散。信息交流的优点在于帮助幼儿加深印象，巩固知识经验，但它在幼儿没有一定经验基础的情况下，是无法使用的。

另外，在一次活动过程中，如果单纯使用一种方法，也会使幼儿感到厌烦，注意力难以持久，最终达不到预期目标。各种方法除有自身特点外，它们之间还有着互相渗透的关系，不能截然分开。例如，在运用观察法的过程中，离不开教师的提问和幼儿对观察结果的回答，即离不开信息交流中的谈话的方法。又如在小实验过程中，也离不开观察法的运用。因此，在实际活动过程中，只有把各种方法配合起来灵活地运用，才能保证活动目标全面达成。

5. 教师语言的设计

教师的语言对科学教育活动起着至关重要的作用。在科学教育活动过程中，教师的语言主要表现在讲解、谈话和提问上。关于教师的提问，我们将在下文中进行专题讨论。为使教师的语言发挥应有的作用，设计教师的语言时应注意以下几点。

（1）要有明确的目的性。教师的语言要围绕科学活动的目标来进行，把幼儿的注意力始终集中在活动的目标上，使科学教育活动过程始终保持应有的意识水平。例如，组织幼儿观察季节特征时，教师应抓住季节与动植物的变化、人们的服装以及自然界变化间的联系和因果关系进行引导观察，不必去深入认识某一动植物的特征或描述人们的服装。

（2）要具有形象性。由于幼儿的思维具有具体形象性、情绪性和情景性的特点，在科学活动过程中,教师运用生动形象的语言,不仅便于幼儿接受和理解,而且还可以激发幼儿探索的兴趣和积极性。为使语言具有形象性,可以抓住科学物体与现象特征,选择幼儿易于理解的词汇进行恰当的描述。例如,在描述小白兔身上的毛时,可以说"小白兔身上的毛是雪白雪白的"。又如描述雨后的彩虹时,可以说"天空的彩虹真像一条七色的彩带"等。

(3) 要富有启发性。所提的问题或讲解,能揭露事物的一定矛盾,能激发幼儿在解决一定的矛盾的过程中进行积极的思维活动。教师对于幼儿科学探索过程的指导,主要是通过提出有质量的问题实现的。

教师的语言要抓住要害、逐步深入,要简单明确、难易适度,并且少用暗示的语言,如问:"公鸡有什么特点?有点会飞吗?"这样的问题很不合适。还要注意积极引导,避免用否定式的语言,如:"你不知道吧,这缸里有什么。"总之,在科学活动中要多用开放式语言,少用或不用封闭式语言。

(4) 要有逻辑性。这要求运用确切的语言,按照语法规则,层次分明,有条不紊,正确地表述,引导幼儿逐步地分析,达到概念明确,判断恰当,推理合乎逻辑。例如,在"捕捉、观察蚂蚁"的活动中,可向幼儿逐步提出下列问题:

"仔细地找一找,看看哪里能找到蚂蚁?"

"捉一只蚂蚁看一看,它长得什么样?"

"仔细地看一看,蚂蚁在地上爬来爬去干什么?"

"蚂蚁的家在哪里?"

"蚂蚁发现食物后会做些什么?它用什么办法告诉同伴前面有食物?"

"蚂蚁怎样搬食物?怎样搬小的食物?怎样搬大的食物?"

……

如果教师的语言或提问不合逻辑,幼儿就无法理解。

6. 教师提问的设计

教师对于科学活动过程的指导,主要是通过提出有质量的问题实现的,有质量的提问能推进幼儿思考,促使幼儿去探索、去发现。科学教育活动中的问题主要有两大类:一类是理论性问题和操作性问题,另一类是封闭式问题和开放式问题。

(1) 理论性问题和操作性问题。根据解答问题需要的努力或操作方式的不同,可以将提问分为理论性问题和操作性问题。这种提法是由美国宾夕法尼亚大学艾夫克教授最先提出的。[1]

第一种是理论性问题。理论性问题是一种需要理论来解答的问题,或者它的答案相当复杂,孩子无法真正理解。这类问题通常以"为什么"开头,例如:"为什么现在世界上没有恐

---

[1] 钟圣校著:《自然与科技课程教材教法》,五南图书出版公司2000年版,第197页。

龙?""为什么月亮是圆的?"这种答案只能用阅读的方法或请教专家来解答。无论是哪种方式,幼儿能从中获得的知识比较有限,因为他们没有相应的认知结构或经验背景去理解。理论性问题是典型的儿童在遭遇新奇科学现象时会问的问题。虽然理论性问题的答案难以真正理解,但通过阅读科学性读物充实这方面的知识,作为日后进一步深思或探讨的基础经验,或以其概括印象提供某种情感态度的基础,这些都使理论性问题在整体科学素养的培养仍有其价值。

第二种是操作性问题。操作性问题是一种可以通过幼儿自身的操作来寻求答案的问题。这一类问题直接或暗示地指出,应该怎样利用科学材料去得到问题的答案。例如问:"如果把纸放到水里,会发生什么事情?"解答问题的方式可以是让幼儿把纸放在水中试一试。又如问:"蜡烛放在不同大小的玻璃瓶里燃烧,会有怎样不同的结果?"只要有这些材料,就可以试一试。幼儿可以通过亲自观察、实验等操作活动,找出操作性问题的答案。儿童在操作过程中不仅能获得科学经验,熟练各种科学过程技能,也可培养科学情感和态度。

既然理论性问题幼儿难以回答,其答案是一种幼儿无法理解的科学理论,在活动中教师就要避免向幼儿提出理论性问题,而尽量运用操作性问题。但是在运用操作性问题时,也需要注意它的适切性。操作性问题所涉及的是能力技能活动的层面,而不是单纯的教师提问,然后幼儿回答,即需要在活动过程中,通过幼儿自身的探索活动,得出答案。因此,在设计教师的提问时,要考虑在一个活动中,哪些环节是可以提出操作性问题的,因为一个操作性问题的提出,带来的是一系列的操作。

(2) 开放式问题和封闭式问题。根据问题答案的性质,可以将提问分为开放式问题和封闭式问题。

第一种是开放式问题。开放式问题是指问题的答案应具有开放性,一个问题可出现多种答案,答案不是固定的、唯一的。例如问:"你怎么发现的?""怎么发现?"每一个幼儿的回答会不一样,即使相似也不会完全相同。又如问:"石头有什么用?"石头的用处有很多种,而不只是一个答案。在科学活动中开放式问题的功能表现在以下方面:[1]

① 提醒探索发现:"蜗牛吃什么东西?"
② 诱发预测:"如果……将会怎么样?"
③ 引导深入探索:"为什么你认为天平那边会低下去?"
④ 促进推理:"说说看,为什么会这边感觉干,那边感觉湿?"
⑤ 鼓励另一种尝试:"想一想,你可以用什么办法,使蚯蚓从那一边爬出来?"
⑥ 激发创造性思考:"如果……你想怎么样?"
⑦ 流露感情和价值:"这项活动,你们最喜欢的是什么地方?"

---

[1] 钟圣校著:《自然与科技课程教材教法》,五南图书出版公司2000年版,第200页。

第二种是封闭式问题。封闭式问题和开放性问题正好相反,其答案虽然不一定是一个,但正确答案是固定的,是唯一的。例如"母鸡会游泳吗?""这种昆虫的名字叫什么?""刚才我们看到的是什么?"这些问题的答案是确定的。虽然在科学活动中,教师大多会考虑如何提出一些开放式的问题,让幼儿能充分地、开放式地思考,而且有时甚至认为封闭式问题是错误的,是和注入式教育联系在一起的。其实,封闭式问题在科学活动中仍有其必要性。在科学活动中封闭式问题的功能表现在以下方面:①

① 引导注意焦点:"哪一杯水最热?"
② 协助回忆所学:"你刚才最先做什么?""这些材料中,哪些被磁铁吸住了?"
③ 回忆先前的观察:"豆子泡水一天后,和昨天一样吗?""哪一棵树比较高?"

开放式问题和封闭式问题在科学教育活动中都有其各自的功能。封闭式问题是在直接指导一些主题内容、概念或过程时提出的,与之相应的教学方法包括讲解、说明和示范等。由于它们的解题空间有限,因此答案明确,可以预测。开放式问题不仅指向知识经验的获得,而且指向幼儿的操作活动,指向科学探索过程。在教师的启发性问题下,幼儿不仅需要回答问题,而且还能发现问题、提出问题,能促进幼儿求知欲、思维能力和创造性的发展。但是所学的结果,却不易被预测和评估。虽然在现代科学活动中,比较强调以开放式的问题为主,但是封闭式问题得到解答后的追踪问题,也常是开放性的,例如:"你怎么知道的?你怎么发现的?你能做给我们看吗?"这些问题往往是在"是什么""怎么样"之类问题后提出的。特别对于年幼儿童来说,封闭式问题更有其必要性。美国学者盖格提出,为引导儿童学习,我们应兼顾闭锁②和开放的问题。闭锁的问题让学生注意单一变项,导致专注的学习;开放的问题则打开学生的思路,注意多个变项,导致开放的活动。在学习过程中,两种问题配合使用,效果才是最好的。③

在教师的提问中,除了要注意用好不同类型的提问以外,在具体提问时,还应注意以下事项:我要问的对象——是谁(Who)?我要问的理由——是什么(Why)?我准备在什么场合问——何时(When)?何处(Where)?我这样问的好处——为什么值得问?学到了什么(What)?以什么方式呈现问题(How)?最后一点是在确定以上几个方面后加以考虑的。另外在具体提问时,还应该要考虑到在一个预定性科学教育活动中,提多少问题是适合的;所提的问题应该确定在什么层次,记忆、理解、应用、分析、综合,还是评价;问题应该如何措辞,才能使幼儿清楚地了解,例如,对于年幼儿童来说,句子太长的提问,以及逻辑性不强的提问,都是不合适的。

---

① 钟圣校著:《自然与科技课程教材教法》,五南图书出版公司2000年版,第201页。
② 即封闭式,我国台湾地区学者大多将"封闭式"译成"闭锁式"。
③ 钟圣校著:《自然与科技课程教材教法》,五南图书出版公司2000年版,第203页。

7. 结尾活动的设计

幼儿科学教育活动应该在幼儿情绪还未低落的时候结束,形式可以是多种多样的。如可以采用故事式结尾、游戏式结尾等。无论是采用哪种形式,教师都应该鼓励幼儿在集体活动结束后,继续在科学角、科学活动室、园地或家里等地方进行探索活动。因为预定性科学教育活动是要受时间限制的,一般小班不超过20分钟,中、大班不超过30—35分钟,但是幼儿的探索欲望是无止境的,所以预定性活动的结束应该是开放式的,一般多采用布置任务、鼓励幼儿继续发现的方式结束。

| 空气炮 |

"空气炮"这一活动组织幼儿在有兴趣的竞赛游戏中,通过多次实验,了解空气的存在,并激发幼儿对自然现象进行探究的兴趣。通过这一集体活动,可以了解如何基于儿童视角,从以下方面对集体科学教育活动进行设计与指导:活动内容的选择、活动目标的确定、活动结构的安排、活动方法的运用、教具学具的投放、教师提问的设计,以及教师在活动过程中基于幼儿的表现作出的回应,等等。

第三节 选择性科学教育活动的设计

选择性科学教育活动是指幼儿在科学发现室或自然角、科学桌等场地内进行的科学教育活动。幼儿园的区角活动中,特别是学习性区角中,包括了部分科学探究活动,但并不是所有的区角活动都与科学探究活动有关,同样,区角活动中的科学活动区角,也没有囊括所有的选择性科学活动。选择性科学教育活动除了在活动室内的区角、自然角内进行以外,还包括了为幼儿特别创设的科学探究室、在室外散步和采集等活动。在选择性科学教育活动中,教师主要是进行间接指导,为幼儿创设环境、提供材料,并在活动过程中给予必要的指导。但这并不等于说,教师在活动前不需要对选择性科学活动进行设计,任其自然,选择性科学教育活动同样要求教师进行精心设计,只是设计的重点与角度有所不同而已。

需要说明的是,选择性科学教育活动的设计,因为其特点的关系,往往是从一个时间段去考虑活动设计,即选择性科学教育活动设计不能如同预定性科学教育活动设计那样,以一次活动为时间单元。一个时间阶段的长短,要根据班级所在幼儿园的情况而定。

一、活动目标的设计

选择性科学教育活动是学前儿童科学教育的重要组成部分,起着预定性科学教育不能起到的作用。由于科学的特性,很多科学活动内容都需要以个体或小组的形式进行探索。在选择性科学活动中,同样需要对幼儿进行全面发展的培养,所以除了设计预定性科学教育活动目标时需注意的方面外,设计选择性科学活动的目标时,应特别注意以下几个方面。

1. 根据幼儿个别情况设计目标

选择性科学教育活动的特点,是幼儿在活动中具有较大的自由度和灵活性,可以根据自己的兴趣和需要,从自己的水平出发,用自己的方式进行选择与探究。根据这些特点,选择性科学教育活动没有全班统一的活动目标,也没有如同预定性科学活动那样,每一次活动都有明确目标。教师往往只为孩子提供、准备各种科学活动所需的材料和设备,创设时间和空间,营造科学探究的气氛。但是作为教育活动,它必定是有目标的,只是这个目标比较笼统、宽泛,是方向性的目标。例如,在某个阶段中,侧重点是培养幼儿科学探究的兴趣,但究竟培养幼儿对哪些具体事物或者探究活动的兴趣,幼儿的这种兴趣水平如何定位,教师一般就无法给予确定。在这样的活动中,教师可以在对幼儿观察了解的基础上,有意识地特别对一些幼儿进行重点的指导,这些幼儿大多是需要特别关注的,例如有些发展较快的幼儿,或有些是有特别需要的幼儿等。教师可以针对这些孩子的特殊情况,设计具体的目标。例如,班上新来了一名孩子,从未上过幼儿园,或刚从其他幼儿园转来,教师可根据他的情况进行专门的指导。

2. 根据前次活动情况设计、调整目标

选择性科学教育活动的另一个重要特点,就是需要教师事先为幼儿准备各种设备和材料,供幼儿进行科学活动。这些材料和设备的准备当然不是无依据的,而是根据活动目标、幼儿的探索兴趣和需要而来的。目标的设计既要根据每一阶段活动的总体目标,又要根据前几次活动的具体情况来确定和调整,即本阶段活动目标的提出,往往是建立在前几次活动结果基础之上的。例如,教师注意到前几次活动中,部分幼儿对透镜发生了浓厚的兴趣,他们发现了凹和凸的不同,活动结束时,还不肯放弃探索。有一名幼儿提出:"透过平的玻璃(幼儿是与凹和凸的玻璃相比而提出的)看到的东西又是怎样的呢?"据此,教师调整了活动目标,提出了"让幼儿玩平、凹、凸三种玻璃,并比较其异同"的目标。教师在选择性科学教育活动过程中,应仔细观察幼儿的活动,观察幼儿在活动中的需求,了解幼儿对材料的兴趣;观察幼儿在探索活动过程中的情况,包括幼儿探索的方法、发生的困难,幼儿之间的互动情况,

以及个体幼儿的个性差异、情感态度特点、认知水平等,以不断地寻找幼儿学习的最近发展区,对幼儿提出进一步的发展要求。

3. 根据教育活动主题预设目标

目前,我国幼儿园的课程以主题的形式开展,选择性科学活动也是幼儿园主题活动的组成部分,它与预定性教育活动一样,是达成主题活动目标,完成主题活动内容的途径。幼儿园主题活动的目标设定往往依据幼儿的已有经验,意在幼儿经验的发展与能力的提升,所以幼儿主题活动的目标可以作为选择性活动目标设计的参考,教师可以根据当下班级进行的主题活动预设科学区域的目标。

二、活动内容的设计

选择性科学活动可以根据场地大小、材料的丰富性等条件进行内容设计,还可以结合班级的活动主题来设计。科学活动室场地比较大,可多设置一些不同的内容,每样内容又可多准备几份材料供幼儿选择。科学角、自然桌的场地面积相对较小,设置的内容就只能在数量上减少,在品种上也要考虑某些占地较多的内容不宜摆放。但无论是怎样的场地,以及是否与活动主题相结合,选择性科学教育活动的内容设计一般可归为以下几类。

(一) 观察阅读类

观察阅读类的内容主要是通过眼睛观察,不宜用手摆弄操作。有的是用于对专用的科学探索室进行的墙面、门窗等的布置,有的是用于让幼儿进行早期科学阅读的材料,也有的是用于让幼儿参观的。

1. 适合墙面布置的内容

(1) 壁画:是挂、贴在墙上的有关科学内容的画面,例如,未来世界、古代动物、春夏秋冬景色、最冷最热的地方、科技发现史、天空海洋等,以及与之有关的物体。

(2) 悬挂:在屋顶、窗口、门前悬挂的各种模型、图片,例如飞机、飞船、火箭、各国国旗、小动物、柳条、桃花、瓜果等,或布置成太空场景,垂吊各种星球等。

适合墙面布置的内容应根据情况经常更换。

2. 适合参观的内容

(1) 模型:大地球仪、地图拼图,还可制作各种模型箱,如海底世界、森林里的野兽、鸟的家、猿人生活、南极、北极等。模型箱的制作可在一面为玻璃的大木匣里,用背景图、玩具和废旧材料制作模型,组成各种场景。

(2) 标本:如各种动物、植物的标本。这些标本大多是无法让幼儿触摸的,只能用眼睛观察。

(3) 实物:各种有关的真实物体。

3. 适合早期科学阅读的内容

(1) 图书：如书架、书袋里的科学画报和各类科学图书。

(2) 音像：如有关科学的音频、视频等。

早期阅读的各类材料，可以结合活动主题安排，也可以独立安排。科学发现鼓励幼儿接触真实的事物，但是不可能将整个世界带到活动室里来。在这里，幼儿可以学习通过利用资源性的材料来扩展知识。如果需要结合活动主题，可以在一个主题开始前，去图书馆、资料室挑选与主题相关的合适的书本。例如，在大班"动物"主题开始前，教师就可以选择有关动物的图画书——《白鹤日记》《青蛙和蛤蟆》[1]，来配合主题的开展。

(二) 科学玩具类

科学玩具类的内容大多为买来的玩具成品。目前市场上有很多新颖的科学玩具，如电动玩具、机动玩具、声控玩具、遥控玩具、磁性玩具、学习玩具、拼插玩具及其他（水车、电子琴……）玩具等。

(三) 操作实验类

操作实验类的内容是可供幼儿自己实验、操作、观察、探究的工具和材料。这些工具和材料是幼儿最喜爱的内容，也是选择性科学教育活动中最关键的部分。操作实验类的材料，主要是有关电、磁等物理、植物系列的材料，幼儿可以用这些材料来进行实验、操作，获得各方面的经验。以下仅举几种为例。

(1) 光：如各种镜子（平面镜、三棱镜、凸面镜、凹面镜等）、各种透镜（凸透镜、凹透镜）、调配颜色、三色镜、变色陀螺等。

(2) 电：如会亮的电珠、摩擦起电、手电筒。

(3) 磁：如走迷宫、龟兔赛跑、钓鱼。

(4) 声：如音叉、响铃等乐器，小电话，敲鼓跳舞人。

(5) 力：如天平、弹簧秤、转伞、搭纸桥、斜面板。

(6) 空气：如不湿的手绢，哪支蜡烛先灭。

(7) 水：如冻冰花，哪块手绢先干，沉和浮。

(8) 化学：如葡萄熟了，变色牵牛花。

(9) 种子：如黄豆、稻子、麦子的发芽。

(四) 制作创造类

操作实验类的内容是可供幼儿自己制作各种物品所需的材料工具，制作创造类的材料

---

[1] 编者注：选自美慧树原创绘本系列，由华东师范大学出版社于2013年版。

可分为两个方面。

第一方面是某一种制作所需的特殊的材料,幼儿可以用这些材料来进行制作创造,获得各方面的经验。例如:

(1) 各种玩具制作(科学玩具):例如风车、小电话、科幻画等。

(2) 标本制作:例如树叶标本、种子标本、花的标本、昆虫标本、树叶画等。

(3) 陈列品制作:例如萝卜小猪、螺蛳壳小鸡、黄瓜鳄鱼等。

第二方面是一些基本的工具,是可以用于各种制作创造活动的,是一些必备的通用材料。

(1) 安全护目镜;

(2) 绘画时用的工作裙或罩衣;

(3) 纸板的或泡沫塑料的餐盘;

(4) 清洁设备,如水桶、海绵、纸巾、垃圾盘和扫帚;

(5) 大的纸张,用来画图表;

(6) 剪刀、棉花、线条、回形针等。

三、活动材料和设备的设计

选择性科学教育活动中材料和设备的设计是关键,在设计材料和设备时,除了在性能上要求安全可靠等外,还应考虑以下几点。

1. 材料的生活性

《纲要》指出:"科学教育应密切联系儿童的实际生活进行,利用身边的事物与现象作为科学探索的对象。"幼儿已有的生活经验是探究未知的基础,因此在科学活动中我们要为幼儿提供日常生活中经常碰到的、感知过的或触摸过的材料,由此引发和保持幼儿对材料的探究欲望。另外,教师要引导幼儿做有心人,与幼儿一起随时随地收集身边易得、卫生、安全的可利用物品,还可以积极争取家长的理解、支持和主动参与,家园共同寻找材料,使幼儿的探究材料更为丰富。

例如,在案例"神秘的布袋"中,教师为了发展幼儿的感知觉及观察能力,为幼儿提供了自制的"神秘袋"——一个布料柔软、袋口能收缩的小布袋,并在布袋内放入幼儿生活中常见的、气味较强的、触感较明显的物品,如苹果、小铃铛、毛巾、积木、刷子等材料,让幼儿通过不同感官去感知这些物品。

2. 材料的结构性

科学材料中的结构,意思是指材料在被使用时能揭示自然现象间的某种关系。[1] 有些关

---

[1] [美]P·E·布莱克伍德、P·F·布兰德韦恩著,陈德璋、张泰金译:《小学科学教育的"探究—研讨"教学法》,人民教育出版社1983年版,第29页。

系是内在的,例如磁铁、铁块、镍块和铜块集合到一起就有了一种结构,磁铁和铁、镍能发生相互作用,和铜之间却不发生相互作用。我们在操作这些材料时发现的这一现象,就是磁铁的特性。也有一些外在的、强加上去的关系,例如一块木片、一张纸片、一根橡皮筋,这些东西不能相互发生作用,不能揭示任何自然现象。因此,在选择给予幼儿操作的材料以期达到学习目标时,就需要考虑,将一堆材料放在一起让幼儿探究,这些材料是以什么样的方式组合在一起的呢?这些材料能揭示科学上什么重要的概念?材料必须组成和概念有关的结构,它们还必须有吸引力,这样才会给幼儿一种想要参与的欲望。当然,这意味着这些相互作用的现象必须是幼儿有能力发现得了的。教师在给幼儿投放材料时,一定要根据设计的内容,选择相应的主体材料和辅助材料,让幼儿学习运用这些材料来尝试解决问题。例如,在"漂亮的羽毛"的活动中,其中有一组材料是这样准备的:纸袋,各种各样的羽毛,贝壳和树叶等。幼儿会将自己的材料用各种方式分类:如漂亮的羽毛和不起眼的羽毛等。

3. 材料的丰富性

材料的丰富性是指要为幼儿的选择性科学活动提供种类丰富和数量充足的材料,这样可以给幼儿提供较多的选择机会,并有效地减少幼儿无所事事、相互争执等现象,同时也为幼儿根据自己的需要选择材料提供物质基础。一般来说,一个科学活动区内可提供不超过四至六个种类的材料,每组材料以三或四份为宜。如果材料种类过多,也会造成幼儿因为新刺激过多而不断变换内容的情况。每组材料保证一定的数量,还能使幼儿进行相互交流,获得有关活动方法、活动对象结果等各方面的信息,进而使自身的探究活动不断深入,并能较持久地维持对该活动的兴趣。需要注意的是,新近投入的材料的数量一般要稍多些,因为幼儿会对最新的材料关注较多,流连的时间也会较长。如果新投入的材料过少,则不利于幼儿的选择。

4. 材料的层次性

材料的层次性是指要为幼儿提供符合不同层次需要的材料,以便不同水平的幼儿按自己的需要进行选择。材料是选择性科学活动的物质基础,什么样的材料,就可以引发什么样的活动,达到相应的目标。例如在"斜坡"的一组材料中,教师设计提供了平面板、小球,另外还提供了一些积木,可供幼儿放在条板之下,使斜面构成不同的坡度,使幼儿发现,在不同的坡度上滚下的小球的速度会不同。为了增加层次性,教师还可以提供不同平面的条板,如光滑的木板面、比较粗糙的贴有布面的条板等。还可以为幼儿提供三角形、正方形等不同形状的材料,让幼儿尝试比较小球滚下的速度的不同。幼儿的认知水平有差异,教师在设计材料时,将要投放的材料,与幼儿通过材料可能达到的目标之间进行不同层次的分解,以适合不同幼儿的不同需要。幼儿在多层次的材料中进行选择,既适应了幼儿今天的需要,也能在幼儿发展的过程中,不断地提供最近发展区,使幼儿面临新的挑战,以此得到不断的发展。当然,这种层次性也是在动态发展中的,需要一直根据幼儿的发展作出调整。如同以上的例子中所提到的，不同的板面可以在活动前一次性设计、提供，也可以根据幼儿的实际情况，逐渐地提供。圆形、三角形、正方形等材料的提供也是如此。

| 水果滚滚 |

"水果滚滚"是一个小班科学区角活动（选择性科学活动）。根据3—4岁幼儿的年龄特点，教师选择了幼儿熟识的水果和蔬菜作为材料，引导幼儿探究这些水果、蔬菜的形状和大小。通过让水果蔬菜在有大大小小的圆形洞的"轨道"上滚动，引导幼儿发现水果、蔬菜能否滚入洞内与其形状及大小之间的关系。

| 沉与浮 |

"沉与浮"是一个在幼儿园各年龄班都经常进行的科学区角活动（选择性科学活动）。针对视频中的中班幼儿，教师提供了多种自然材料和人工材料，让幼儿根据自己的想法进行探究。在活动过程中，幼儿不仅了解了沉与浮的现象，还充分动手动脑，改变实验的材料，学习了比较观察、材料分类、动手操作等方法，发展了科学探究的能力。

| 水变干净了 |

在大班的科学区角活动（选择性科学活动）中，"水变干净了"是常见的活动之一，但是每个具体活动所投放的材料会略有不同。在这个视频中，幼儿主要运用了棉花、海绵、纸巾、瓷石、砂石等材料，尝试让污水变清。幼儿可以根据自己的想法、需求、兴趣点来自由选择材料，运用自己的方式（不同材料、不同顺序、不同数量）来组装滤水装置，并且不断地进行调整。同时，幼儿互相合作，共同商量和操作。最后，将污水倒入自己完成的四个不同装置中，通过比较观察，发现污水变干净的程度不同，于是又提出了新的问题……

第四节　幼儿园科学教育活动的指导

在幼儿园开展的各类科学教育活动中，教师的指导十分重要。教师应根据科学教育活动的类型、本班幼儿的特点及实际水平等对科学教育活动进行有的放矢的指导。这里的活动指导特指对各类科学教育活动过程的指导。

一、预定性科学教育活动的指导

预定性科学教育活动是在教师指导下开展的活动，教师在活动过程中的指导，不仅仅体现在通过教育活动计划中既定的要求、设计的程序来使幼儿获得科学经验、学习科学方法等。为了使活动达到预定目的，获得最佳效果，教师应在活动过程中更多地注意自己的教育对象。教师应随时根据幼儿的表现情况，调整自己的角色身份，有效地指导科学教育活动。预定性科学教育活动的指导，可从以下几方面入手。

(一) 明确任务，引起兴趣，导入活动

指导幼儿进行预定性科学教育活动，从一开始就应明确活动的任务，激发幼儿的兴趣，使幼儿在好奇心的驱使下积极地投入到科学探究活动中去。教师在进行导入活动时，应注意简短、有趣、有指向性。导入活动对于整个活动过程的开展很重要，成功的导入活动未必导致整个活动开展得成功，而不成功的导入却有可能成为一次混乱活动的开始。教师要以对科学活动的热情，生动而简短的谈话，或以启发提问、儿歌、谜语等引起幼儿活动的兴趣和愿望，明确活动目的和要求，将幼儿的注意力集中到活动对象上。如果在活动开始时出示了活动对象，要让幼儿对对象有一段时间的整体观察。不要以过多的语言分散幼儿的注意，打扰幼儿的观察。更不要制止幼儿对活动对象的自由讨论和交谈，而要注意倾听、观察幼儿的言行，以便有针对性地引导幼儿观察。

(二) 引导幼儿运用多种感官、多种方法进行感知、操作

在预定性科学教育活动中，教师的重要角色在于刺激、引导，而不是示范正确反应、说明知识，也不是纠正错误反应。当幼儿遇到问题时，教师的重要工作是安排情境或提出问题，以暗示幼儿注意线索。给予正确答案可能无法说服幼儿，幼儿只有在自己的经验中才会被说服。幼儿是通过自身探究活动学习科学的，因此，应重视幼儿自身的活动。因为预定性科学教育活动就是让幼儿在活动中运用各种感官、多种方法接触或发现客观事实，从事感官探

索、观察、实验、测量等活动。伴随着这样的活动,幼儿内心就会产生好奇、猜测、感动及欣赏。

在预定性科学教育活动中,教师应指导幼儿运用多种感官感知客观事物。客观事物的特征是多方面的,在幼儿探究时,应尽可能地让幼儿看清观察对象的全貌。这就需要指导幼儿运用自己的各种感官来感知事物多方面的特征,使幼儿能比较全面地认识事物。通过视觉器官感知物体的形状、颜色、大小、高低;通过听觉感知物体的声音;通过嗅觉感知物体的气味;通过触觉感知物体的轻重、手感、温度;通过味觉感知某些物体的味道;等等。教师还应允许和支持幼儿用他们自己的方法进行操作感知,比较发现,引导幼儿从多种角度思考问题,从而获取答案。

(三)教师应使幼儿真正成为学习的主体

在预定性科学教育活动过程中,应发挥幼儿的主动性、积极性和创造性,使幼儿真正成为学习的主体。教师可用启发性的提问、少量的指令来代替强制地灌输知识,引导幼儿充分进行各种感知操作、讨论等活动。允许幼儿在一定的范围内,根据自己的生活经验、自己的意愿、自己的步骤和方法进行学习;允许幼儿为探究需要而移动位置;允许幼儿结伴合作探究,或与同伴交流自己的发现、想法;允许幼儿提出不同的问题或者要求教师提供更多的材料……在活动过程中,教师要尊重幼儿,成为幼儿的好朋友,当好幼儿学习科学的合作者、指导者以及材料的提供者。同时,教师还要根据活动过程中幼儿不同的表现,调整指导,而不是用一种方式指导不同水平的幼儿。例如,在"有趣的石头"活动中,教师既对每个幼儿有基本的要求:采集不同的石头,观察、描述石头,又为幼儿留有余地。鼓励、指导能力强的幼儿在自己的发展水平上,用自己的方法,在不同层次上思考、理解石头的多样性;帮助能力弱的幼儿观察、描述石头。

幼儿在活动过程中,会有一些新的想法、意愿,应允许幼儿表达,对于一些大多数幼儿需要的、有教育价值的想法,应给予支持和鼓励。

(四)引导幼儿学习用各种方式进行表达与表现

幼儿学习科学的目的并非将成人的知识堆积在记忆中,而是培养"成长的动力",作为日后正式学习的基础及准备。因此,科学教育就是要让幼儿在活动中接触或发现科学事实,伴随着科学活动,幼儿会产生好奇、猜测、感动及欣赏,这些都为幼儿的表达提供了丰富的材料。而幼儿也乐于将自己的发现、感受、体验表达出来,与同伴相互交流、相互补充。因此,在幼儿充分探究的基础上,引导幼儿用各种形式表达、交流自己的发现,描述操作的过程、方法和结果,是预定性教育活动的重要部分。通过活动,使幼儿所产生的触动及想法获得抒发,形成深刻的经验,也成为幼儿继续探究科学的兴趣源泉。

在预定性科学教育活动中,教师引导幼儿表达的形式可以是多样的,可用语言、姿态、绘画、造型、音乐、律动等，也可以运用故事、戏剧等。幼儿表达的内容也是丰富多彩的，可表达自己的经验（包括感知觉、运动觉、内部感觉和情绪体验），也可表达自己的发现和创造，还可表达自己感知操作的方法过程和结果。例如，在"认识水果"的活动中，幼儿说："我吃了香蕉，可没吃到种子，没有种子，香蕉是怎么种的呢？"这是幼儿在表达自己的发现和疑惑。又如蜗牛爬在手臂上的感觉是"痒痒的""黏黏的"，这是幼儿在交流他们的经验和感受。

（五）要注意结束活动的时间及方式

预定性科学教育活动有一定的时间限制，当活动达到了一定目标，幼儿的活动也达到一定的高潮时，可以考虑活动的结束，应注意以下几点：首先，为了不挫伤幼儿探究的积极性，以及考虑幼儿的年龄特点，活动不要突然结束；其次，教师可采用多种方式结束活动，如简单小结、传递某些幼儿不可能通过自己探究得到的知识，安排继续学习的任务等；再次，可安排一些延伸活动，让幼儿继续探究，如让幼儿在科学桌或活动区继续活动，提出一些新的问题，让幼儿思考、操作等；最后，可以指导幼儿一起整理活动材料，培养幼儿良好的科学探究的习惯。

二、选择性科学教育活动的指导

选择性科学教育活动是幼儿学习科学的重要途径，在选择性科学教育活动中，教师的指导可从以下几方面入手。

（一）创设良好的心理环境

良好的心理环境是指幼儿学习科学的良好气氛，是选择性科学教育活动的前提。教师应提供大量的实践机会和各种教育活动，支持幼儿按自己的兴趣去参与探究活动；鼓励幼儿大胆探索，大胆表达自己的想法和做法，肯定、表扬幼儿点点滴滴的进步；教师经常以同伴的身份和幼儿一起进行科学探索活动，让幼儿感受教师对他们的关心和爱护，使师生间的关系变得积极融洽。在这平等、和谐的气氛中，幼儿的学习就会无拘无束，其主动性、创造性也得以发挥。

（二）应让幼儿自由选择活动内容和材料

在选择性科学教育活动中，摆放在幼儿面前的是丰富多彩的活动内容，活动内容的丰富性就使得幼儿的自由选择成为可能。在活动过程中，应让幼儿真正地按自己的兴趣和意愿、自己的水平和需要来选择活动内容与材料。当然，在这样的选择中，一定会有一些情况发生：某些内容没有幼儿选择，而有的内容，特别是新投放的内容选择的人比较多。教师可采取各种方法进行调整，如新投放的材料幼儿选得多，可采取暂时轮换的方法，无人选择的材料可及时撤换或由教师进行一些指导。但不管怎样进行调整，都应尽量满足幼儿的需要，符合幼儿的意愿。

(三) 观察了解幼儿的活动,及时提供指导和帮助

在选择性科学教育活动过程中,教师应随时关注幼儿的操作情况,耐心观察、了解他们的需求和水平。一是要看整个活动环境是否能激发幼儿的活动兴趣,材料是否适合不同水平的幼儿。二是要看个别幼儿的探究情况:兴趣、需要、态度、个性等,针对个别幼儿提出问题或要求。教师对幼儿提出问题或要求,是激发幼儿探究欲望和引导幼儿深入探究的重要因素。如玩磁铁时,教师可先提出:"请你试试看,磁铁有什么用?"当遇到幼儿不能耐心仔细地进行探究时,教师也可提醒他:"你是不是把所有的东西都吸过了?找找看,有没有漏掉的?"但并不是对所有幼儿都提同样的问题,要根据幼儿的不同情况有的放矢地提出各种问题。在活动过程中,幼儿会遇到各种困难,一些幼儿会对教师提出问题。教师对幼儿的提问作出不同的反应方式,对幼儿的探究活动会产生不同的影响。教师不应直接把问题的答案或解决的方法告诉幼儿,更不能代替幼儿完成;也不能对幼儿的问题不作反应或不提供帮助。应先肯定幼儿的成绩,再鼓励他继续尝试或用提问去引导他,使幼儿通过自己的进一步探究解决问题。

(四) 帮助幼儿遵守活动规则

在选择性科学教育活动中,制定相应的活动规则是很有必要的。应让每个幼儿都了解活动规则,并在每次活动中提醒幼儿遵守。例如,要求幼儿在活动时保持安静,不影响同伴的探究活动;又如,提出互相谦让和轻拿轻放实验材料的要求。这些活动规则应一直坚持,并可以作为活动结束时评价的内容之一,以保证选择性科学教育活动的顺利进行。要求幼儿遵守规则,也可以运用一些办法。例如,对于一些材料较少的活动,可以利用一些标识来控制人数,如区角前的小脚的数量、椅子的数量都是控制人数、培养幼儿遵守规则的办法。

三、偶发性科学教育活动的指导

幼儿由于受认知水平、生活经验的局限,他们自发的科学活动,如果没有教师适时的关心和指导,有时会难以进行,更严重者,则会导致对科学现象热情的降低。在一次对幼儿园的调查中发现,教师对幼儿偶发的科学活动有三种态度:(1)支持、指导;(2)制止、指责;(3)没有发现、不闻不问。第一种态度占10%,第二种态度也占10%,第三种态度占80%。这种状况显然不令人满意。为了进一步保护幼儿学科学的兴趣和好奇心,发展幼儿学习科学的积极态度,在幼儿偶发性科学活动产生后,教师的支持、鼓励和灵活的指导是相当重要的。

(一) 要关心、发现幼儿的偶发性科学活动

教师必须做有心人,要用敏锐的眼光去关心周围事物,善于观察,及时发现幼儿自发的

科学活动。例如,几个幼儿围在一起,面红耳赤地争论着什么,应该去听一听;几个幼儿用小木棍在墙角挖东西,应该去看一看。

(二) 要以积极的态度支持、鼓励幼儿的偶发性科学活动

教师的赞许和参与,会使幼儿对科学探究的积极性加强,并更仔细地观察和延续探究活动。反之,教师若不关心,甚至制止、干涉,则将损伤幼儿主动探究的积极性,造成不良的后果。在发现、了解幼儿的偶发性科学活动后,教师应及时地作出反应:参与幼儿的活动,提供一些探究所需的材料,组织更多的幼儿一起来讨论,这些都能使幼儿受到极大的鼓励。

 思考实践

1. 什么是预定性科学教育活动?什么是选择性科学教育活动?什么是偶发性科学教育活动?三者之间有什么关系?
2. 举例说明幼儿园科学教育活动过程的特点。
3. 设计一个"各种各样的树叶"活动方案,并予以实施。
4. 分析以下科学活动方案,根据理论提出改进意见。

活动名称:搭积木(中班)

活动目标:

(1) 运用不同方法搭建高楼,探索让楼房更牢固的方法。

(2) 尝试与同伴相互合作,体验搭建的乐趣。

活动准备:

木制积木、PPT、音乐。

活动过程:

一、我是建筑师

我们一起来搭高楼,有什么办法能让楼房搭得又高又稳?

小结:每块积木要对齐。

二、第一次搭建(9块积木)

(1) 请小朋友做建筑师,用积木搭高楼,搭积木的时候要小心,在桌子上轻轻地搭建,别碰到桌子,不然高楼就要倒下来了(幼儿搭建,教师巡回指导)。

(2) 搭建分享:看看谁的楼房高,说说你和他不一样的使用方法。

小结:有的积木竖起来像柱子,有的横着像平台,这样交错着就搭成了大高楼。我们搭的高楼要不怕风吹日晒,我来检验一下这个房子能不能住进去。

(3) 有什么办法让楼房更牢固?

三、第二次搭建(13块积木)

(1) (出示PPT)请你看看我们工人叔叔的好方法。

提升:柱子多更牢固;前后左右都有墙,更牢固。

(2) 请你用这样的好方法试一试(幼儿搭建,教师巡回指导)。

(3) 这次的楼房是不是更牢固呢? 大风实验来啦。

搭建分享:说说你用了什么好方法,让楼房又高又牢固。结合幼儿经验小结。

四、第三次搭建(17块积木)

(1) 上海有很多的高楼,我们来看看搭建它们的好方法。

提升:下面大,上面小,这样更牢固而且还很高。

(2) 让我们用刚才学的新办法再去造一次高楼,这次相信你们造的高楼能更高更牢(幼儿搭建,教师巡回指导)。

(3) 这次的楼房是不是更牢固呢? 大风实验来啦。

搭建分享:结合幼儿经验小结,底盘面积大,材料多,更稳固。

五、延伸

在生活中,我们也常常使用这样的好方法(欣赏PPT),你们看看这是什么建筑?(中国馆)它的外观上面和下面比:下小上大。这是怎么搭建的呢?我们下次再来试试看。

第六章 家庭与社会的学前儿童科学教育

重视建立幼儿园科学教育、家庭科学教育与社会科学教育的育人机制,是现代学前儿童科学教育的重要特征。社会经济、文化、科技的发展使社会系统对教育的影响越来越大,也使教育与社会的关系越来越密切,突出表现在社会信息源的多渠道化、媒介成为一个主要的学习促进者等方面。大众传播媒介的普及,增加了幼儿接触科学的途径,使幼儿从幼儿园以外获得的科学信息越来越多,所受到的影响也越来越强烈。此外,家庭是幼儿接受科学教育有力的教育场所,父母是孩子们的重要教育者。随着家庭文化水平的提高,家长对幼儿教育的重视,幼儿在入园之前的两三年内,已经从家庭中获得了大量的科学经验。在入园之后,还会不断地从家长这里接受科学教育,教师也已经不再是幼儿获取科学信息的唯一或主要源泉。幼儿园、家庭和社会科学教育设施在现代科学教育中,各自发挥着独特的教育作用。建立由幼儿园、家庭和社会科学教育设施组成的有机联系,形成一个网络状的现代科学教育体系,才能取得科学教育的最佳效果。

第一节 家庭中的学前儿童科学教育

一、家庭学前儿童科学教育的意义

家庭科学教育是学前教育的重要内容,是学前儿童科学教育中不可缺少的一个环节,家庭是幼儿早期接受科学教育的重要环境。孩子进入了幼儿园,父母往往会觉得轻松不少,因为大家觉得孩子既然已进入幼儿园,教育任务就应由幼儿园的教师完成。特别是对于科学教育来说,家长一方面会感觉到科学教育的重要性和必要性,一方面又会因为工作忙、家务多,再加上对科学教育内容不熟悉,而忽视了家庭科学教育的特殊作用。实际上,家长和幼儿教师需要相互合作,因为他们有一个共同的目标:关心孩子。家庭和幼儿园是幼儿的两大重要教育场所,两者齐心协力,才能帮助幼儿更好地接受科学教育。

(一)家庭是学前儿童最早的科学教育环境

学前儿童科学学习的内容,来自周围环境中常见的物体与现象。儿童自出生后,到三四岁以后才进入幼儿园,而家庭的影响从个体出生的瞬间就已经开始,家庭是儿童最早接触的科学教育环境。儿童自出生后,就生活在家庭这一具体的科学教育环境之中,他们在家庭中与周围自然环境发生着密切联系。他们呼吸着周围的新鲜空气,凝视着来自外界的各种光线和物体,倾听着不同物体发出的种种声响,品尝着各种食品本身的味道,嗅闻着许多物体散发的气味,触摸着物体的不同形状、质地,并了解物质的不同特性,等等。这些对物质世界的感觉经验都从家庭生活中开始获取,并逐步在他们的大脑里建构起有关自然科学的最初步的认知结构。因此可以说,家庭是儿童开始学习科学的园地,孩子最早在家庭环境中形成的科学经验和能力,将成为日后接受幼儿园乃至学校科学教育的基础。

(二)父母是学前儿童最好的科学启蒙老师

儿童出生以后,接触最多的就是自己的父母(或者是其他家人)。父母除了照顾儿童的生活以外,从儿童出生起,就对他们进行了潜移默化的教育,其中当然包括了科学教育。父母为孩子提供了各种学习科学的有利环境:教他们叫出第一个具体物体的名称,并形成第一个简单的有关科学的概念;回答着孩子一个个有关科学的问题,如"这是什么""这是为什么""为什么会这样"等。因此,父母是儿童最初的科学启蒙老师。幼儿入园后,幼儿园担负了一定的科学教育任务,但儿童在园的时间并不长。每天的早晚、周末、节假日、寒暑假,儿童仍在家庭中与父母相处。父母与儿童的关系是连续的、长期的、稳定的,幼儿终生都受到父母的影响和教育。父母对儿童影响的密集度也远远超过别人。幼儿园教师,虽然整日与儿童在一起,但毕竟是2个教师与30多个幼儿相处,而家长则是1对1或2对1。因此,儿童能随时随地得到父母的指导。又由于父母往往是孩子最亲近的人,父母与其子女间有着割不断的关系和特殊情感,父母对子女的教育是他人不可轻易替代的。所以,儿童可以无拘无束、自由自在地向父母提出自己的疑惑,表达自己的意愿和态度。父母又可针对自己孩子的特点,进行有的放矢的教育。父母对儿童学习科学的影响应是不可估量的。许多研究均表明,家长积极的态度和鼓励是促进儿童对数学与科学感兴趣的重要因素。而且,很多学生童年期对科学的兴趣与他们高中时代的科学成绩有密切的关系。[①]

家庭及家长在幼儿科学学习中的角色和作用包括:鼓励幼儿进行探究;向幼儿示范可以怎样提问、怎样解决问题;在幼儿没有进行发现活动之前不对有关问题作出解答;乐于与幼

---

① [美]罗伯特·E·洛克威尔、伊丽莎白·A·舍伍德、罗伯特·A·威廉姆斯、戴维·A·温尼特著,廖怡、彭霞光、曾盼盼译:《科学发现——幼儿的探究活动之一》,北京师范大学出版社2005年版。

儿一起进行科学活动；自由地与教师交流，向他们提问，或在必要时寻求更多的信息；倾听儿童说话以及为他们提供信息；愿意分享与科学发现有关的家庭资源，例如可用于科学小制作的废弃材料等。

(三) 家庭和幼儿园的科学教育紧密联系、相互补充

儿童进入幼儿园后，家庭仍是科学教育的重要途径，承担着不可忽视的重任。儿童在幼儿园接受正规的科学教育时，都以在家庭中已获得的科学经验为基础，吸收新的有关信息，同化或顺应原先所接触的物质世界中的各种自然现象和物体，建立新的科学认知结构。例如，3岁的幼儿在观察认识水果时，会主动地联系在家庭中获得的有关经验：我吃过橘子，剥开来是一瓣一瓣的，吃起来有点甜，有点酸。又如，当教师提问葱有什么用时，幼儿举出了许多葱的吃法，而这些又都是他们在家里经历过的。这些都说明幼儿在家庭生活中获得的科学经验，已经很自然地成了他们在幼儿园学习科学的基础。

与此同时，幼儿也把在幼儿园中获得的新经验、科学小实验、种植技能，在家庭中成人的鼓励支持下，自如地进行运用、体验。例如，在幼儿园进行磁铁相吸的探索活动之后，回到家里，幼儿就用磁铁去吸一些物品，如门把手、窗框、眼镜、床架台灯等，来证明哪些物品是铁做的，哪些东西不是铁做的。幼儿把幼儿园所学的科学概念带回家中，使其内涵不断丰富，外延不断扩展。

幼儿在园的时间不是很长，有一定的时间限制，特别是全日制幼儿园中的孩子，教师难以带领大家观察月亮的盈亏、星星的闪烁、白天黑夜的变化、厨房中的化学变化（如面的发酵）等现象。而家庭生活环境，为幼儿的这些观察、学习提供了条件和可能。因此，家庭中的科学教育是幼儿园不可取代的，它和幼儿园的科学教育是紧密联系、互为补充的，是学前儿童科学教育体系中不可缺少的重要方面。通过家庭和幼儿园的密切配合，才能真正使幼儿获益。

二、家庭学前儿童科学教育的特点

学前儿童家庭中的科学教育与幼儿园科学教育有着必然的联系和一致性，但也有明显的不同于幼儿园科学教育的特点。

(一) 家庭科学教育的潜移默化性

家庭中的科学教育与幼儿园的科学教育最大的不同之处在于，幼儿园科学教育是在一定时间内有目的有计划地给幼儿进行正规的科学教育，而家庭科学教育则是寓科学教育于家庭生活之中，带有浓厚的生活气息，既是家庭生活的一部分，又是幼儿科学教育生动具体的内容与过程。这样就使得家庭科学教育具有潜移默化的特性。幼儿在家庭中所受到的科

学教育不是专门化的,而是与生活实际相联系的综合影响,家庭中科学教育的内容与家庭日常生活紧密联系,反映了家庭生活的各个方面。例如,每天早晨,父母帮助孩子起床穿衣,为了衣着适当,家长一般都要为孩子观察一下天气的阴晴、冷暖,或者听一下天气预报,其中既有家庭生活的内容(起床、穿衣),又有科学教育的内容(天气、温度),两者自然而然地结合在一起。家长经常地这样观察天气、收听天气预报,如再加以一定的引导,孩子就能逐渐地关心气象变化,并对气温产生兴趣。这比在幼儿园中,教师组织幼儿观察气象、认识温度计、做气象记录等更为自然。又如节假日中,家长常常带领孩子外出旅游、参观,欣赏祖国的美好景色,在旅途中,孩子跟随家长目睹了各地的山水风光、风土人情。特别是生活在城市中的孩子,平时远离大自然,在旅游中,他们接触了田野、河流、山峦、丛林,甚至奇花异草,增长了科学经验,培养了各方面的能力。旅游活动既是家庭生活的一部分,又是科学教育极好的手段和途径,这样的活动在幼儿园几乎是不可能的。

总之,孩子在熟悉的家庭氛围中,和家长一起学习科学,自然、轻松、生动、有趣,符合幼儿的身心发展特点,容易收到良好的效果。

(二) 家庭科学教育的个别性、随机性、灵活性

首先,家庭科学教育具有个别性的特点,家庭科学教育由孩子最亲近的人,一般是父母,也可能由祖父母或其他家长进行。它可随着不同孩子的不同需要、兴趣及个性而产生科学学习,按照每个孩子不同的认知水平、能力、学习方法类型而进行观察探究、实验和发现,容易满足幼儿的个别需要,便于启发和指导,有利于幼儿在不同的水平上获得发展。

其次,家庭科学教育具有灵活性和随机性的特点。由于家庭科学教育的内容与家庭生活紧密联系,而且,家庭科学教育的教师就是孩子的家长,家庭科学教育没有一定的计划、目的和要求,不受地点和时间限制,往往是由孩子的兴趣、需要,或家庭生活环境、事件等所诱发的。幼儿的科学活动可以在家庭生活的每一个地方于时时刻刻进行,如在厨房、盥洗室、庭院、卧室、书房等,也可在公共汽车、火车等不同地点进行,还可在早晨、中午、晚上、白天、或进餐、洗澡、游戏、劳动、睡前等时间进行,即家庭科学教育可随时随地进行,并且因时因地而异,具有极大的灵活性。例如,幼儿对各种动物、植物的兴趣最高。他们在随家长逛市场的过程中,认识了很多的鱼、虾、鸡、鸭等动物,及各种蔬菜、水果和一些花卉。他们还会专心致志地看着家长剖鱼、洗鱼,观察鱼鳞、鱼鳔、鱼鳃、鱼肠……从外到内,观察得十分仔细。在这样的买菜、拣菜、洗菜的过程中,家长边操持着家务边不断地向孩子解释是什么、为什么、怎么样,孩子学到了丰富的知识,培养了能力。买菜洗菜是家庭生活必不可少的部分,而孩子观察买菜洗菜,既是生活,又是幼儿生动地学习科学的过程。如果今天妈妈买了鱼,就观察鱼,如果买了鸭,就观察鸭,有很大的灵活性和随机性。观察的愿望产生于幼儿内部,观察对象也充分呈现于幼儿面前,便于幼儿主动、细心地观察。

三、家庭学前儿童科学教育的方法

家庭的科学教育除了采用幼儿园科学教育常用的方法之外,还应注意以下几方面的问题。

(一) 正确对待学前儿童的好奇好问

随着儿童年龄的增长,接触的物体现象的增多,生活经验的不断丰富,幼儿脑中的问题也越来越多,对周围环境的好奇心越来越强烈,经常会向家长提出"是什么、为什么"等的问题。这些问题涉及面广,包括了自然、人体、文化、社会、环境、科技和自己等许多方面,他们会问:

"妈妈,你是谁生的? 妈妈的妈妈是谁生的?"

"太阳有家吗? 它晚上是不是回家睡觉了? 它也有爸爸妈妈吗?"

"人的肚子里有什么? 为什么人会有大小便?"

"月亮上有人住吗? 我们可以到月亮上去吗?"

"飞机为什么能在空中飞?"

"车突然停了,人为什么会摔跤?"

王瑜元曾对一个幼儿在一年中所提出的共 4 043 个问题作了分析,[①]这些问题涉及面广,其中涉及科学内容的占 73.5%,见表 6-1。

表 6-1 一个幼儿科学类问题数量表

类　　别	问题数(个)	百分比(%)
动　　物	462	11.4
植　　物	97	2.4
微 生 物	20	0.4
生物进化	45	1.1
人的身体	264	6.5
宇　　宙	126	3.1
气　　象	61	1.5
地　　理	128	3.2
物理化学现象	62	1.5

---

① 王瑜元:《对一个幼儿提出的 4 043 个问题的研究——提问心理机制的分析》,《心理学探新》1989 年第 1 期,第 22—27 页。

续 表

类　别	问题数(个)	百分比(%)
周围人的活动	392	9.7
自己的活动	330	8.2
日　用　品	372	9.2
食　　　品	121	3
交　　　通	241	6
建　　　筑	148	3.7
家　　　庭	104	2.6
合　　　计	2973	73.5

由于幼儿和家长的亲密性,孩子会在家长面前无拘无束地提出各种问题,有些问题是家长意想不到或难以回答的,有时幼儿还会对某些问题刨根问底。孩子向家长提出的科学方面的问题,远远超过向幼儿园教师提出的问题。家长以什么态度对待幼儿的提问,不仅仅关系到幼儿学习科学知识,更重要的是,要保护孩子的这种好奇心,引导孩子去探索,尽可能用孩子可以理解的方式回答他们的问题,千万不可挫伤他们的好奇心。反之,孩子会对周围环境漠不关心,"视而不见,听而不闻",没有好奇心就没有求知欲,就更不用说进取心了。据了解,在现实中,家长对孩子的好奇好问有以下几种态度:热情欢迎,耐心回答;既不热情也不反对,支支吾吾,敷衍了事;以厌烦的情绪不作回答,甚至训斥孩子。显然,正确的态度应该是第一种。也就是说,要支持、保护幼儿的好奇好问。当幼儿提出疑问、表示疑惑时,家长如何回答呢? 在解答这个问题之前,我们先来分析一下幼儿的提问类型。

在本书第五章中曾提到,关于自然科学常见的问题主要有两类:理论性问题和操作性问题。虽然对于幼儿来说,理论性问题难以理解,但是幼儿所提的问题,恰恰大多是理论性问题,我们可以针对幼儿的问题作出不同解答,或者采取其他的方法引导幼儿。

对于幼儿的这些问题,始终应该持鼓励、支持的态度,具体可采用以下方法。

1. 直接回答

有一些问题是幼儿无法通过动手操作和探究获得答案的,可以给予他们直接的回答。

对幼儿的提问给予生动、有趣、浅显、简洁的回答。如问:"太阳有家吗?"答:"太阳没有家,没有床,它白天黑夜不睡觉,白天在中国上班,夜里到美国上班,它多辛苦啊! 我们要谢谢它。"又如问:"人为什么要吃饭?"答:"不吃饭会肚子饿,常挨饿,你就不会有红红的胖胖脸蛋儿啦! 许多天不吃饭就会饿死。所以你一定要好好吃饭。"至于这一类问题背后的原理,因为孩子无法理解而不用进行解释。

2. 引导思考、鼓励探究

对于一些可以通过直接探究获得答案的问题,可以引导幼儿通过自身的探究去思考、找出答案。如孩子坐在汽车上问:"爸爸,为什么树都往后退?""哎呀!我可不知道,为什么树会往后退呢?"家长可在汽车停后,让他观察一下树是否还后退,使他发现树往后退,是因为汽车往前开而产生的错觉。又如:"电灯为什么会亮?"家长可为提问的孩子准备电池、电线、电珠(即手电筒上的灯泡),让他自己尝试,他惊奇地发现用电线把小电珠与电池连起来后,电珠会发亮,他会为自己的成功而激动。这时家长可稍加点拨:"电池里有电,电线接通了,电就流过去了,灯才会亮;线断了,电过不去,灯就灭了。"

3. 指导阅读

图书与互联网中的信息极其丰富,可以作为回答幼儿问题的资源库。

幼儿的问题千奇百怪,常常会难住家长,这是极自然的。但家长面对孩子的这些提问时,不能不懂装懂,胡说乱编。正确的做法是,向孩子承认自己对这个问题也不懂,并说:"咱们一起看看书吧!"培养孩子从小好学好问的习惯,懂得书是最好的老师,喜欢书、爱看书。如关于"乌鸦是益鸟还是害鸟"的问题,爸爸妈妈都不懂,于是爸爸买来了彩印书《幼儿知识百科》陪着孩子阅读,找出了答案——乌鸦是益鸟。也可以和幼儿一起查找网上资料,共同阅读。

4. 启发联想

幼儿虽然年龄小,但也积累了一定的有关周围环境的经验,幼儿对于与自己有关的、比较熟悉的事物容易理解。当幼儿提出一个问题时,可以启发幼儿回忆、联想、整理生活经验,找到答案,并由此及彼,引发相关问题,引起更深的思考,发现事物的关系和联系。如:"水为什么会结冰?""想一想,什么天气会有冰?"孩子在回忆与联想中发现了冷与冰的关系。又如提出:"青蛙为什么会跳?""想一想,还有哪些动物会跳?比一比它们有什么相同的地方。""小兔、袋鼠也会跳。"通过联想使孩子发现了前腿短、后腿长的动物会跳。

5. 留下期待

有些问题因为孩子幼小而难以回答,也有些问题不必回答。遇到这类问题,不要搪塞和责骂孩子,而要尽量给孩子留下寻求答案的期待与渴望。如:"为什么有不同的人?""为什么有人长黄头发,有人长黑头发?""恐龙为什么灭绝了?""地球是圆的,为什么地是平的?"这些问题有的一时无法回答,有的不易用幼儿能理解的语言解释清楚。可以告诉他:"你提的问题真有趣,这是怎么回事呢?等你长大还可以研究呢!""是呀!这事多奇怪,你想知道吗?那么你快快长大上学,只要你好好学习,一定会知道得更多。"这样,会使孩子萌发努力学习、探究科学的愿望。

(二) 利用家庭生活的有利条件，引导学前儿童观察周围事物

科学教育内容的特点之一便是涉及面广，上至天文现象、宇宙天体，下至地理物产、风土人情等，包括人类知识中许多学科的内容。这些知识内容渗透于家庭生活之中。幼儿是否善于使用感官，从家庭生活各个方面去吸取科学信息，是家庭科学教育成功与否的关键之一。幼儿年龄尚小，在一般情况下，他们不善于主动利用自己的感官发现日常生活中的这些科学现象，因此，家长要有意识地引导他们去注意和发现，提醒幼儿注意观察和探索，并经常向幼儿提"为什么"，以培养幼儿对科学的兴趣。家长可以在任何时间、地点，以简短的语言、有趣的问题启发、引导幼儿的观察。例如，吃的食物、穿的衣服、电器、家具，大自然的日月星辰、山水景色、树木花卉，洗衣机如何洗净衣服，微波炉的功能，妈妈洗菜的过程，爸爸修自行车的工具等，都可引导幼儿仔细观察。当孩子问家长"是什么""为什么"时，除了一些不能通过观察得出结论的事物，都不必急于将答案告诉他，而应引导他去观察、去发现。如孩子问："天上一条条有颜色的东西是什么？天上怎么会有这种东西？"可以告诉孩子："那叫彩虹。"同时，还可反问他："天上什么时候有彩虹？是白天还是晚上？是晴天还是雨后？是冬天还是夏天？有太阳时还是没太阳时？"进而可以用一块三棱镜让孩子观察阳光可以分解成七种颜色的光。还可以带孩子到室外，对着太阳光喷一口水，水珠不要太大，造一条人工小彩虹，让孩子通过观察得出结论：彩虹是由太阳光生成的，雨后出太阳时会出现彩虹。经常让孩子自己去观察和思考，以后孩子遇到类似的情况就会留意观察，兴趣盎然地寻找答案。

当孩子对周围世界表现出兴趣时，父母要着手培养孩子的观察习惯。不论孩子观察什么，家长都应提出观察要求，使整个观察过程按目的进行，以便孩子能抓住观察对象最本质的东西。例如孩子很喜欢游览动物园，每次游览动物园前，家长都要预先想好重点观察的内容，向孩子提出观察要求。到了动物园，引导孩子观察该动物的外形特征，与它们的生活习性联系起来，并得出结论，使孩子每次都有新的发现与收获。经常这样地对孩子提出要求，孩子就逐渐养成了按目的和要求，较持久地有意观察的习惯。

在观察过程中，还要尽量引导孩子运用眼睛以外的其他感觉器官，通过听、嗅、闻、触摸和品尝等，使孩子对所看到的东西有一个更为全面和完整的认识。例如，可以让幼儿摸一摸木块和玻璃的表面有什么不同，闻一闻醋和油的气味是不是一样。此外，还应教会幼儿一些正确的观察方法，并帮助幼儿用语言及其他方式来表达观察的印象和感受。

(三) 鼓励学前儿童的探究活动

在家庭生活中，很多事物现象都会引起本来就好动的幼儿的好奇，继而产生了想摆弄、探索的需求。例如幼儿在院子里偶然发现了一只小虫，导致该幼儿追踪、捕捉、饲养昆虫的活动。有的幼儿在幼儿园进行了小实验的活动，回到家里仍意犹未尽。例如在幼儿园进行

"摩擦"的小实验,幼儿回家便找出相应材料想继续探究。也有的是想学习爸爸妈妈进行过的活动,如开、关电器等。这些都是幼儿主动学习、探究科学的过程,其作用远胜于家长枯燥的说教。家庭成员可以采取以下方式鼓励幼儿的探究活动。

1. 关心幼儿的探究活动

对幼儿的探索活动,应给予鼓励和支持。由于这样的活动往往会使孩子翻找东西,爬上爬下,甚至挖土冲水,一些家长认为这是孩子调皮,于是轻则置之不理,重则训斥,甚至抢走、扔掉孩子正在进行探索的东西,严厉制止孩子的探索活动,这些都是不正确的态度和做法。家长应关心鼓励幼儿的探究活动,使孩子的科学活动得以持续。

2. 为探究活动提供必要的物质条件

除了关心幼儿的探索活动以外,还应为幼儿的探究活动提供一些条件。幼儿在探索活动中,经常需要一些必要的物质条件,如一只乒乓球、一根细绳、两粒纽扣,或者几个瓶子、一小壶水、一些塑料片、一些木片等,只要这些不涉及安全问题,家长都应尽量予以满足。

3. 父母参与幼儿的探究活动

在这些自发的探究活动中,幼儿往往会遇到一些困难,或者在探究过程中需要有同伴与他一起探究,他要把心中的感受、所获得的科学经验向别人倾诉。所以适当的时候,家长可以参与幼儿的探究活动,讨论遇到的困难,及时帮助幼儿,指导幼儿发现事物之间的关系,共享探究活动的成功和乐趣,让孩子体验到家长对其探究活动的支持和鼓励,从而更积极地学习科学。当然,家长参与幼儿的探究活动,主要还是起到帮助、建议、引导的作用,而不是包办代替。

(四)与幼儿园配合的科学教育活动

家庭和幼儿园之间的科学教育是紧密联系、互为补充的。幼儿园的科学教育活动,如能取得家庭的密切配合,就可以增加科学教育的效果、丰富发展科学教育的内容。

1. 启发学前儿童叙述在幼儿园进行的科学活动

幼儿乐意将在幼儿园所学的感兴趣的、印象深刻的科学教育内容向家长谈论,或重复实验给家长看,以显示自己所学。幼儿要将在幼儿园所学的东西重复讲给家长听,做给家长看,就必须通过他自己的积极思维活动,整理他获得的科学信息,这不但有利于科学知识的巩固,还将有助于幼儿思维的发展。家长应表示欢迎,并耐心倾听幼儿叙述,幼儿在重复叙述或实验过程中,会发生一些错误的说法或做法,家长不要急于纠正,而要帮助幼儿再探究。对幼儿回家进行科学小实验或科学游戏,家长也要予以积极支持。

2. 向幼儿园介绍孩子在家庭中学习科学的情况

家长每天都会接送孩子,和幼儿园教师接触的机会较多,家长可以利用接送孩子的机会,把幼儿在家学习科学的情况向教师作一些反映,主要有以下几方面。

(1) 幼儿回家后对幼儿园科学教育情况的反映。如孩子是否能完整叙述?孩子哪些科学概念未弄懂?回家重复实验是否成功?幼儿是否理解实验所包含的科学知识?

(2) 幼儿在家里学习科学的情况。如周日去海滨捡了一些贝壳,孩子回家后进行了分类;孩子在看电视节目时对某个科技产品很感兴趣;孩子在家做了月亮盈亏的观察记录等。

(3) 幼儿所提有关科学的一些问题。如为什么会打雷?乌龟是吃什么长大的?有了电线送来的电,为什么还要用干电池?

这样,可以帮助幼儿园及时了解自身科学教育的反馈情况,提高科学教育的质量,同时了解家庭科学教育及幼儿需求的动向,计划、调整幼儿园的科学教育,使家庭和幼儿园形成合力,不断提高科学教育效果。

3. 支持幼儿园的科学教育

幼儿园的科学教育,需得到家庭的支持,特别是在一些材料收集、幼儿本身的知识准备等方面,需要家庭尽量地提供帮助,这种帮助与支持有被动的和主动的两方面。被动的方面指根据幼儿园的安排,做一些准备,或搜集一些材料。如幼儿要进行"各种各样的笔"的活动。事先,教师请孩子回家与家长共同搜集各种不同的笔,拿到幼儿园作"笔的展览"。又如在进行"服装面料"的活动前,先在家里观察比较自己的以及爸爸妈妈的服装都由一些什么样的面料制成,找一两件特别的带到幼儿园,等等。

主动的方面指不是根据幼儿园的安排,而是家长与幼儿主动找一些材料、物品拿到幼儿园来支持幼儿的科学教育。例如,爷爷从乡下农村来了,带来一些菜籽,让孩子带到幼儿园供大家种植、观察;妈妈从菜市场买回几条活泼的小金鱼,让孩子带到幼儿园,丰富自然角的内容;幼儿园饲养了小兔,大家从家里带来青菜、萝卜喂养;爸爸从海滨城市出差回来,带回来的贝壳拿到幼儿园供大家观赏;等等。

家庭和幼儿园的密切配合,不仅提高了科学教育效果,而且对增进幼儿园和家庭的联系、亲密各方(幼儿与幼儿之间、幼儿与教师之间、幼儿与其他家长之间、家长与家长之间)的关系有极大的帮助。

(五) 运用各种途径引导幼儿学习科学

在家庭中,除了家长回答幼儿的问题,引导幼儿探究、观察、实验等以外,还可利用各种传播媒介引导幼儿学习科学,如电视、电影、图书、电脑多媒体等途径。例如倾听有趣的科学故事,以开阔幼儿的眼界,丰富幼儿的感性认识。从这些途径所获得的知识,有的可能不太完整,有的可能过深,也有的可能有些重复,但都是以后学习科学的基础,其作用不可低估。但从这些途径所获得的知识有的并不是专门为幼儿设计的,即使是幼儿节目,也有年龄阶段之分,所以对幼儿并不一定十分贴切,因此,家长应作些有选择的指导,这样,效果将会更好。

（六）利用家长自身的经验引导幼儿学习科学

每一个家庭都有不同的文化背景，每一位家长也有着不同的知识和职业背景。家长的学历有高有低，但是没有绝对无知的家长。所有的家长都懂得很多知识，但是这些知识未必是幼儿园重视的内容。在幼儿的科学探究活动中，鼓励家长、调动家长的各种才能和智慧，例如处理日常事务的各种方法，修理家庭中各种用具的方法，这些对孩子来说就是知识和发现的宝库。孩子有越多的机会向家长学习简单而又丰富的知识，家长就越能做出更多对自己、对孩子、对幼儿园都有益的事情。

四、科学教育中的家园互动

家长除了在家庭中利用各种机会向幼儿进行科学教育以外，他们还能在幼儿园的安排下，参与幼儿园的科学教育活动，以及在幼儿园的指导下，开展家庭科学探究活动。幼儿园为家长安排的科学教育方式主要有以下几种。

1. 利用家长会介绍科学发现

可以利用特定时间段，单独或者结合其他内容召开家长会，向家长讲解与宣传幼儿园将要开展和正在开展的科学探究活动，并邀请家长参与到这些科学发现活动中来。建议家长在以后的日子里，支持、鼓励、示范，以及和幼儿一起讨论科学。

有关科学教育的家长会有三个方面的主要内容：其一是要通过充分的会议内容，努力使家长明白一个重要的道理，即幼儿的科学探究活动需要家长的参与，家长的支持、鼓励和积极参与对幼儿科学探究活动是十分有利的。其二是向家长介绍幼儿园即将开展或正在开展的科学教育，这些活动的开展需要家长哪些方面的帮助，包括对幼儿的鼓励，或者在材料方面的支持等。其三是向家长介绍一些适合在家庭中开展的科学探究活动，让家庭中的每一个成员都能参与到幼儿的科学探究活动中来。例如，和幼儿一起收集一些小物品，这些物品也许是幼儿在幼儿园的科学探究活动中需要的，但是这些物品最终可能会被幼儿带回家里来，因此更需要家长的参与和理解。

家长会在学期中不同的时间召开，具有不同的目的和内容。刚开始时，往往是向家长介绍课程，并向家长现场展示在幼儿园环境中如何实施这些课程，这样的家长会的主要目的往往是为了加强家长的科学意识，向家长介绍怎样才能使幼儿成为小小的科学家。而在以后的家长会上，可以讨论家长和教师如何成为合作伙伴，以改善环境，促进幼儿主动学习科学。随着时间的推移，家长会上会越来越多地讨论科学探究活动如何展开，甚至一些细节方面的讨论也会成为家长会的内容。

为了使这样的家长会得以成功，应该要详细周到地考虑每一个细节，包括家长会的邀请函或通知，家长会内容的提示，家长会的整个计划清单、会议形式等，这些都需要幼儿园园长和教师进行事先的计划和安排,以保证家长会的成功。

2. 家园联系手册

家园联系手册是幼儿园最常见的一种家庭与幼儿园书面沟通的方式,这里所说的家园联系手册更像是一种专门的有关科学探究活动方面的通信。它可以是一份独立的科学发现通信,也可以是一份综合的家园联系手册中的一部分。无论是哪一种类型,其中的内容及其作用都是相同的,即通过书面的形式,让家长了解幼儿园中与科学有关的活动。例如,通知家长过几天就要带孩子去野生动物园了,或者明天我们会有一只小动物来访,也可以提醒家长幼儿园正在进行观察星星、月亮的活动,可以带领幼儿观察晚上的星星。当然,家长也可以以同样方式来与教师沟通,互通信息。

家园联系手册也可以通过给家长的信等方式进行,例如在每一个科学活动单元开始前,教师给家长写一封信,向家长介绍该单元的主题内容,请求家长给予一些支持与帮助,提供意见和可能的资源。

3. 家庭志愿者

家庭志愿者是家长参与幼儿园活动的一种方式。科学探究活动为家庭参与幼儿园、家庭本身的科学活动提供了机会和进入的方式。家庭志愿者在与幼儿分享其技能、个人经验以及对科学探究的热情时,能够丰富幼儿的学习过程,拓宽幼儿的学习环境。

拓展阅读

家园联系册[①]

表6-1 家园联系册示例

| 磁铁单元家庭联系活动1
与"你能让磁力停止吗"
配套使用

活动材料
磁铁
回形针 | **活动过程**
您和孩子要探究在家里能找到多少磁力可以穿过的东西。
1. 让孩子向您演示我们在幼儿园是如何测试材料的。(我们拿着磁铁放在材料如纸板的一面,在另一面放一个回形针,看磁铁能不能隔着这种材料把回形针吸住。)
2. 现在,在家里测试一些材料。你们可以用布、塑料、包装纸、玻璃或一扇门测试一下。
3. 如果您愿意,请把您和孩子的发现写上三言两语,寄给我们。 |

---

① [美]戴维·A·温尼特、罗伯特·A·威廉姆斯、伊丽莎白·A·舍伍德、罗伯特·E·洛克威尔著,刘占兰、易凌云、曾盼盼译:《科学发现——幼儿的探究活动之二》,北京师范大学出版社2005年版,第188页。

续表

磁铁单元家庭联系活动 2 与"跳跃的磁铁" 配套使用 **活动材料** 两块环形磁铁 塑料吸管	**活动过程** 1. 让孩子给您演示我们在幼儿园是怎样让磁铁弹跳的。 2. 现在,把一块磁铁放在吸管上。让孩子放上第二块磁铁,发生什么事情了?孩子每次都能找到让磁铁弹跳的办法吗? 3. 如果您愿意,记录下孩子让磁铁弹跳的"法则"。孩子可以把它和工具一起带到幼儿园。
磁铁单元家庭联系活动 3 与"能还是不能:磁铁知道" 配套使用 **活动材料** 磁铁	**活动过程** 1. 在家里到处走走。在每一个房间,都让孩子预测什么东西能被磁铁吸引。在孩子确认的时候把这些东西列成一张表格。请不要对孩子预测的对与错作任何评论。 2. 现在在房间里进行第二次"旅行"。让孩子用磁铁检验预测。 3. 如果愿意,您和孩子可以把预测和答案表格寄给我们。
磁铁单元家庭联系活动 4 与"冰箱趣事" 配套使用 **活动材料** 磁铁 纸	**活动过程** 1. 让孩子把一张纸吸在冰箱上。 2. 用更多张纸尝试。问孩子:磁铁能吸住几张纸? 3. 如果您的家里有其他磁铁,您或许想测试这些磁铁,并把它们与孩子从幼儿园拿回家的磁铁进行比较。

第二节 学前儿童科学教育的社会设施

学前儿童科学教育的社会设施是指具有科学教育作用的社会机构、场所等,如科学博物馆、儿童科学发现中心、自然博物馆、水族馆、牧场、公共广播、电视机构、动物园、植物园,以及儿童博物馆中的有关科学教育的材料设备等。在经济、文化发达的国家,几乎每个地区都建有类似的儿童科学教育的社会设施,它们与正规的幼儿园教育、家庭教育等紧密联系,形成了现代科学教育体系,在学前儿童科学教育中起着重要的不可替代的作用。

一、学前儿童科学教育社会设施的意义

(一) 能弥补幼儿园、家庭科学教育的不足

学前儿童科学教育的社会设施为幼儿提供了学习科学的机会和场所,丰富了幼儿的生

活,对于开展科学教育,发挥着幼儿园科学教育所没有的功能。幼儿园科学教育因其材料、场所、设备等的局限,有些内容是难以展开的,例如大型鱼类、野兽等的观察,有时只能用图片代替。在动物园、博物馆、科技馆、儿童活动中心等地方,幼儿可以从展示的内容中,了解这些在幼儿园和家庭中无法观察到的自然界的事物和现象,也能通过实践和操作增强对探究科学的兴趣,体会到探究的乐趣和满足。它们为幼儿科学教育提供了更多的观察和学习环境,在给幼儿提供的内容与材料的多样性、新奇性方面是家庭和幼儿园所达不到的。无论是科学博物馆、动物园,还是社区的科学活动中心,都为幼儿收集、陈列、展示了各种各样有关自然物和自然现象的科学内容,为不同年龄、不同发展水平、不同个性的儿童提供了一个宽松的学习科学的环境。在这样的环境中,允许儿童以自己的兴趣、方法,在各自的基础上,经历科学探究过程,获取科学经验,学到了在幼儿园、家庭中学不到的东西,拓宽了眼界,从而激发好奇心,形成良好的科学学习动机。

(二) 有助于幼儿社会交往能力的发展

学前儿童科学教育的社会设施是面向全体儿童的。

在各种科学教育社会设施中活动的幼儿,来自不同文化背景的家庭、不同的幼儿园,他们的年龄、发展水平、个性等都有所不同。在这些社会设施内,幼儿得到了共同观察、操作、相互交往的机会,他们交流各种体会,相互协商,共同实验,这些都有助于幼儿社会交往能力的发展。

总之,学前儿童科学教育的社会设施为全社会所有的儿童提供了学习科学的帮助,幼儿园、家庭都可以,也应该充分利用各种社会设施,培养幼儿的科学素养。

二、学前儿童科学教育社会设施的建立原则

学前儿童科学教育社会设施可以独立建立,也可以和其他社会教育设施综合建立。以我国当前的经济发展水平,单独为儿童特别是幼儿建立科学教育社会设施的可能性不大,特别是在中、小城市。然而,不管是哪一种建立形式都需要依据一定的原则,才能取得应有的效果。

(一) 为全社会儿童服务

建立的科学教育社会设施,必须是面向全体儿童或幼儿的。1989年联合国大会通过的《儿童权利公约》的基本精神之一,即"无歧视原则",无论儿童来自何种文化背景,无论其社会出生、民族、语言、宗教、性别如何,无论是正常儿童还是特殊儿童,都应当在不受任何歧视或忽视的情况下,享有他们的一切权利。因此,建立科学教育的社会设施,应考虑到全社会儿童的需要与愿望。

(二)提供多层次的材料和设备

科学教育的社会设施是为全社会的儿童建立的,必须为全社会儿童服务,但从具体来看,全体幼儿是有个性的幼儿,他们的年龄、认知水平、性别、知识经验、文化背景等不尽相同,因此他们的需要不同,兴趣也不尽相同,科学教育的社会设施要为不同个性的幼儿提供不同层次的材料和设备,这样才能为幼儿所接受,才能激发他们学习的愿望,并使他们的学习获得成功。

(三)提供能直接接触的材料和设备

以往的科学教育社会设施,多以图片展览(用眼观看)为主,辅以讲解员枯燥的、单调的、或幼儿难以理解的解说,幼儿从中不能获得感性经验,更缺乏探究的兴趣。所以建立科学教育的社会设施,应提供能让幼儿直接接触的材料和设备,通过让幼儿看一看、摸一摸、听一听、闻一闻、做一做、摆一摆等直接接触物体的活动获得第一手经验。

(四)以个别的、分散的自由活动为主

科学教育的社会设施应适合不同个性幼儿学习科学,每个幼儿都能从中找到自己的兴趣所在,所以,建立科学教育社会设施时,应考虑到这样的需要,可以在划分区域、安排内容方面做到有分有合,既有利于个别幼儿专心致志地"研究",又有利于幼儿之间互相交流。

目前,我国科学教育的社会设施的建立已引起政府及社会各界的重视,相信不久的将来,幼儿科学教育的社会设施必定会成为幼儿科学教育的重要内容和手段,它与家庭、幼儿园相互配合,成为幼儿园、家庭、社会教育机构三结合教育的一个重要方面,共同发挥促进儿童全面发展的作用。

三、学前儿童科学教育社会设施的选择与利用

学前儿童科学教育的社会设施的建立,为科学教育提供了丰富的场所,也为家庭科学教育创设了良好的条件。

(一)学前儿童科学教育社会设施的类型

学前儿童科学教育的社会设施,从其内容或对象来看,主要有两类。第一类是对象比较单一的,专门为学前儿童建立的科学教育社会设施。专门为学前儿童科学教育建立的社会设施并不多见,但是为小学和幼儿园年龄阶段的儿童建立的科学教育社会设施还是有的,例如一些国家或地区的儿童科技博物馆。在这些场所中所设立及准备的设施和材料,都是为小年龄儿童准备的,在这些场所中活动的幼儿,能比较容易地找到自己需要的内容和材料,

定位比较明确,针对性也比较强。

第二类是综合性科学教育设施。这一类的社会设施又可以分为两种,第一种是从内容来看是综合性的,例如公园、街心绿地,其建立的目的不仅是为了科学教育,还有着更为广泛的诸如休闲、交往等目的。第二种是从对象的年龄来看是综合性的,例如自然博物馆、动物园等,这一类场所提供的活动适合各个年龄层次的人群,其中也包括低幼儿童。有些场馆中还会专门设立较小年龄儿童活动的地方,例如科技馆中的"儿童科技园"。在利用综合性的科学教育社会设施时,需要教师或家长进行选择,以达到较好的效果。

(二) 学前儿童科学教育社会设施的选择与利用

学前儿童科学教育的社会设施是科学教育极好的资源,应该要充分地利用。在运用这些社会设施时,首先应注意的是如何选择这些社会设施。如同前述,科学教育的社会设施有各种不同的类型,在建立这些社会设施时,很少甚至不可能专门考虑为学前儿童的科学教育来建立。因此在选择时,要充分地考察这些场所的适应性:年龄的适应性、内容的适应性、空间的适应性、路线的适应性等问题。

年龄的适应性是要求幼儿园在带领幼儿外出活动前,预先考虑所要参观、活动的场所的内容是否与幼儿的年龄,即幼儿的认知水平、经验相符合,有些场馆确实很好,但是由于内容过于深奥,幼儿无法理解,因此不适合幼儿活动。

内容的适应性是指预先考虑所要参观、活动的场所的内容是否和幼儿园正在进行的主题内容相适应。如果在一个场所中内容很多,应预先选择要活动的区域及内容,不用也不应该对整个场所游览一遍,这种走马看花的方式并不适合幼儿,也不适合科学教育活动。

空间的适应性是指要考虑所要参观、活动的场所的空间的大小,这一点是和内容的适应性相关的。幼儿由于年龄小,其体力和耐力受到一定的限制。如果活动场地过大,会影响到幼儿的探究活动,例如在科技博物馆内活动时,其主要活动是"形状之旅",但是在有关形状的区域旁边是"声音地带"的区域。教师可以在主要活动结束后,让幼儿到"声音地带"去活动一会儿,这样既使幼儿对声音产生兴趣,为以后的活动打下基础,也不至于在科技博物馆内走上走下,使幼儿劳累。因此,应该根据整个活动场地的大小和内容的多少,确定一次活动的空间。

学前儿童科学教育的社会设施建立在幼儿园附近的情况并不多见,这样就要考虑路线的问题。相对路线较近的场所,每一次安排的内容可少一些,时间短一些,因为经常有机会去活动,例如社区内的青少年科技活动中心、绿地等。相对路线较远的场所,由于去活动的机会较少,在安排时可以考虑在时间上稍微长一些,内容上多一些。

拓展阅读

田园之旅①

到一个能让幼儿进行探究的新环境去郊游,幼儿可以将新环境中的动植物和过去他们在生物养育箱或其他环境中接触到的动植物进行比较,并由此了解新环境中的动植物满足自身需求的方式。

建议目的地

- 可控的室内环境,如温室、花房、苗圃和植物大棚。
- 室外的自然环境,如树林、牧场、池塘和沙滩。

准备工作

- 如果您打算带幼儿参观温室、苗圃或植物园,您得自己预先参观一下。如有可能,与这些地方的工作人员联系并商讨一下你们参观的目的。提醒工作人员了解3—5岁年龄段的幼儿是活跃的探究者,他们需要亲身的体验、短暂的演示以及提问的时间。
- 如果您打算带领幼儿探究一个户外场所,您得自己预先参观一下,确保这个地方对幼儿的探究活动是安全的。事先应确定在旅行中是否需要采集生物。可以考虑带回一些物种以便在教室中观察和学习。如果你们收集小动物,需要做好携带物种与使用适当工具的准备,并最好在一两天后将小动物送回发现地。

旅行前

- 考虑到幼儿在那个地方将怎样携带和使用探究自然的工具。
- 安排一些成年志愿者加入你们的旅行中。找一个时间与这些志愿者讨论一下旅行中可能会发生的事情、您希望幼儿做的事情、志愿者在这个地方能为幼儿的观察提供支持和帮助的方式。(例如,给志愿者演示如何使用自然学家的工具,给志愿者一张问题列表,这些都将对幼儿有重点地进行观察有所帮助。)
- 考虑在参观地把幼儿召集到一个特定的地方,例如开满花朵的苗圃中、小溪边。建议幼儿寻找特定的东西。(例如,"小溪中是否会有百合呢"或者"这温室里是否很热"。)您也可以考虑让幼儿寻找两种东西之间的差别。(例如给温室植物浇水的方式,或者停车场附近不同种类的花。)

---

① [美]英格里德·查鲁福、卡仁·沃斯著,张澜、熊庆华译:《与幼儿一起探索自然》,南京师范大学出版社2005年版,第145—148页。

□ 在幼儿对您选择的这个环境中的很多东西都感兴趣时,您需要给他们确定一个重点。您可以问幼儿一个或两个问题,并用图表和文字记录他们的一些猜测。你可以提出下列类似问题:
——苗圃、沙滩、树林湿地与我们的生物养育箱、公园、游乐场有什么不同?
——我们将会看到哪些种类的新动植物?在这些地方我们能看到很多动植物吗?他们都是一样的吗?

旅行过程中

让每个教师和成年志愿者负责一个小组。鼓励幼儿像自然学家那样做事,请幼儿做下列事情:

□ 近距离观察。
□ 使用手持透镜和笔形电筒。
□ 描述动植物(如毛毛虫或松树的数量)。
□ 通过绘画,记录观察结果。
□ 如果可能的话,收集一些东西。

提醒幼儿注意您提到的问题和事情。通过类似下列提问促进幼儿思考:

□ 温室与我们的生物养育箱有什么不同?
□ 这些昆虫会在哪里呢?
□ 它们会找什么吃呢?
□ 你看到了哪种新的植物?
□ 它们的叶子是什么形状的?
□ 哪种植物的树皮不同于我们过去看到的树皮?

记录幼儿的所见、所做和所说,这样有利于您日后在教学活动中帮助他们讨论和分析这次旅行。如果您有相机,最好在幼儿观察时给他们拍照。

旅行后

和幼儿就你们所看到的内容进行一个简单的交谈,可以提出类似下列问题:

□ 这次旅行活动中你最喜欢什么?
□ 你看到了什么?听到了什么?闻到了什么?
□ 这次参观有什么特别之处吗?

拿出绘图和艺术材料,鼓励幼儿就这次旅行进行创作,简要记录幼儿的故事。

第二天,或当旅行照片洗出来之后,通过反思幼儿的观察图、视频、音频、照片和展板等,来讨论这次旅行中观察的重点。可以通过类似下列问题来把握幼儿的思维:

□ 你注意到这种植物(动物)的什么部分?
□ 你知道它是怎么满足自身需求的吗?
□ 它与我们的生物养育箱中的东西一样吗?差别在哪呢?
□ 你知道这只动物吃什么吗?你为什么会得出这样的结论?
□ 这种植物开过花吗?你为什么这样认为?
□ 沼泽、沙滩、温室与我们的生物养育箱有什么不同呢?
□ 我们的蜗牛能在那里生存吗?你为什么这么认为?
在图表上用图画和文字记录幼儿的想法。

 思考实践

1. 请就科学教育专题准备一份5—6岁班级家长会的计划,并予以实施。
2. 选择可用于家庭进行的科学教育内容,并思考如何使幼儿园与家庭互动。
3. 思考如何选择与利用学前儿童科学教育的社会设施。
4. 列举在家庭开展科学教育的三种机会。
5. 做个小调查,了解幼儿有关自然科学的问题。

第七章　幼儿园科学教育资源

第一节　幼儿园科学教育资源概述

一、幼儿园科学教育资源的含义

教育资源是指"整个社会用于教育领域中培养不同熟练程度的后备劳动者和专门人才的人力与物力的总和"。① 要进行教育活动,首先要有教育者和受教育者,其次便需要一定的物质技术条件。如果去除人的因素,即去除教育者与受教育者的因素,那便是物的因素,即物质技术条件。在学前儿童科学教育资源中的物质技术条件就是指辅助科学教育进行的各种教具、帮助幼儿学习的各种科学教育资料,以及可供科学教育利用的社会资源等。幼儿园科学教育资源的范围极广,包括人类生活所接触的人、事、物、地等。例如,某地的河流、工厂生产的某个技术产品等,都属于幼儿园科学教育资源的范围。

二、幼儿园科学教育资源的意义

运用各种科学教育资源来开展教育活动,其中最为重要的一点是要考虑到幼儿的年龄特点。在这一方面,戴尔的"经验锥形"(又称为"经验金字塔")很能说明问题。

戴尔的经验锥形(见图 7-1)说明了人类的学习经验由具体逐渐趋向抽象。在这个锥形中,戴尔列出了几种教学媒介,它们的排列方式与学习者的年龄有一定的关系。锥形的下端是"直接的、有目的的经验",这是指儿童通过与物体、动物和他人进行物理接触,在"做中学"。随着年龄的增长,图片或其他模拟的替代物就能被用来获得某些经验。锥形的顶端是运用"词语符号",即对于成熟的学习者来说,通过阅读来学习是最有效的方法。

夸美纽斯在《大教学论》中谈到"最初认识为感觉,且为最确实之道具"。具体实物的观察,为学习的基本方法。皮亚杰的儿童认识论将人类学习分成几个时期,从出生到 2 岁左右,

---

① 袁振国主编:《当代教育学》,教育科学出版社 1998 年版,第 391 页。

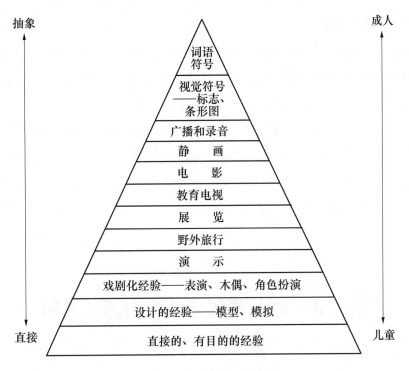

图 7-1 戴尔的经验锥形[①]

为感知运动阶段,这一阶段儿童的学习通过感官、肌肉和环境交互作用进行;2 岁至 7 岁为前运算阶段,这一阶段的儿童,开始通过语言的符号表征,从事抽象的思考,以处理各种问题,但也只是把在感知运动阶段所形成的认知结构加以改组而已。从以上可见,学前阶段儿童的学习是戴尔的经验锥形中最明显的塔基学习——"直接的、有目的的经验"。期望能通过幼儿亲眼观察、听、嗅、尝、触所要学习的材料,再经过自由的思考与探索,从亲身体验中发现新经验。因此,就幼儿园科学教育资源具体来说,有以下两方面的意义。

(一) 从教师的角度看

在科学教育中选用合适的科学教育资源,可以避免烦琐的说明,运用生动的教学方法,增进教学效果。离开科学教育资源,即使教师再努力,也只能是枯燥的说教。例如,在认识兔子的活动中,教师无论怎样用语言描述,也不可能说清楚兔子的三瓣嘴,只有通过实物或图像,才能使幼儿真实地感受和理解。在学前儿童科学教育中,也只有充分运用教育资源,才能让幼儿直接接触各种自然资源、物质材料,才能使幼儿获取具体的科学经验。也只有在与自然、材料的相互作用过程中,才能发展幼儿的探究能力,并激发幼儿学习科学的兴趣。

---

① 张祖忻、朱纯、胡松华编著:《教学设计——基本原理与方法》,上海外语教育出版社 1992 年版,第 113 页。

(二) 从幼儿的角度看

在科学教育中选用合适的科学教育资源,可以使幼儿得到正确的观念与印象,增加学习兴趣,发展幼儿的各种能力。幼儿园科学教育资源丰富多样,包括了自然环境、物质材料等。在自然环境与物质材料中蕴含着丰富的儿童学习科学的内容,与环境、材料的直接接触也能培养幼儿对自然物的亲近感。科学教育资源的具体、直观,更使得以直观形象思维为主的幼儿的学习变得较为容易。例如,在认识蚕的活动中,幼儿通过亲手饲养蚕,了解蚕的蜕皮现象是怎样的,得到了正确的印象;又因为每天给蚕喂桑叶,观察蚕的蠕动、进食,进而增加了学习兴趣,发展了能力,也增进了对小动物的亲近感。这些离开了科学教育资源都是不可能实现的。

第二节 幼儿园科学教育资源的类别

周围环境中可用来为幼儿园科学教育服务的资源极为广泛,然而,因为教育对象、选材、时间、地点之差异,使用的资源也不尽相同。

一、教、学具

1. 实物

实物就是指各种真实的物品,也是一种最具体、最实在的教、学具。幼儿观察研究这些实物时,能够直接感知事物的本来面目。特别是活的生物,不仅能够观察了解它们静态的外形特征,还能够观察到它们的生活习性和生长情况,从而形成鲜明的表象和概念。例如,各种动物、植物、人造产品等。

2. 标本

标本也是实物,是因为教育需要,将实物通过特殊的加工方法制作而成的。标本可以使观察方便,且清晰明了。例如,动物牙齿的标本、蝴蝶的标本、树叶的标本等。标本可以是实物的整体,也可以仅仅显示实物的一部分,例如前面所说的牙齿就是一个例子。在科学教育过程中除了根据需要购买部分标本外,教师也可自行制作标本,有时还可以和幼儿一起制作。

3. 模型

代表实物的人工制品就是模型。模型能将实物中的一部分特别剖示。小的实物可以放大,以方便幼儿观察;大的实物可以缩小,以便幼儿观察整体。例如,人的牙齿的模型,可做成单颗放大的,也可做成单颗剖面的,还可以做整副牙齿,以适应科学教育不同的需要。

4. 图片

图片包括挂图、照片、画片等。图片可以帮助幼儿认识那些不能直接观察到的,或当地没有的事物和现象。图片的内容能够对事物进行分解,扩大它的细小部分,或缩小它庞大的体积,并能显示事物的内部结构和活动原理。例如,鸭脚的图片、立交桥的照片。但图片也有缺点,它只能二维地显示事物,缺少实物的真实感。在各种图片中,照片因为是对实物或现象的留存,所以最真实,但也正因为如此,有些细节就不易观察到。

5. 图表

图表包括图解、统计图、地图、表格等。例如植物生长的图解。又如,温度统计图等。用于学前儿童科学教育中的图表大多以图像、符号的形式出现,也有部分图表会结合运用数字。

6. 沙箱或沙盘

沙箱或沙盘是模型的一种,是用木板钉制的箱或盘,内装洗净的细沙。沙箱或沙盘除用于幼儿玩沙游戏活动之外,还可以配合其他教、玩具,运用于科学教育中。它可以协助幼儿发展想象力,其本身也是自然物。例如,可配上各种塑料小动物,做成动物园模型。又如,在沙盘里种上笋,模拟一片竹林。

7. 立体地图或地球仪

立体地图是指具有适当深度和宽度的各种地理图形,地球仪也是立体地图的一种,它们可以让幼儿了解地球表面的大致情况,例如各个国家所在的位置,河流和高山在地球仪上的表示方式等。

8. 附着板

这是用于附着各种物品的揭示板,包括绒布板、泡塑板、磁性板、拼插板、拉线板等。各种各样的附着板,能结合其他材料用于科学教育中。

9. 互联网及媒体设备

包括收音机、投影仪、影碟,以及录音带、CD、视频、网络等,是用以播放各种科学教育内容的设备及其材料。

10. 各种实验用器材

包括各种小实验用的器材及其辅助材料,例如烧杯、小瓶、三棱镜、积木、积塑、放大镜等。

> **拓展阅读**
>
> **科学活动的材料**[①]
>
> 根据材料的加工程度可以将科学活动的材料分为成品材料、半成品材料和自然材料。
>
> 1. 成品材料
>
> 成品材料是能引发儿童的探究兴趣、动机和热情的现成材料,如反映电路关系的拼插材料、电动玩具、遥控工具、不倒翁、编织机、哈哈镜、万花筒等。
>
> 2. 半成品材料
>
> 半成品材料是教师有意识地将一些材料加工成半成品,或使用一些现成的加工程度不高又能灵活运用的材料。这样的材料具有很好的暗示和提示作用,有助于引导儿童成功地通过自己的探究来发现内在关系。如在科学活动室,为儿童提供电线和电珠,让儿童自己探索怎样使灯泡亮起来;又如给小班儿童提供一些有孔的小木球,这些球既可以组合成小汽车的轮子,也可以串起来变成冰糖葫芦等。
>
> 3. 自然材料(或称原始材料)
>
> 这些材料可以有多种用途和多种组合的可能性,通过让儿童自己动手制作自己喜欢的东西,调动儿童的自主性。如线绳类的自然材料,可以有棉线、塑料线、粗细不同的电线、纸绳、麻绳等;小棍类的自然材料,如木棍、塑料棍、小纸棍等。

二、图书资料

1. 儿童读物

儿童读物是指专为幼儿设计的,内容涵盖科学家的故事、当地的名胜古迹、科学新知识、动植物故事等有图画说明的读物,如《幼儿百科辞典》《固执的惯性》等。

2. 参考资料

有许多有关科学的资料,散刊在各种杂志、画刊中,或刊登在各类报纸上,这些内容也可用作参考,如《看图说话》《小朋友》等。

[①] 施燕主编:《学前儿童科学教育》,中央广播电视大学出版社2007年版,第181页。

3. 工具书

包括各种辞典、百科全书、年鉴等。例如,《动物图鉴》《植物图鉴》等。工具书既可作为幼儿探索问题时的参考,也可作为科学教育中的教师或家长的参考书。因为这些工具书往往图文并茂,方便学习。

4. 科学教育活动方案

幼儿园科学教育活动经过理论到实践的研究,已经形成了许多活动方案,其中有不少精品,也有很多被证明是切实可行的。这些科学教育活动方案往往以一个主题为依托,以活动设计为主件,以支撑活动的纸介质、磁介质、电子介质等背景材料为附件。它是在教学活动过程中逐步积累、完善、成型的。

三、社会资源

社会资源是指幼儿所在地区或邻近地区中,可以利用于科学教育内容的一切人力、物力、自然环境和社会组织等,例如地区的图书馆、动物园、博物馆、名山大川、社会人士等。利用社会资源,可以为幼儿提供学习科学的机会,开阔幼儿的眼界,丰富幼儿的科学经验和生活。幼儿可以利用这些社会资源学习在幼儿园、家庭中学不到的知识,感受到学习的欢乐。与来自不同文化背景的、年龄水平各异的幼儿共同活动,相互交往,有助于幼儿社会交往能力的发展。有些社会资源,如博物馆等,为幼儿收集、陈列、展示多种多样有关自然物和自然现象的科学内容,可供幼儿参观、观察。展示的内容能引起幼儿的好奇心,激起他们学习的兴趣,使幼儿感受到学习的愉快,得到心理的满足,为未来的学习打下良好的心理基础。社会资源的范围可分为下列四个方面。

1. 人力资源

人力资源是社会资源的一种。人力资源是指各种可以为科学教育提供服务的人士,包括社会人士、学生家长、从事各种不同职业的人员和技术人员等。具体有以下几种:(1)当地的年长者。可以介绍当地的变迁情形,作家庭生活、学校教育、社会习惯等的今昔比较。(2)各界领袖及机关领导。可以说明当地社区政治、经济、文化等方面的组织、活动和问题。(3)医生及护士。可以协助讨论保健问题,以及如何建立公共卫生的良好习惯等。(4)技术人员。如从事木材加工、汽车驾驶修理、缝纫、果树栽培等的专门技术人员。他们可以就其所长,介绍其知识和经验,充足科学教育活动中某一些问题的研究内容。(5)新闻编辑、图书馆工作人员和出版界人士。他们提供的意见,将有助于幼儿知识的增进、阅读能力的训练,以及许多正确观念的形成。(6)农民及从事农业工作的技术人员。可以协助有关农业及农村生活的探索、讨论与分析。(7)商界及金融界人士。可以协助研究有关商业、贸易以及金融等的问题。(8)社会工作者。可以协助讨论、研究与分析有关社会服务、社会发展、救济事业、社会安全等问题。(9) 学生家长。许多学生家长有专门的技术,有特别的爱好,这些方面的资源,也可根据科学教育的需要,作有效的运用。例如,幼儿参观养鸡场以后请养鸡场的饲养员(学生家长)介绍有关鸡的最简单的知识,以使幼儿进一步了解鸡的种类、外形特征、生活习性、用途及养鸡方法等。

2. 物力资源

物力资源是指各种物资资源,主要是当地的各种物资,包括当地的各种产品,如农产品、矿产品及工业产品等,还包括当地的各种设施,如活动中心、博物馆、社区服务社等。例如,上海的南浦大桥、南京的长江大桥等。

3. 自然资源

自然资源是指幼儿园所在地区的自然环境及部分人造环境,包括当地的地形、山川、气候、土壤,以及渔、牧、农、森林、矿场等。例如,四川的峨眉山、上海的黄浦江,以及住宅附近的街心花园、海滨等。

4. 组织资源

组织资源是指组织机构,包括当地的各种组织机构:(1) 政治机构。如乡镇区机关、市县政府等。(2) 教育机构。如教育馆、图书馆、博物馆、科学馆、艺术馆等。(3) 慈善机构。如孤儿院、救济院、养老院等。(4) 交通、邮电机构。如铁路局、公路局、港务局、航空公司、邮局、电信局等。(5) 卫生机构。如卫生所、医院、诊所、疗养院等。(6) 司法机构。如地方法院、监狱等。(7) 公用事业机构。如水利局、供电局等。(8) 工商业组织。如商店、公司、工厂等。(9) 金融机构。如银行、合作社等。(10) 民众团体和文化团体。如农会、工会、商会、报社、书局、广播电台等。(11) 娱乐场所。如电影院、戏院、游泳池、公园、动物园、儿童乐园、俱乐部等。

四、互联网

互联网资源指的是互联网上一切可供学前儿童科学教育活动所利用的信息。在当今的信息时代,网络信息的作用越来越重要。网络信息使幼儿的视野得以开拓和延伸,教师也能从网络中快捷地获取有用的知识信息。在互联网上,我们可以找到各种有用的科学教育资源:有关内容的图片,各种科学知识介绍,科学教育案例,其他各种教育资源的获取渠道,如哪里有我们所需的放大镜、哪里有科学童话书等。

五、科学活动专用场所

在幼儿园内,有一些专供幼儿进行科学探索活动的地方,如自然角、园地、科学活动室等。

(一)自然角

自然角是指在幼儿园的室内、廊沿或活动室的一角，用于饲养小动物、栽培植物、陈列幼儿收集的非生物及实验用品等的场所，是幼儿开展选择性科学教育活动的地方。幼儿园每班都应设置自然角，在自然角放置的大多是幼儿周围的生物和非生物，例如适合室内生长的植物、易于照顾的小动物，以及幼儿收集的贝壳、螃蟹壳、石块、种子等。由于自然角就在幼儿的身边，幼儿可以随时开展活动，所以深受幼儿喜爱。同时，它也是教师最可利用的场所。

(二)园地

园地是指幼儿园房舍以外的场地，包括环境的绿化、美化，以及草地、花坛、小菜地、动物饲养角、水池、沙箱等。虽然幼儿在园的相当一段时间都会在活动室的各个区角内进行科学探究活动，也会在教师的指导下到科学活动室进行活动，但是幼儿园的每一个地方，甚至角落都可以成为幼儿学习科学的场所，可以被科学教育所利用。

1. 种植园（角）

种植园是幼儿园选择适合的地点设置一块或多块土地，供幼儿种植蔬菜、花卉、农作物所用的地方。自然角虽然也能种植一些短株的植物，但是绝大多数的植物，特别是一些农作物就无法在自然角里用土栽培。有的园地是供一个班级的幼儿所用，全班幼儿集体种植一片蔬菜。有的园地虽然也是以班级为单位，但是可供每个幼儿自己种植一株植物，并且始终照顾它。

2. 饲养角

饲养角是在幼儿园室外的一角，设置一些小屋或小棚，供幼儿饲养动物所用的地方。幼儿活动室内的自然角由于受到场地及其他原因限制，只能饲养少数几种小动物，例如饲养小蝌蚪、金鱼、蜗牛等，无法饲养一些诸如小兔、小鸡等幼儿喜爱的但是体型稍大的动物，这些就必须放在饲养角里饲养。

3. 气象角

在条件许可的幼儿园可以设置一个简单的气象园（或气象角）。气象角是供幼儿对气象要素及有关物象进行观测，让幼儿了解天气状况的场所。千变万化的天气，会吸引每一个好奇的幼儿，通过在气象角的活动，可以让幼儿了解天气及天气变化的状况、天气观测的顺序，并培养幼儿对气象科学的兴趣，使其熟悉天气预报的内容。

(三)科学活动室（科学桌）

科学活动室是指在幼儿园建立的，专供幼儿进行选择性科学教育活动的场所。由于进行科学探究活动需要一些材料或设备，有些材料或设备是平常比较容易摆放和收藏的，但是也有一些材料或设备是体积比较大,比较难以收藏的,这样科学活动室便应运而生了。科学活动室也被称为科学探究室、科学发现室等,其意思是同一的。科学活动室为幼儿再现了生活中的科学的场所,在科学活动室内,幼儿可以充分地去发现,不仅有利于幼儿经验的积累,也有利于培养幼儿积极主动的探究精神。在一些场地较小的幼儿园,也可以在活动室内开辟一个相对比较安静的区域,以建立科学桌(角)的方式进行活动。

| 在田园中的科学活动 |

幼儿园的户外是幼儿学习科学,进行探究的极好资源。幼儿园可以充分利用房舍以外的场地,精心设计,使幼儿置身于自然环境之中进行活动。视频中的幼儿园就是将户外场地建设成田园,组织幼儿进行田园体验活动。他们以大自然环境为主要场域,以四季变化为线索,利用自然资源,满足幼儿的好奇心,在不同的季节,进行踏青,采摘,种植,饲养等一系列的活动。这些活动密切联系幼儿的实际生活,让幼儿将身边的自然事物与现象作为探究的对象,以亲身实践、亲历探究作为科学活动的主要过程。在不断提问、实验、分享、劳动等过程中,幼儿充分享受了田园带来的乐趣,积累了自然经验,发展了探究能力。

第三节 幼儿园科学教育资源选择与创设的要求

如前所述,幼儿园科学教育资源有很多种,不同的科学教育资源,其特点各不相同,在选择与创设上的要求也不尽相同,但是从总体来说,在选择与创设幼儿园科学教育资源时,应考虑以下几方面的要求。

一、能达到科学教育目标

每一种教育都有其预期的教育目标,学前儿童科学教育也是如此。在进行科学教育时,为能达到教育目标,需要选择环境中的资源作为辅助。例如,指导小班幼儿认识"家庭中的成员",教师可以指导幼儿利用积木、娃娃家具模型等资源,开展"娃娃家"的游戏活动。这些资源的运用使科学学习得到成功。

学前儿童科学教育是多样化的,应在科学教育总目标的指引下,选择与创设相应的资源。学前儿童科学教育的目标之一,是发展幼儿的思维,在资源选择时就应考虑到这一点,以能启发幼儿思考的资源为佳。例如,在"有趣的玻璃片"活动中,为幼儿准备了凹、凸、平三片不同的玻璃片,可以激发幼儿的想象,增进幼儿的思考,促进幼儿的思维,是理想的科学教育资源。另外,在选择与创设科学教育资源时还应考虑到,所选择的资源不仅要在本次活动中起到作用,而且能因此诱发幼儿今后探索的兴趣与欲望,即能起到扩大、延续学习的作用。例如,在参观植物园后,可引导幼儿种植一些花卉,并让幼儿展开有关的讨论。

有时,多种教育资源都能完成某一科学教育目标,但效果有所差别,此时当然要选取其中效果最佳的。除了教育、心理学中谈及的幼儿教具应色彩鲜艳、能进行操作活动以外,特别要提出的是,要选择具有真实感的资源。幼儿生活经验贫乏,表象缺乏,理解力较差,因此在选用时要特别注意这点。一般来说,标本不如实物,模型不如标本,照片不如模型,图片不如照片。如认识水果就应选用实物,可使幼儿感受水果的香、甜……但也不能因此一概而论,有时实物的效果反而不如标本或图片,如要了解火车站全貌,去参观一天,反而不如观察模型更好。进行科学教育活动,往往也不是一种资源就能达到目的的,而是需要多种资源配合使用。例如认识动物,就可将参观动物园、博物馆,看图片、观察实物等结合起来。

二、能体现自然科学特点

学前儿童科学教育的基本理念之一就是强调培养幼儿和自然的和谐关系,科学教育本身的内容也决定了在选择与创设科学教育资源时,必须考虑自然的要求。所谓自然的要求,是指在选择与创设科学教育的资源时,应充分利用自然物、自然环境,体现自然科学的特点。也就是让幼儿尽量在真实的、自然的环境中接受科学教育,尽量地利用自然物、自然规律本身,"让幼儿尽可能多地拥抱自然"[①]"亲近自然,喜欢探究"[②]。

学前儿童科学教育资源,无论是自然角、园地的创设,还是各种材料的选择,都应该尽可能地体现自然的特点。在幼儿园的各种自然环境中,应做到绿化和美化。"春有花、夏有荫、秋有果、冬有绿",使幼儿园成为真正的花园。在幼儿园的室内,也应该尽量地将各种自然物搬进来。例如,带领幼儿一起采集树叶,把树叶点缀在活动室内,既能让幼儿自己制作作品,又将自然带到了室内。在选择各种材料时,尽量不用替代品,只要不是有危险、不安全的材料,都应该尽量让幼儿接触实物,使幼儿更多地在自然环境中学习科学。

自然科学还是美丽的,科学的美无处不在。大自然本身就是和谐的、美丽的,我们无论是在选择自然,还是创设人工环境中,都应十分关注这一点,即应该符合幼儿的审美需要。

---

① 王志明主编:《学前儿童科学教育》,南京师范大学出版社2001年版。
② 中华人民共和国教育部:《3—6岁儿童学习与发展指南》,2012年9月。

例如，关注自然角中植物摆放的颜色搭配、高低的错落有致、动植物的动静交替等。无论是环境的布置，还是材料的选择，都应符合这一点要求。

三、符合学前儿童身心特点

陈鹤琴先生认为，环境的设置还要考虑儿童的特点，教师必须清楚，环境是为儿童创设的，他们是环境的主人，是环境的使用者。因此，在运用资源、创设环境时，应以幼儿为本。例如，挂图、照片和墙饰等的悬挂，要让儿童能看到，自然角也要便于孩子观察、照顾，不能放置得太高。科学教育的资源还要能适合幼儿的操作能力，有的科学教育资源虽然很好，但是如果超出幼儿操作的能力，也不宜选取，如为了让幼儿了解种植过程，而让幼儿松土，使用成人的锄头，则幼儿是不能胜任的。又如，为使幼儿懂得一些卫生常识，而请专家来讲解，尽管专家知识渊博，但幼儿不能接受，非其需要，也必然没有兴趣。

四、保证学前儿童的安全与健康

学前儿童科学教育中应尽量地利用一些自然物，特别是天然的物品，但是在选择与创设科学教育的资源时，还必须考虑幼儿的年龄特点。年幼儿童因为其生理与心理的特点，在接触这些教育资源的时候，需要非常小心，否则很容易造成一些不必要的伤害。保证幼儿的安全与健康是指在选择与创设科学教育的资源时，不能给幼儿带来任何身体上的伤害。具体是指在选择与创设科学教育资源时，应保持空间环境的清洁卫生，同时注意给予幼儿的材料、实物都应是安全可靠的。让幼儿直接接触的玩具、物品和材料必须是经过消毒的，有毒性的、带有伤害性质的材料都不应该给予孩子。

学前儿童科学教育资源往往以自然物为主，一些自然物会带有对幼儿有害的物质。所以幼儿园不能种植对幼儿有害的植物，包括直接对幼儿身体造成外伤性伤害的和有毒性的植物。在饲养动物时，也应检查该动物是否有传染病，患有传染病的动物就不能饲养。又如在禽流感等疾病流行期间，也应及时将已经饲养的动物隔离。

五、适合幼儿园本身的设备条件

选取的科学教育资源，也要配合幼儿园本身的物质条件，因陋就简，因地制宜，综合地利用各种科学教育资源。随着社会的发展、科技的进步，幼儿园会因为资金相对充足和其他一些方面的原因，购置许多现成的教玩具，虽然这样的做法也是可以的，因为有时购买一些现成的物品是需要的。但是对幼儿来说，他们更愿意探究的却往往是一些贴近他们生活的环境和材料。

学前儿童科学教育的主要内容，是引导幼儿认识周围生活中的事物与现象，这些事物与现象又常常是幼儿生活中常见的，我们可以利用幼儿生活中的自然物，引导幼儿学习科学，例如学习农村幼儿园周边的动、植物。又如视频的运用确实很好，幼儿对此有浓厚的兴趣，但是这一切却不如幼儿的实地观察。对儿童来说,他们需要的是贴近其生活的环境。特别是由他们自己收集的各种材料制作的东西,更是非常喜欢。例如,利用废旧物品制成的玩具,会使幼儿爱不释手。

> **拓展阅读**
>
> ### 选择科学材料[①]
>
> 提供一些鼓励儿童"浪费时间"和探究的材料,是教师的责任。在活动区中,儿童借助过程性技能去观察、调查、分类和假设。由于这种学习不是偶然发生的,建立活动区和选择材料时应该有所计划。在选择和准备材料时可以考虑下列标准。
>
> (1) 这些材料是开放性的吗?可以用多种方式操作吗?例如,玩水游戏就提供了探究测量或沉浮的机会。
>
> (2) 这些材料是为行动而设计的吗?在科学活动中,儿童会对材料进行某种操作,以促使其产生一些现象。如果要研究溶解,哪些物体的对比最鲜明:盐、糖,还是布丁粉?
>
> (3) 这些材料的组织安排能激发儿童之间的交流吗?如果合适的话,应安排好材料的位置,以便儿童的合作与交流。分类放置材料,例如,将水放在一个区域,将要实验的物质放在一个区域,将搅拌用的勺子和碟子放在另一个区域。儿童很快就能学会通过交流和合作来完成这个活动。
>
> (4) 有多种材料吗?如果活动区的设置超过了课程延伸阶段,有些儿童可能会多次拜访这个区域。安排各种各样的材料可以防止儿童过度探究。
>
> (5) 这些材料鼓励"如果……那么"的假设吗?开放式教室学习区的沉浮活动会激发儿童预测:当把大理石、牙签或海绵放在水里时,会发生什么事情?
>
> (6) 这些材料符合儿童的生理发育特点吗?应考虑到全班的成熟水平,选择儿童能安全而有效操作的材料。
>
> (7) 这些材料考虑到了个体差异(如能力、兴趣、工作空间和风格)吗?在思考了沉浮问题之后,有些儿童开始考虑到材料的尺寸和其他方面的特征。应该提供具有多种特征和纹理结构的物体。
>
> (8) 这些材料要求多大程度的指导?提供指导时,要考虑到儿童的年龄。四五岁

[①] [美]Rosalind Charlesworth Karen K. Lind 著,李雅静等译:《幼儿数学与科学教育(第 4 版)》,北京师范大学出版社 2011 年版,第 473 页。

的儿童可能会听从录音的指导。但是三岁和近四岁的儿童则更能对个别指导积极响应。字画谜类的指导也是适用的。

（9）这些材料强调过程性技能吗？过程性技能是幼儿科学探究中强调的基本技能。这些技能通过操作材料自然发展起来，然而，为了达到这一目的，需要用到多种合适的材料。

（10）这些材料是无偏见的吗？在合适的地方，应该呈现真实的无偏见的服饰和活动。

第四节　幼儿园科学教育资源的管理

这里的管理是一个广义的概念，它既包括对科学教育资源的选择、创设，又包括在选择、创设后具体的管理问题。因为各类资源不同，在管理上也会有较大的不同，所以以下就从各个不同资源的角度着手，讨论关于如何对科学教育资源进行管理。

一、自然角的管理

自然角是指在幼儿园的室内、走廊或活动室的一角，供饲养小动物、栽培植物、陈列幼儿收集的非生物及实验用品等的场地，是幼儿开展选择性科学活动的场所。其管理工作如下。

自然角中放置的物品主要是幼儿周围生活中的、常见的生物与非生物，这些内容的选择可以根据各幼儿园所在地区的实际情况，因地制宜，灵活多样。一般有以下几种：（1）方便管理的植物；（2）幼儿喜爱的小动物；（3）幼儿（包括与家长、教师一起）收集的各种非生物。在这些内容中，一些不受季节限制，容易在人为条件下种植、饲养的动植物最宜，例如一年四季都可饲养的金鱼、水养植物等。

不同年龄班的幼儿有不同的特点，自然角应按幼儿的认识水平，采用合适的内容、材料。小班幼儿年龄小、认知水平低，可以安排一些形态大一些、易认识的事物，如乌龟、水仙等。而中、大班则可以多安排些养殖的和能反映大自然规律、能进行比较的东西，例如养蚕、养蝌蚪、种子发芽实验等。各个不同年龄的班级还可以互换内容、材料，或互相参观，交流经验。

自然角中物品的安放应整洁、美观、安全。各种物品应分类摆放，培养幼儿观察或摆弄后归还原处，仍安放整齐的习惯。自然角中不要放置易使幼儿发生意外的物品或材料，以免发生意外事故。

自然角中所放置的物品不应是一种摆设,而应让幼儿通过对这些物品的感知去认识事物,使幼儿亲近自然、喜欢探究,所以应允许幼儿自由地观察、接触、取用,并学习如何照顾、管理它们。

自然角的内容应根据科学教育的计划、季节变化及其他条件经常变换内容。一般应采取部分变换的办法。例如,秋天可收集秋天的花卉、水果、蔬菜,秋天成熟的庄稼及各种种子;采集树叶制作标本,捕捉秋虫,制作秋虫标本。自然角的布置可以和孩子共同商量,征求他们的意见,充分发挥幼儿的主动性、积极性。

幼儿园放假期间,可安排幼儿把自然角中的动植物带回家去照料。其他东西可暂时收藏起来,到假期结束再重新安排。这样既使幼儿看到动植物生长的连续性、完整性,也培养了幼儿认真负责的态度。

要重视让幼儿参与自然角的管理,设立兴趣小组、值日生制度等。教师要指导幼儿清扫、喂食、换水、整理,使幼儿在参与中加深对科学的了解和喜欢。

二、园地的管理

园地是指幼儿园房舍以外的场地,包括环境的绿化、美化,以及草地、花坛、小菜地、动物饲养角、水池、沙箱等,是为幼儿在室外创设的学习科学的环境。幼儿在这些地方与大自然直接接触,可以随时在园地里为植物浇水、除草,闻着花草的气味,用手轻轻触摸,可以给动物喂食物,甚至搂抱小动物,这些无疑会给幼儿带来无穷的乐趣。在园地里活动,还给幼儿带来了新鲜的空气、明媚的阳光,使幼儿的身体得到锻炼。幼儿一天中的很多时间都会在园地上度过,园地日常的管理工作就显得十分重要。

无论是绿化地带,还是沙坑,或者是种植园、饲养角,首要的是应该保持园地的清洁卫生,应定期进行打扫。地面必须经常清扫,特别在秋季落叶时节,要及时扫去腐败的枯叶,保持地面的清洁。水池中的水要经常更换。幼儿戏水池的水应根据要求进行消毒。在不能戏水的季节,要及时放掉池中的剩水。露天沙箱中的沙土也要定期进行清洗,拣起落入沙中的杂物。如是沙量较少的沙箱,可将沙倒在能滤水的容器中,用清水冲洗后晒干。沙坑中的沙在雨后应翻晒。用于饲养动物的箱笼更应及时进行清洗,除去动物粪便及剩余食物,保持箱笼的清洁干净。因为园地的内容不同,其具体的管理内容也有所不同。

1. 种植园地

种植园地是幼儿园选择适合的地点设置一块或多块土地,供幼儿种植蔬菜、花卉、农作物的地方。幼儿园室外场地一般不会很大,所以应尽可能选择一片空地来建立幼儿的种植园地。现在许多新建幼儿园都会在设计建造时,就预留空地作为幼儿的种植园地。这一片空地应该是阳光充足、排水方便、距离水源相对较近的地方。园地的土质宜疏松、肥沃为好。如果达不到如此条件,可以人为进行加工,使土质适合幼儿的种植。种植园地的大小可以根据不同幼儿园的具体情况而定,例如场地大小、班级多少、幼儿园的空间布局等。可以将各个班级的场地集中在一片地方,也可以分散在各班的周围,还可以利用分散在全园的边角地带进行种植。在设置园地时,还应该考虑到幼儿的年龄特点,将种植园地建造得具有趣味性。从形状上考虑,可以将园地建造成圆形、三角形、正方形、长方形、多边形、梯形等多种规则和不规则的图形,既使幼儿感到有趣,也便于幼儿辨认。

种植园地是为幼儿创设的,它的建立和活动的开展,都应以幼儿为主体。在建立园地时,教师应和幼儿一起动手,进行开辟园地、整理园地、选择种植的内容等。在园地上,教师根据植物的生长规律,指导幼儿进行如浇水、除草、施肥、剪枝、松土等活动,使植物能健康生长。幼儿园所种的树木、花草,应有专人负责进行照顾、管理。对幼儿种植的蔬菜等,教师应认真负责地组织幼儿参加浇水、除草等力所能及的活动。也可建立值日生制度,组织幼儿轮流负责。在周末或假期,应采取各种措施保证动植物的生长、存活。

园地的内容及布局可进行适当调整。园地内种植的植物应根据季节、幼儿观察的需要等条件的变化而变换。有变化的内容,可以激发幼儿的好奇心,引起他们探索的兴趣与愿望。例如,用数盆花组成的花坛,在花卉种类和摆放的图案方面都可有变化:夏季可用鸡冠花、太阳花等,秋季可用菊花。

2. 饲养角

饲养角是在幼儿园室外的一角,设置一些小屋或小棚,供幼儿饲养动物所用。小动物是幼儿极其喜爱的,在活动室的自然角内,幼儿也会饲养一些小动物,但是许多小动物必须在室外饲养,所以大多数幼儿园都会建立饲养角。饲养角一般选择在距离幼儿活动室稍远的地方,要求地势较高、阳光充足、空气流通,并且便于清扫。有些幼儿园场地较小,可以利用走廊、楼顶的平台等地方,放置饲养动物的笼舍。由于小动物的居住有一些特殊的要求,最好能建造一些小棚小屋,让动物们居住。这些小屋在造型上可设计得充满童趣,在色彩上可鲜艳一些。例如卡通小屋里住着鸡妈妈和它的孩子们,蘑菇亭小屋内住着小兔的一家。无论饲养角建造在哪里,都应考虑用水、排水的问题,以方便打扫。

饲养角里最重要的还是饲养的动物,在饲养动物时,应考虑到各年龄幼儿的特点,还可以结合课程、主题的需要,尽量选择一些活泼可爱、管理方便、幼儿能亲自照料的动物,比较常见的是饲养兔子、山羊、刺猬、小鸡、小鸭、鸽子及各种鸟类等。

与种植园地相同,饲养角也是为幼儿创设的,它的建立和活动的开展,也应以幼儿为主体。在饲养角活动时,教师应和幼儿一起进行安排饲养场地、选择饲养的内容等。在饲养角里,教师应有计划地指导幼儿饲养动物。小班幼儿主要是拿些菜叶或草等食物来喂养动物。

中班和大班的幼儿除了喂食以外，还可以参加一些打扫动物小屋的活动。无论是喂食还是打扫，其主要目的还是在于让幼儿在与动物的接触中观察、了解动物，以及培养幼儿对动物、对自然的情感。应经常对园地的建筑物或其他设备等进行检查，如有损坏应及时修复。例如检查栅栏是否牢固，地面是否平整，避免发生意外事故。

3. 气象角

气象角是供幼儿对气象要素进行观测和对有关物象的观测，让幼儿了解天气状况的场所。天气状况每天都是幼儿以及教师、家长关心的话题，这些都无疑会给幼儿留下许多疑问，也会使幼儿自然而然地对天气情况感兴趣。在幼儿园建造一个小小气象角，就成为有条件的幼儿园经常选择的内容。建立一个气象角，首先是场地的选择和仪器的布置。应选择幼儿园周围空旷的一小块空地，地面种上草，然后安装好仪器。因为仪器的安装需要特别的知识和技术，以下介绍一些做法，仅作参考。①

(1) 场地的选择和仪器布置。选择周围空旷的一小块空地，地面种上草。仪器（自制）安装的要求如下：

① 高的仪器安置在北面，低的仪器安置在南面，以免被阴影遮蔽。

② 排列整齐，东西成行，南北相互交错。

③ 相邻的仪器保持一定距离。园内安置的风向标可用3米左右的竹竿，在顶端系上一块绸布带（或自制风车）；雨量筒可用一只直径20厘米的圆塑料盆代替；蒸发器用一只直径20厘米的圆塑料盆即可；温度表应挂在室内不被太阳直接照射的地方。

(2) 观测顺序和方法。

① 温度观测。要求儿童视线与温度表水银柱顶端保持水平，读出上面的刻度（只要求读出整数）。交代儿童的手不要接触温度表的球部，不对着温度表哈气。

② 风的观测。站在风向标下，看看绸布带是否飘动，飘动就记有风，不动就记无风。再带领儿童看看绸布带飘拂的方向，那个方向就是风的去向。

③ 降水观测。有雨的日子里，只要把雨量筒（塑料盆）里的水倒入雨量杯中（雨量杯上面标注有D20厘米字样，即是与口径20厘米的雨量筒配套，可以直接读数），看看有多少毫米，并记录下来。

④ 蒸发观测。在天气好的时候，事先在蒸发器中倒入一定数量的水（倒进去的水必须用雨量杯量一下并记录下来），第二天带儿童把蒸发器中剩下的水倒入雨量杯里看看还剩多少，其余的便是蒸发掉的。

⑤ 云的观测。带领儿童观察云的颜色，基本掌握蓝天白云、灰色的云、黑色的云。要求观看云的形状，基本掌握朵云、层云、卷云。再带儿童看云的高度，云在移动的便是低云，看

---

① 郭治主编：《幼儿科技活动》，中国科学技术出版社1996年版，第47—49页。

到云离我们很远或看不出移动的便是中、高云。

（3）气象角的布置。一些动物和植物对天气变化的反应灵敏,可利用动物、植物的变化来预测天气。在幼儿园设置气象角可与自然角的活动结合起来。

① 动物。养金鱼、泥鳅。天气很好,稳定少变时,金鱼在水下游得很平稳;如不停游动,并上下浮沉,反复多次,显得不安时,表示天气有转坏的可能;若长久停留在水面上,说明天气将继续阴雨;若时时向下沉,不时也浮到水面上,天气有转晴的可能。又如幼儿园的"动物园"内的鸡,傍晚迟迟不愿进窝,可能要下雨。

② 植物。种盆含羞草,预测天气变化。若用手摸一摸含羞草,叶子很快闭合下垂,但很久才恢复原状,说明天气晴朗;若手触含羞草后,叶子闭合下垂得很慢,而且恢复得很快,说明天气将转阴雨。

③ 其他。盐钵在湿度大时会返潮,钵外表面上细小的水点儿增多而不明显增大,预示天气将转阴;如小水点儿不断增大,预示有雨,水点儿越大,风雨将越大;若盐钵外表面干燥,预示天气晴好。又如在湿度大时,石板、自来水管都会"冒汗",预示天气将阴有雨。

气象角建立后,要充分发挥其作用,使幼儿通过气象角的活动,感受大自然的变化。在利用气象角进行的活动中,应考虑到幼儿的年龄特点。对于小班和中班的幼儿,可以在教师的指导下,观察气象角里的天气变化,观察风力和温度的变化,使幼儿在活动中感受人与自然的关系,并且逐渐懂得应该随着天气的变化要增减衣服,了解一年四季温度变化的规律等。到了大班,除了可以在教师的指导下观察天气的变化以外,还可以让幼儿轮流在气象角里观测天气,并进行记录,掌握一些简单的观测和记录的方法,培养幼儿科学探索的技能。

三、科学活动室（科学桌）的管理

科学活动室也称科学发现室,是指在幼儿园建立的,专供幼儿进行选择性科学教育活动的场所,它往往是一间专用的活动室。在科学活动室内为幼儿准备了大量的各类供幼儿探索科学的材料,所以在科学活动室的建立、设备材料的配备,以及内容的安排方面都需要进行精心的计划和安排。

（一）科学活动室的建立

有条件的幼儿园都可以建立科学活动室。首先要选择适当的地点建立科学活动室,以便各班入室进行科学活动。科学活动室的环境布置,无论是门户还是室内四壁的装饰,都要表现出幼儿学习科学的特点和气氛。例如在一面墙上绘制有关天体、宇宙或生物进化等的图画,画面要大而且醒目,具有强烈的感染力。科学活动室的面积可以根据幼儿园的用房情况具体确定,可大可小,但是必须保证幼儿活动的空间,不能让很多无用的装饰浪费了空间。另外,如果有条件,最好在室内建造水槽或水池,便于幼儿操作。

科学活动室内的设备也可以根据幼儿园的具体情况而进行添置,可以一步到位,也可根据需要逐渐添置。室内的桌椅橱柜,除了利用原有的设备外,添置新设备时应考虑既节约空间,又便于幼儿开展科学操作活动,如桌子的设计可以一桌多用。桌子的尺寸应适合幼儿的身材,可以是一桌一人,也可以是一桌两人或多人。较大空间的活动室,可以考虑将幼儿活动桌设计成三面有围板的方式,使幼儿能静心进行探索,但又能与同伴进行一定的交流。橱柜要设计成低而矮的尺寸,门可做成开放式,这样便于幼儿拿取材料。如果空间允许的话,制作上中下共三排橱柜是比较好的选择。最下面一排是开放式的,供幼儿摆放材料。中间一排的高度应在幼儿的水平视线以内,安装着玻璃橱门,放置一些标本、模型、实验用仪器等。最上面一层比较高,幼儿不能够到,并安装不透明的橱门,专供教师放置一些平时运用较少、可能会损坏的物品,例如玻璃瓶等。

科学活动室材料的配备,主要由教师根据学前儿童科学活动的需要安排,也可由家长、幼儿共同参与收集。活动室的材料主要包括标本模型和各种器材仪器,以及各种材料等,例如鸟类标本、昆虫标本、人体半身模型、三球仪、矿石、金属、塑料等。

(二) 科学活动室材料的投放

1. 材料的投放要具有结构性

"结构"一词指的是相互关联的方式。在建筑上,结构指的是一座建筑物的各个部件和墙、地板等受到的应力和张力之间的关系,以及和该建筑物的功用之间的关系。科学活动材料中的结构,意思是指材料在被使用时能揭示自然现象间的某种关系。[①] 这种关系的形式即现象的概念。有些关系是内在的,例如磁铁、铁块、镍块和铜块集合到一起就有了一种结构,磁铁和铁、镍能发生相互作用,和铜之间却不发生相互作用。人们在操作这些材料时发现的这一现象的概念,就是磁铁的特性。也有一些外在的、强加上去的关系,例如一块木片、一张纸片、一根橡皮筋,这些东西不能相互发生作用去揭示任何自然现象,它们相互之间的关系没有什么形式。当然也可以为这些物体强加上一些人为的关系:将橡皮筋绕在木片上,再将纸片放在木片上,或者把它们挨个地排好。因此,结构可以指一种有内在关系的形式(属于整体的),也可以指外在的(强加给某一组东西的)。科学活动中材料结构的概念,特指内在的关系——一种与自然界的现象相关联的形式。需要说明的是,前述的概念是一般意义上的概念,是抽象水平上的概括。而在幼儿科学学习中的概念,则是指简单水平层次上的抽象:认出物体或现象的某种共同特征,即"前概念",我们也称之为经验。

根据这样的理论,在选择给予幼儿操作的材料以达到学习目标时,就需要考虑,将一堆材料放在一起让幼儿探究,这些材料是以什么样的方式组合在一起的呢?这些材料能揭示

---

① [美] P·E·布莱克伍德、P·F·布兰德韦恩著,陈德璋、张泰金译:《小学科学教育的"探究—研讨"教学法》,人民教育出版社1983年版,第29页。

科学上什么重要的概念？材料必须组成和概念有关的结构，它们还必须有吸引力，这样才会给幼儿一种想要参与的欲望。当然，这意味着这些相互作用的现象的形式，必须是幼儿有能力发现得了的。教师在给幼儿投放材料时，一定要从科学领域的核心经验出发，然后选择相应的主体材料和辅助材料，让幼儿学习自己选择一定范围的材料来尝试着解决问题，以达到了解这个科学经验的目的。科学领域的核心经验包括很多方面，例如"在探究中认识周围事物和现象"这方面内容中，就包括了"事物与现象""事物的变化""事物之间的关系"等几个方面。在"植物"主题的科学区角中，涉及的科学经验包括：植物有多种多样的外部特征（事物与现象）；植物是有生命的，它们需要阳光、空气和营养才能存活和生长（事物之间的关系）；植物的变化贯穿于它们整个的生长周期，并且它们在不断地生长和繁殖（事物的变化）。根据这些经验，在区角中可以放置以下各类材料：不同的植物，其中至少有一种正在开花；泥土、肥料；种植的容器；人造植物（可以用来比较）；各种植物的种子；浇水用的容器或洒水壶；用来密封的塑料袋；其他辅助材料，如广口瓶、捆绑带等；记录用的各种材料。

2. 投放材料的难度应形成一定的层次

层次性是指以小步递进的形式选择由易到难的内容与材料。儿童思维的发展是循序渐进的，材料的提供要适宜儿童的发展特点，体现难易的层次递进，使孩子在阶梯状的材料中逐步提高各项能力。提供有层次性的材料能引导儿童选择适合自己能力的材料，慢慢地从一个较低的层次发展到另一个相对高一些的层次，那么就要求投放材料时在难易度上体现出层次性，在适合儿童的发展水平基础上，考虑儿童的"最近发展区"，使不同层次的儿童能够选择适合自己的材料及方法进行操作、探索，有效地促进每一个儿童在原有的基础上得到发展。随着儿童年龄的增长、经验的丰富，操作活动材料中的自主性可以逐渐减少，以增加难度。尽可能为儿童提供体现由浅入深层次递进的材料。例如，教儿童按一维、二维、三维的特征进行分类的活动，插花游戏的材料就可以按这样的顺序投放：（1）根据花茎的粗细不同，投放花蕊大小不同的花朵；（2）根据花茎的粗细、长短的不同，投放数量不同、花蕊大小不同的花朵；（3）根据花茎的粗细、长短、颜色的不同，投放花蕊大小不同、数量不同及颜色不同的花朵。这一系列活动材料由浅到深，由易到难。儿童通过操作材料，使学习和探索不断走向深入，并建立起持久的学习和探究的兴趣。

3. 材料的投放应具有开放性

面对同样的材料，儿童可能会以不同的方式操作、发现和感受到事物不同的特点及关系。科学活动室和自然角的各种材料一般以一种开放的方式呈现。在这种呈现方式下，儿童有更大的自由选择和自主操作的可能性，他们可以根据自己的意愿和兴趣，选择自己喜欢和乐于操作的各种材料，例如在活动"不同的声音"中，教师提供塑料瓶和可放在瓶中的东西：黄豆、回形针等材料引导儿童分辨声音的不同。但当儿童的探索兴趣很高，不满足于现有的材料时,教师就要及时引导儿童在"百宝箱"中自由寻找、选取自己需要的材料,儿童在自由选择了不同的容器后,在探索的过程中有了新的发现。将相同的物品放入不同的瓶罐中,将不同的物品放入相同的瓶罐中,将不同数量的物品放入相同的瓶罐中,摇摇瓶罐,发出的声音各不相同。由于新材料的加入,儿童的探索活动进一步深入了。允许儿童按兴趣自选材料实验,也就是允许儿童尝试失败。儿童自己用自选材料操作,有的孩子实验成功了,有的孩子发现实验失败了。实验失败了,却引起了儿童新的思考:放哪些东西可以产生好听的声音,哪些不能,为什么?这样的失败对教师和儿童而言应该说仍然是一种成功。同时这种开放式投放材料的方式也便于教师了解儿童的原有水平,并提供进一步的引导。值得注意的是:以开放的方式投放的材料也应该是经过教师仔细研究、斟酌和选择的,而不是随意投放的。教师对儿童操作各种材料可能出现的情况都应有充分、明确、清楚的预想,以便在儿童需要时给予适宜的支持、帮助和引导,使他们能按自己的设想,将活动顺利开展下去并有更多的发现。

4. 同种材料与多种材料的共同投放

相同的材料,对儿童的思考有了一定的限制。让儿童跳出限制,利用同种材料去发现不同问题,找出不同方法,为儿童独特的思考提供了机会。例如,在"神奇的蔬菜、花朵"活动中,教师为儿童提供了各种蔬菜、花朵等植物,让儿童用不同方法将植物中的颜色取出来,儿童经过思考后,纷纷提出自己的方法:用石头打、用水泡、用纸擦,并通过亲手操作验证的方法,孩子们不仅从中学到了提取出植物中颜色的多种方法,更学习到从不同角度去思考的学习方法。

给儿童提供多种材料,让儿童去解决同一问题,也恰恰为儿童提供了产生与众不同思维的机会。在大班科学活动"让蛋浮起来"中,教师提供了鸡蛋、杯子、纸板、纸、木板等多种材料让儿童操作。活动开始时,儿童把蛋直接放入水中,结果蛋沉了下去。这时他们纷纷想办法。有的把蛋放在塑料板上或泡沫板上,再放入水中;有的把蛋放入酒杯、竹桶中,用酒杯、竹桶的浮力将蛋浮在水面;还有的儿童发现把蛋放在泡沫板上容易滚落水中,又用纸团包鸡蛋,再放在泡沫板上,使蛋浮在水面上。最后,孩子们在教师投放的材料中发现把蛋放入浓盐水中,也会使蛋浮起来时,真是兴奋极了。在这一活动中,教师并不是刻意要教给儿童某一种让蛋浮起来的科学原理,而是通过儿童对多种材料的操作,尝试去寻找解决问题的办法。这不仅调动了儿童的兴趣及其探索欲望,也为儿童在活动过程中不断发现问题,产生求异思维提供了机会和条件。

(三) 科学活动室的管理

科学活动室内的材料安放应尽可能归类,而不是任意乱放,有秩序地放置材料以显示出材料的结构特点。如磁铁与可磁化、不可磁化的材料放在一起;探索声音的材料和探索光的材料则分类安放；感知材料放在一个单元；等等。每个活动室可按内容类别划分为可容若干个儿童活动的小区域，使幼儿既能安静活动，又能进行交往。

同时，要按预定计划、儿童需要、主题变换，或者生活中的特殊事件更换内容。一成不变的内容必定使幼儿感到单调，难以激发其好奇心与探索的积极性。在更换内容时，可采取更换部分内容的方式，以做到既有变化，又有连续性和稳定性，使能力不同的幼儿可根据各自的需要进行选择和探索。

科学活动室所用的材料应经常清洗、修复。因为科学活动室内的大部分内容是可让幼儿自行操作、探索的，难免会被弄脏、损坏。教师在指导幼儿应尽量不损坏东西的同时，还应经常检查、修复被损坏的材料。如不能修复的，应及时更新。另外，易被弄脏的材料应经常清洗更换，如做"沉与浮"游戏的水，应每天更换；发展嗅觉的气味瓶内的物质也应经常更换。

科学桌的管理与科学活动室的管理相同，只是在活动区域的面积、内容的丰富程度、材料的数量方面有所不同。

 思考实践

1. 选择一所幼儿园，根据该园的实际情况设计一个种植园地（可在小、中、大班中任选一个，包括园地的开辟、种植内容的选择等）。

2. 了解当地可被学前儿童科学教育所利用的社会资源，并实地勘察，思考如何利用这些资源。

3. 请为4—5岁幼儿准备科学活动需要的有趣的弹性材料，并谈谈准备这些材料的理由。

第八章 学前儿童科学教育评价

学前儿童科学教育评价是学前教育评价的内容之一，隶属于学前教育评价，但在具体的运用上，又有其特殊性。

第一节 学前儿童科学教育评价概述

一、学前儿童科学教育评价的含义

评价，是指判断事物价值的过程，而教育评价就是指对教育活动有关的各种要素的实态把握、价值衡量或价值判断。我们在教育活动中，经常会运用评估这个概念，一般认为，评价和评估是两个意义相近的概念。虽然两者确实并不完全相同，其内涵存在着些许差异，但是事实上，在教育领域的实际运用当中，教育评价与教育评估往往被当作是同一个概念，在同样的意义上被运用。简单地说，评价是要明确地评判或评定对象的价值高低、质地优劣，它需要在一定程度上较严格准确地把握对象的价值高低，经过有效测量，对客观事实进行价值判断。而评估则不然，相对评价而言，它在严格性、准确程度上相对较低，是一种模糊定量的评价，其评判过程中相对较多地含有揣度、推测、估量的意思。由于教育评价的对象主要是教育方案、教育机构、受教育者、教育者等，涉及的因素是大量的，包括社会的、政治的、经济的、文化的，以及人的因素，非常复杂。"因此教育评价（至少目前）实际上只能属于一种对有关对象的估量或推测。"[①]

学前教育评价根据不同的分类依据，可以分为不同的类型。根据评价对象的范围，可以分为整体评价、局部评价和单纯评价；根据评价的功能和运行时间，可以分为诊断性评价、形成性评价和终结性评价；根据评价的参照体系，可以分为相对评价、绝对评价和个体内差异

---

① 王坚红著：《学前教育评价——理论·方法·实践》，人民教育出版社1994年版，第3页。

评价,或是定性评价和定量评价;根据评价的主体,可以分为内部评价和外部评价。

学前儿童科学教育评价是以学前儿童科学教育为对象,根据一定的目标,采用一切可行的评价技术和方法,对学前儿童科学教育的现象及其效果进行测定,分析目标实现程度,作出价值判断的过程。例如,评价教师在进行科学教育时,是否把握教学原则、方法,以及科学教育活动的设计或指导是否适当等。又如,对幼儿学习科学情况的了解等。教师、家长和幼儿经过一番有关科学的教育或学习,都希望了解自己努力的成果和获得的价值,这种通过一定的科学方法与途径,多方面搜集有关的事实资料,再参照合理的衡量标准,加以比较分析、综合研究,进而获得对结果的了解与价值的判断的过程,便是科学教育评价。学前儿童科学教育评价可以是全面的、综合性的,如对照目标,判断一个幼儿园或一个班级科学教育各方面的水平;也可以是单项性的,如评价某个幼儿园科学教育计划的制定情况、评价幼儿的科学素养总体或某方面的发展水平等。

二、学前儿童科学教育评价的意义

(一)评价是控制学前儿童科学教育质量的手段

科学教育是在一定的教育目标指导下实施的。教育活动是否已达到目标所提出的要求,需要通过评价来作出鉴定。学前儿童科学教育评价具有反馈功能,通过科学教育评价,可敏锐地发现问题与不足,并不断地加以修正,使科学教育的薄弱环节加强,从而改进科学教育工作。即幼儿园所制定的科学教育目标,选用的科学内容、方法、原则,以及教师自身的知识经验等,是否与幼儿的年龄特点、知识经验、现有认知水平相适应,幼儿园科学教育是否达到了预期的效果,要通过对科学教育整个过程全面的测评、估量,才能作科学的了解。通过这样的了解,可以知道科学教育取得的成绩,进一步提高工作与学习的积极性;同时,也可看到哪些方面存在不足,从而进行改进。因此,可以说学前儿童科学教育评价是一种反馈——矫正系统,可用来判断科学教育过程中的每一个步骤是否有效,如无效则必须及时采取变革措施,以确保科学教育质量。例如,通过了解幼儿园教师对幼儿进行科学教育的情况,发现该教师对科学教育目标的理解有偏差,这时立即给予反馈,就可使该教师及时进行修正,以确保科学教育的有效、高质。

(二)评价是积累学前儿童科学教育经验的重要途径

据前所述,评价可以发现科学教育中存在的问题,从而及时改进,以确保科学教育的有效、高质量。与此同时,被验证为有效高质量的各个具体的科学教育活动,又可作为日后科学教育的内容、方法、途径等选择的依据。例如,某幼儿园进行了"寻找阳光"的科学探索活动,通过评价、修正,最后确定了该活动的有效性,这样的活动方案就可作为经验保留、积累,在今后的科学教育中作为经常选用的内容,同时,也可作为经验向同行推广。对于教师本人来说,更是能保留经验,改进不足,使科学教育的质量不断提高,同时,也促进了教师的专业化发展。另外,通过这样的评价过程,幼儿园及教师积累了一定的科学教育的经验和资料,也可作为今后开展教育科学研究的依据。

(三) 评价是改进学前儿童科学教育的依据

众所周知,学校教育可以通过考核(测验、考试)来检查学生是否掌握了教师所授的知识,对考核不够理想的学生,也可以此作为依据来对他们采取一些巩固措施。教师还可以通过对考核结果的分析,找出自己教学的薄弱环节进行改进。学前儿童科学教育不可能通过正式的考核来获知幼儿学习科学的情况,以及教师自身科学教育的不当之处,但可通过评价,对以上情况作一了解,然后以此为依据,对全班幼儿的科学教育进行改进和对个别幼儿进行个别教育。

著名的教育评价专家泰勒指出,目标、教育进程和评价三者之间形成了一个"闭环结构",他认为预定的教育目标决定了教育活动,而评价就是根据教育目标,对照实际的教育结果,找出教育活动偏离目标的程度,以便通过一定的改进措施更好地达成目标。目标是评价的依据,评价则是达到目标的一个重要手段。即教育评价不仅能够评价教育结果,更重要的是它能够为实施补救教育、个别教育,进一步调整科学教育活动提供依据。这一点十分重要,也就是说评价的最终目的不是为了鉴定所谓的好与不好,而是提高教育质量,如果大家都能在这一点上达成共识,那么评价过程就成为了一种评价者与被评价者互动的过程。

总之,科学教育评价是幼儿科学教育中不可缺少的一个部分,它对于教师的教学和幼儿的学习两方面都是至关重要的。

第二节 学前儿童科学教育评价的内容和标准

在学前儿童科学教育评价中,对评价对象作出的价值判断,是以反映学前儿童科学教育各有关方面的发展或质量目标为准绳的。例如,对幼儿科学探究能力发展的评价,可以依据《幼儿园教育指导纲要(试行)》中的"科学"领域目标。然而,这些目标的表述往往是非常抽象的,例如《幼儿园教育指导纲要(试行)》的第二部分"科学"领域目标中的第一条"对周围的事物、现象感兴趣,有好奇心和求知欲"[①],就是比较抽象、概括的,很难直接用作评价的依据。

---

① 中华人民共和国教育部:《幼儿园教育指导纲要(试行)》,2001年。

因此，有必要把它们转化为更加精细、具体的，可以通过实际的观察与测量获得明确结论的内容。这种转化过程，就是确定评价指标体系的过程。

评价的指标体系包括一系列的内容和标准。学前儿童科学教育评价的内容是指对学前儿童科学教育的哪些方面进行评价，也即评价什么。例如是评价幼儿科学概念的形成水平，还是科学态度、情感的发展水平；是评价幼儿科学素养的发展水平，还是评价教师指导幼儿学习科学的水平。学前儿童科学教育评价的标准是指对科学教育质量要求的具体规定，即针对内容怎么评价，或者说是评价的尺度，例如幼儿对季节的了解程度的具体划分。评价的内容与标准构成了整个学前儿童科学教育评价的指标体系。评价指标体系的建构是个比较专业、复杂的过程，这里并不作具体的阐述。以下对评价内容进行介绍，以供参考。

学前儿童科学教育评价包括两个方面的内容：一是对教师科学教育工作和效果的评价，包括对科学教育计划的评价和对科学教育活动进行的评价；二是对幼儿通过科学学习，其发展状况的评价。以下分别予以叙述。

一、对学前儿童科学教育活动的评价

对学前儿童科学教育活动的评价（即对活动本身的评价），是对幼儿园及教师科学教育工作和科学教育效果的评价。虽然对科学教育质量的评价，可以通过对幼儿的评价来反映，但为了科学、准确地评价科学教育的效果，除了要对幼儿进行评价以外，还要对教师的科学教育工作（即活动本身）进行评价。这方面的评价主要涉及以下两个方面。

（一）对科学教育计划的评价

完整的学前儿童科学教育计划可以包括幼儿园的科学教育计划、班级科学教育计划、各年龄班科学教育计划、各班学期（月、周）科学教育计划以及科学教育活动计划等。各层次的科学教育计划的评价内容是有所不同的，一般来说，越上层的科学教育计划越概括，和幼儿园科学教育的具体活动之间越有一定的距离，而越下层的科学教育计划越具有操作性，和幼儿园科学教育活动越接近。但不管何种科学教育计划，都可从以下方面进行评价。

计划是否体现我国的教育方针和正确的教育思想，体现幼儿科学教育的总目标。计划能否贯彻全园、全班保教计划、课程计划的精神与要求。计划能否根据上一阶段科学教育的不足之处，提出本阶段科学教育的任务要求，体现出连续性和渐进发展性。计划是否分析了本班幼儿的具体情况，所提的科学教育目标是否符合其年龄特点及实际水平。计划是否包括了全部的科学教育活动（专门的科学教育活动和渗透的科学教育活动），是否提出了重点培养要求，以及有关个别幼儿的教育内容，是否考虑与家庭教育取得配合。计划是否提出了完成科学教育目标的具体措施和方法，并对所采取的活动形式及完成计划的日期作出明确规定。计划是否能考虑到科学教育的特点及与其他领域内容的整合。

(二) 对科学教育活动的评价

科学教育活动的评价包括对活动目标、活动内容、活动方法、活动过程、活动结构、教育资源选择与运用、教师与幼儿互动关系等方面的综合评价。

1. 对科学教育活动目标的评价

活动目标是指教师期望活动所达成的教育结果。评价活动目标应从以下几个方面来进行。

(1) 评价活动目标与学期目标、年龄目标以及总目标之间的联系是否一致。从理论上看,应该是每个科学教育活动目标的积累,构成了阶段目标和终期目标,每一项活动目标的实现,都是向阶段目标、终期目标迈进一步。

(2) 评价活动目标与本班幼儿的实际是否相适应。每个班级虽然在总体上符合该年龄阶段幼儿发展的一般趋势,但各有不同的实际情况。有时候某个活动目标被孤立起来看时,可能是合理的,一旦和上一级目标及本班幼儿的实际情况联系起来看时,就有可能有不完善的和不合理之处,评价活动目标是否合理,一定要结合上一级目标和本班幼儿的实际水平。

(3) 在活动目标中是否包含了科学经验、科学方法、科学情感态度三方面的内容。科学教育的总目标包含了以上三方面的内容,在每个具体的活动目标中,也应有这三方面的要求。当然,每次活动的具体情况是有所不同的。例如,在了解现代科技的内容时,比较多地注重培养幼儿的科学情感、态度方面的目标,而在了解某些非生物(如石头、沙土)的特性时,比较多地注重培养幼儿的操作能力、探究能力,以及丰富科学经验等方面的目标。所以,每次活动的目标是有所侧重的,但不能完全偏废。

(4) 整个活动的设计与实施是否围绕活动目标而进行。活动目标确定以后,整个活动设计及实施应围绕活动目标来展开。例如,内容的选择、教师提问的设计等。

2. 对科学教育活动内容的评价

活动内容是实现活动目标的手段。科学教育活动内容的评价包括内容的选择和内容的设计两个方面。活动内容的选择是指从科学教育所涉及的内容范围中选取合适的内容,活动内容的设计是指针对所选内容,确定学习范围和深度。评价活动内容应从以下几个方面来进行。

(1) 活动内容的选择是否与活动目标相一致。科学教育所涉及的内容、范围十分广泛,选什么内容的首要依据便是目标。

(2) 活动内容是否符合科学性。幼儿科学教育的目的是对幼儿进行科学素养的早期培养,因此科学教育的内容必须具有科学性。首先,科学性是指科学活动所给予幼儿的知识应是准确的,应选取那些能被幼儿感知的、真实的、可靠的材料,有利于幼儿科学态度的形成。其次,科学性是指内容的处理是否突出重点、详略得当、难易适宜,并能考虑探究对象的特点。

(3) 活动内容的选择是否符合时代性。科学教育活动的一大特点就是要反映科技发展成果，时代性极强。前两年还是最新科技成果的产品（或是对某地区幼儿来说是新产品），不多久就成为司空见惯的物品了，所以评价内容时要注意，该内容是否符合时代特征，是否增加了现代科技的含量。如同样是认识鸡、鸭，如果和养鸡场、科学饲养、人工孵小鸡等内容结合起来，就比单纯地介绍鸡、鸭要符合时代性。

(4) 活动内容的分量是否适当。每一个科学教育活动，特别是集体活动，总有一个时间的限制，从幼儿的角度看，他们的注意力、兴趣性在一次活动中不会维持太久，评价内容时还要看该内容的分量是否适当，有无过多或过少的现象。

(5) 活动内容的来源是否考虑了来自幼儿的生活经验，是否能关注幼儿的兴趣和需求，从幼儿的关注点中生成内容。

3. 对科学教育活动方法的评价

科学教育活动方法既是教师为了完成科学教育任务，实现科学教育目标所采用的工作方法，也是幼儿在教师指导下学习科学的方法。活动方法使用得当与否，直接影响活动的开展，最终影响幼儿学习目标的达成。评价活动方法应从以下几个方面进行：

(1) 是否根据活动目标、活动内容及幼儿实际，选择与运用生动、直观、形象的活动方法。

(2) 在一次活动中，是否采用多种合适的方法。

(3) 是否根据幼儿园的环境和设备条件选择合适的方法。

(4) 活动方法是否能保证幼儿积极主动参与活动，并得到了发展，即不是教师灌输知识，幼儿被动地学习的方法。

4. 对科学教育活动过程的评价

(1) 活动是否采用了多种科学教育活动的组织形式。专门的科学教育活动的组织形式，从教师指导的不同程度来分析，有预定性科学活动、选择性科学活动和偶发性科学活动三种。从幼儿参与活动的规模来分析，可分为集体活动和个别活动，其中集体活动又可分为小组活动和班级活动。要评价在活动中是否根据实际情况，考虑了预定性科学活动、选择性科学活动和偶发性科学活动的结合，全班、小组、个人活动的合适组织及结合。

(2) 在活动过程中，是否考虑了因人施教的问题。幼儿之间存在很大的差异，在班级、小组、个别活动过程中，是否有为孩子的专门设计与指导。

(3) 在分组时，是否考虑了人际关系以及幼儿的情感因素。换言之，小组活动或个别活动时，是硬性规定幼儿的分组，还是根据幼儿的意愿来分组。

(4) 在活动过程中，是否能随机调整预定的活动目标，并生成目标。是否能根据活动的开展情况，作出方法、组织形式、提问等多方面的调整。

5. 对科学教育活动结构的评价

(1) 活动结构是否严密，即活动是否组织紧凑、程序严密、环节交替自然有序，是否能有效利用时间。

（2）活动的结构是否合理，即是否能根据幼儿活动和学习的规律，注意动静交替等。

（3）活动中的每一步骤是否有效，即在科学教育活动过程中，每一步骤都应和达成目标有关，尽量减少和目标无关的环节。

6. 对教育资源选择与运用的评价

科学教育资源是学前儿童科学教育活动达到预期目标的物质保证。教育资源选择与运用的评价应从以下几个方面进行。

（1）是否选择了能达成科学教育活动目标、适合活动内容与幼儿实际的教育资源。如教育资源是否紧扣目标、是否有趣。

（2）选用的教、学具是否适合科学教育活动的展开，如提供的教具是否具有典型性，学具在数量上能否保证活动的进行。

（3）选用的学具是否适合幼儿操作。如学具的安全性、易理解性，是否适合幼儿的体力与能力等。

（4）在活动过程中，是否最大程度地利用了教具、学具所具有的功能。

7. 对教师与幼儿互动关系的评价

科学教育活动中教师与幼儿如能处于良性的互动关系，就能从一定程度上保证科学教育活动效果的达成。教师与幼儿互动的评价应从以下几个方面进行。

（1）是否正确发挥了教师的主导作用。如教师的提问是否得当、新奇、有启发，是否富有魅力及指导意义。

（2）是否创造条件使幼儿成为活动的主体。如创造宽松的心理环境，鼓励每个幼儿积极探究，学习科学。

（3）教师与幼儿在活动过程中的交往是否和谐融洽，是否积极主动地相互交往。如当个别幼儿未能完成探究活动时，教师是采用鼓励，还是采用讥讽的语言与手段。

（4）幼儿参与活动的态度如何，是主动积极地参与活动，还是被动地参与，甚或是成为旁观者。

二、对学前儿童发展的评价

对学前儿童发展的评价是指通过科学教育活动，对所达到的教育效果的评价，这种效果应体现在幼儿的身上，即幼儿的科学素养的提高。具体评价内容可根据《指南》所列儿童"科学探究"各年龄阶段发展的典型表现。

（一）对学前儿童科学情感和态度的评价

主要评价幼儿对周围自然界的好奇心、探究周围自然界和学习科学的兴趣，以及幼儿关心、爱护自然和环境的积极情感及态度。

评价的内容包括：是否对周围环境中的新异刺激产生惊异，作出积极的反应，并能集中注意，感知、观察、操作物体，提出问题，寻求有关信息和答案。是否对自然界和科学活动感兴趣，是否喜欢观察、探究自然界，积极参与科学活动，谈论自然界和科学活动，并在活动中表现愉悦的情绪。是否关心自然界，爱护、保护动植物和周围环境。是否有初步的环保意识，并对生命充满崇敬和关爱。

(二) 对学前儿童科学探究能力的评价

主要评价幼儿探究周围自然界和学习科学的技能与方法的发展水平。

评价的内容包括：幼儿是否了解各种感官在获取信息中的作用；是否学会使用感官的方法，及有顺序比较和观察的方法。是否能在一组物体中，按照事物的一个或两个特征挑选出有关物体；是否能按照指定的标准，将给予的一组物体进行分类；是否能以自己规定的标准进行分类。是否能以观察的方法和非正式量具测量物体；是否能尝试用正式量具测量物体。是否能对一些物体进行比较、分析、抽象和概括；是否有遇事思考的习惯。是否能以语言、体态、绘画、塑造等手段，表达、交流科学探索活动中的发现、获得的经验和问题，以及探索的过程和方法。

(三) 对学前儿童科学知识经验的评价

主要评价幼儿通过科学教育活动是否获得了相应的科学经验，是否在此基础上形成了初级的科学概念。一般能通过有计划的测量、家长问卷、观察、作品分析、面谈等方式来了解，然后再根据对资料的分析作出间接评价。幼儿是否获取了有关周围物质世界的广泛的科学经验，或在感知经验基础上形成了初级的科学概念，可从以下几方面作评价：其一，是否具有常见的自然现象（包括季节、气象、理化等自然现象）及其与人类、动植物有关系的具体经验或初级的科学概念；其二，是否具有关于周围环境（有生命物质和无生命物质，包括人类自身）及其相互关系的具体经验或初级的科学概念；其三，是否具有与幼儿自己生活有关的科技产品及其对人类有影响的具体知识。

以上以科学教育评价的内容为主线，阐述了学前儿童科学教育评价的两大方面。除此之外，科学教育评价的每个内容，都有其层级标准。例如，评价幼儿分类能力的发展，可分六级标准去评定（见表 8-1）。

表 8-1　幼儿分类能力发展的评定

内容	评分标准					
	0	1	2	3	4	5
按事物特征分类的能力	不会分类	会按一种特征分类	会按一种特征迅速分类	会按两种特征分类	会按两种特征迅速分类	会按两种以上特征分类

又如,评价幼儿科学情感可从五级标准去评定(见表8-2)。

表8-2 幼儿科学情感的评定

内容	标准				
	1	2	3	4	5
亲近自然	对大自然充满好奇,喜欢接触动植物和周围环境。	喜欢接触大自然与周围环境中的新奇事物,在成人引导下表现出爱护动植物与周围环境的情感和行为。	对大自然和周围很多事物感兴趣,在他人的感染下表现出关心、爱护周围环境的行为。	关心自然环境和周围事物,有主动爱护动植物与周围环境的情感和行为。	亲近自然,珍惜自然资源,爱护周围环境,有初步的环保意识。

评价的每一个内容都可根据需要及实际情况确定由低到高的层级标准,以此评价一个幼儿园或教师的科学教育水平,一个幼儿的发展水平。

领域五:探究与认知1[①]

表8-3 《上海市办园质量评价指南(试行稿)》

子领域	表现行为	表现行为描述		
		表现行为1	表现行为3	表现行为5
子领域1:科学探究	1. 喜欢探究	喜欢摆弄各种物品,好奇、好问。	经常乐于动手、动脑探索未知的事物。	乐于在动手、动脑中寻找问题的答案,对探索中的发现感到高兴和满足。
	2. 用一定的方法探究周围感兴趣的事物与现象	1.2.1 能仔细观察自己感兴趣的事物,发现其明显特征。 1.2.2 能用多种感官或动作探索事物,对结果感兴趣。	1.2.1 能观察、比较事物,发现其异同,并进行简单描述。 1.2.2 能根据观察结果提出疑问,并运用已有经验大胆猜测。 1.2.3 能通过简单的调查,收集自己需要的相关信息。 1.2.4 能用图画或其他符号记录自己的探究过程或结果。	1.2.1 能在观察、比较与分析的基础上,发现并描述事物的特征或变化,以及事物之间的关系。 1.2.2 能用一些简单的方法来验证自己的猜测,并根据结果进行调整。 1.2.3 在帮助下,能制定简单的调查计划,并按计划收集信息。 1.2.4 能运用数字、图画、图表或其他符号等记录探究过程和结果。 1.2.5 能在探究中与同伴合作,并交流自己的发现、问题、观点和结果等。

[①] 上海市教育委员会教学研究室:《上海市幼儿园办园质量评价指南》,上海教育出版社2020年版。

续　表

子领域 表现行为		表现行为描述		
		表现行为1	表现行为3	表现行为5
子领域1：科学探究	3. 在探究中认识事物与现象	1.3.1 认识常见动植物，能发现和了解周围动植物的主要特征和多样性。 1.3.2 能感知和发现材料在软硬、光滑和粗糙等方面的特性。 1.3.3 能感知天气变化，体会其对自己生活和活动的影响。 1.3.4 能初步了解和体会动植物与人类生活之间的关系。	1.3.1 能感知和发现生活中常见动植物生长变化的过程及所需的基本条件。 1.3.2 能初步感知和发现常见材料的溶解、传热等性质及在生活中的用途。 1.3.3 能感知和发现光、影、磁、摩擦等简单物理现象。 1.3.4 能感知和发现不同季节的特点，体验季节的变化对动植物和人类生活产生的影响。 1.3.5 能初步感知常用科技产品的用途及与自己生活的关系。	1.3.1 能发现和了解典型动植物的外形特征、习性与其生存环境之间的关系。 1.3.2 能了解常见物体的结构和功能，发现两者之间的关系。 1.3.3 能探索和发现光、影、沉浮、水的形态等简单物理现象产生的条件或影响因素等。 1.3.4 能感知并了解四季轮回及变化的顺序。 1.3.5 初步了解人类生活和自然环境之间的关系，懂得尊重和珍惜生命，知道保护环境的重要性。 1.3.6 知道一些事物具有两面性，汽车、手机、电脑等产品有利也有弊。

第三节　学前儿童科学教育评价的方式

明确了科学教育评价的内容和标准，需要采用合适的评价方式。这里所述的评价方式，实质上是指收集资料信息的方法，也包括如何将资料信息进行记录的方法。其中，学前儿童科学教育中常用的评价方式有观察法、访谈法、问卷法、测试法和作品分析法等。

一、观察法

科学教育评价中的观察法就是有目的、有计划地对被评价者行为进行现场观察或测量，并对观测结果作出评定的一种方法。观察法包括自然观察、情境观察、行为核对等三种类型。

(一)自然观察

自然观察也称轶事记录法,是评价者对幼儿在日常生活中、自然状态下的行为进行观察及评价的方式。自然观察在学前儿童科学教育评价中运用时,往往在观察前就明确好所需观察行为和事件的类型,观察时只需等候行为或事件的发生,并作详细的记录。例如,下面一段记录说明幼儿对待小动物的态度。

×月×日,×××,早晨来园,到自然角旁边,观察金鱼,喂金鱼,同时轻声说:"小金鱼,你昨天晚上睡得好吗?想我吗?我可想你啦。"

这段记录可以表明该幼儿喜欢小金鱼、关心小金鱼的感情。

自然观察的优点在于不受时间间隔的限制,只要事件一出现,便可随事件或行为的发展持续记录,可以经济有效地利用时间和精力。另外,由于自然观察是在幼儿自然的状态下进行观察和评价,所以幼儿基本不受干扰,或很少受到干扰,因此能收集到幼儿最真实的行为资料。但自然观察的不足也很明显:首先,自然观察时需要评价者进行详细的、如实的记录,对记录技术要求高,用手工操作往往很困难,而且对记录者的文字表述的要求也比较高,需要记录者用准确的词语进行描述。其次,由于只记录选定行为的发生过程,所以有可能这些观察到的行为现象,在不同场合会有不同的意义。对于第一种不足,除了使用代码记录外,也可以使用现场摄录的办法。对于第二种不足,往往采用行为记录,同时记录事件发生的情境和背景,可以用来综合分析该行为的性质。

例如,王老师对幼儿的探究活动,有几个困惑的问题:

(1)幼儿的探究仅仅表现在教师组织的活动中吗?(2)教师面对幼儿的探究可以做些什么?(3)如何把幼儿偶尔的探究好奇,培养成他们的行为习惯?

面对这些问题,王老师进行了观察,以下是王老师对一名四岁幼儿(陈静)的观察记录及分析思考。

观察记录:

(1)四岁的陈静正在活动区的"水"主题区玩沉浮游戏。她先把一个小盒放在水中,当小盒浮在水面上时,她就往小盒里装水,小盒慢慢地往下沉,最终沉到了水底。然后她又把小盒内的水倒出,使小盒重新浮在了水面上,接着她又拿了一个玻璃小球放在小盒内,观察小盒的变化……

(2)户外活动时,陈静玩起了磁铁飞镖。在玩的过程中,她无意间把两个飞镖的顶端(飞镖的头)碰在一起,结果发现两个飞镖的头总是碰不到一起(互相排斥)。接着她将所有的飞镖头碰在一起,想看看会发生什么情况。然后她又分别将飞镖放在靶子的正面和反面,看看会有什么不同的情况发生。

（3）陈静每天来幼儿园都要经过一个停车场，停车场内停着许多轿车。逐渐地，陈静对汽车轮中轴上的不同花纹产生了兴趣。她经常把自己的发现告诉同伴和老师，在妈妈的鼓励下，她还把不同的中轴花纹画下来。一开始，她是看到一个不同的就画下来，过了一段日子，她开始根据车辆品牌的不同进行分类后再画……

分析：

好奇、好摆弄是幼儿的天性，这种天性无处不在，无时不有。从上述三个片段中不难看出，陈静对事物的好奇探索存在于不同的场合，在教师创设的环境中会有探究行为产生，在来回幼儿园的路上也会有探究行为产生。陈静通过摆弄实物来发现问题，并根据已有经验，运用初步的逻辑推理，来假设可能的情况、可能的结果和将要发生的事情。

思考：

面对陈静的表现，王老师认为：首先，教师要创设情境，尤其是一种带有问题的情境，让幼儿在活动中提出问题，继而进行探索，解决问题，从而让他们的这种天性得以充分的发挥和张扬。其次，教师在日常的带班过程中要善于捕捉幼儿无意识的探究行为，并引导他们将这些无意识的探究行为变为有意识的探究活动。最后，在探究活动中，教师还应该耐心地倾听和鼓励幼儿对自己探究活动的介绍，并积极地参与到幼儿的探究活动中。这样，才能持续地让幼儿保持这种好奇、探究的天性，并使之成为一种稳定的学习品质。

（二）情境观察

情境观察是事先创设一种情境，以此引发评价者想要观察到的幼儿的行为，从而来测试评价幼儿发展水平的一种方式。

例如，想了解幼儿发现事物不同特征的能力水平，其观察目标是幼儿能否在观察中迅速发现两个事物的不同之处，以及幼儿的这种观察是否受到任务的指引。评价者可以这样进行：选择幼儿若干名（可以有不同年龄幼儿作比较），让幼儿同时观察一只小兔、一只小羊，但并不说明观察要求，5 分钟后将动物藏起来，要求幼儿说出动物的各自特征与两者之间的不同之处。第二次先向幼儿提出要求，再次观察 5 分钟后，然后让幼儿说出两个动物的不同之处。用这种方法来评价幼儿的观察能力。

情境观察的优点是能够测量幼儿发展水平的不同层次，并且由于这种观察测量是在情境控制的情况下进行的，其观察效果较好，因此被越来越广泛地使用。情境观察也有不足，其不足就在于如何创设一个很好地体现评价目标的情境，这一点相对较难把握。

情境观察也需要评价者如实、快速地对幼儿的反应进行记录，在这一点上，是与自然观察相同的。

(三) 行为核对

行为核对是在观察前依据所需观察的目标,确定观察内容,并制定一个观察核对表。评价者根据观察到的事件或行为,对照观察核对表中的各个项目逐条检核,并在符合的条目上作出记号,并进行评定的一种方式。

例如,要对幼儿在科学活动室内的学习情况进行了解,评价者制作了以下核对表(见表 8-4)。

表 8-4　幼儿在科学活动室内学习水平的行为核对表

幼儿姓名_____　评价者_____　观察时间_____

观　察　内　容	能	不能
● 对活动室内的材料感兴趣,常问有关的问题。		
● 能运用各种感官感知物体特征。		
● 能正确对物体分类。		
● 喜欢探索各种材料。		
● 能照顾活动室内的动植物。		
● 尝试做小实验,解决问题。		
● 会作气象记录。		
● 会观察动植物情况并用图像作记录,了解其变化发展情况。		
● 能持续较长时间观察、探究。		

核对表制作好以后,评价者对幼儿的活动进行实地观察,根据幼儿的行为表现进行检核。

如果要观察、记录多名幼儿的情况,可将以上表格改成下列表格(见表 8-5)。

表 8-5　幼儿在科学活动室内学习水平的行为核对表

姓名	项目												
	对科学现象的兴趣		感知物体的能力		对物体分类		喜欢探索		照顾动植物		做小实验		记录		长时间地观察	
	能	不能	能	不能	能	不能	能	不能	能	不能	能	不能	能	不能	能	不能
×××																
×××																
×××																
×××																

续 表

姓名	项目													
	对科学现象的兴趣		感知物体的能力		对物体分类		喜欢探索		照顾动植物		做小实验		记录		长时间地观察
	能	不能	能	不能	能	不能	能	不能	能	不能	能	不能	能	不能	能	不能
×××																
×××																

记录人：_____

行为核对的优点是记录时较简便，只需要在每种行为的条目后面给出"达到"和"未达到"或"能"和"不能"①等两种选择，而且因为是量化的方法，统计分析比较容易。其不足在于事先要决定所要观察的行为类型，抽取一定数量的具体行为，制成核对表，制表的工作耗时较多，也比较困难。行为核对的方式实质上也是一种自然观察。行为核对与自然观察的不同之处在于：(1)行为核对需要预先制定表格对被评价者的行为发生与否或程度进行核对。(2)行为核对往往不是考察某一次行为的发生与否，而是对一个阶段中某类行为发生的情况作评价。

以上各种评价方式一般都可用于对教师指导科学教育活动的评价。例如，自然观察用于观察教师的教学活动（见表8-6）。

表8-6　××幼儿园科学教育活动记录表

教　师		班　级		时　间	年　月　日
活动内容					
科　学　教　育　活　动　记　录					
分析意见					

记录人：_____

又如，行为核对的方式用于教师的教学活动（见表8-7）。

---

① 还有一种是等级评定，即在每种行为的条目后面给出"1、2、3"或"1、2、3、4、5"等多种等级，根据观察结果进行选择。

表8-7 教师对幼儿偶发性科学活动态度的行为核对表

教　师　表　现	能	不能
● 幼儿在自由地活动时,教师能注意观察。		
● 能发现幼儿的科学探究活动。		
● 能提供必要材料供幼儿使用。		
● 能与幼儿一起观察科学现象。		
● 能与幼儿一起讨论。		
● 当幼儿有疑惑时能及时给予幼儿一些解答或指导。		
● 能向幼儿提出一些问题供幼儿参考。		
● 能在幼儿感到困难时,鼓励幼儿坚持下去。		
● 能支持幼儿将科学探索延伸下去。		

教师_____ 班级_____ 时间_____ 记录人_____

除观察法以外,对教师、家长及幼儿园的科学教育评价还可以运用诸如调查问卷、访谈等方式,这些方式均以提问、观察、检核的方式为基础,读者可以参照教育评价的书籍,本书不作一一介绍。

二、访谈法

访谈法是通过评价者与被评价者当面问答来获取信息的一种评价方式。一般比较多地用于认知范畴的评价,包括知识经验的回忆和能力的评价;幼儿对科学事实、科学概念的理解、回忆;解决问题的方法;等等。访谈法通常以提问、回答、讨论等形式出现。在学前儿童科学教育评价中的访谈法有两种具体的类型。

(一) 问题式

问题式是围绕一个或几个问题直接进行回答,即以由评价者提出问题,被评价者回答的方式进行。问题式的优点是设计、使用比较简便。通过这种方式,能帮助评价者诊断幼儿对科学知识经验的理解情况。例如在观察冬季下雪后,提问幼儿:"你能用手接住雪花吗?雪花到手上会变成什么呢?为什么呢?"问题测试的缺点是:(1)耗时较多,也可能比较主观;(2)对同一个问题,幼儿的回答会出现各种不同的情况,给评定带来一定的困难。

在设计和使用这种方式的方法时,首先,设计的问题应当只为幼儿提供方向,而不给任何暗示或答案。避免过于抽象的问题或没有意义的问题。例如,公共汽车有什么用?你喜欢青蛙吗?为什么?

其次,在设计问题的同时,要考虑好基本的答案,即问题提出后,幼儿可能会有哪几种回答,怎样的回答是对的,怎样的回答是错了。例如"水烧开了会冒出什么"的问题,幼儿可能的答案会有以下几种:第一种可能的回答是"蒸汽",这种回答是正确的,是属于科学概念。第二种可能的回答是"水蒸气",这种回答虽然并不精确,但是属于日常生活概念,也是属于对的回答的范畴。第三种可能的回答是"白气",这一种回答就属于错误的概念,因为水开了冒出的不可能是白色的气,白气是"烟",而不是"气"。教师要事先考虑到幼儿可能的回答(也可作预测),然后根据目标给予相应的记分。

对幼儿提问后,可以根据幼儿的回答,考虑是否需要追问。例如在上例提出"水烧开了会冒出什么"以后,如果幼儿回答"是水蒸气""是白气"时,可以追问:"究竟是水蒸气还是白气?"另外,要把幼儿回答的全部内容如实地记录下来,以便评测之用。还可运用录音的方法先将回答内容录下来,然后再转录成文字。

有些评价活动不仅需要幼儿用语言回答问题,还需要幼儿用操作来完成一些指示,以了解幼儿是否掌握了这些知识经验或技能。例如,在进行了有关"光"的探索活动后,评价者请幼儿回答以下两个问题:"你能告诉我,光使房间里发生了什么变化吗?""指一指,房间里的光是从哪里来的(光源的问题)?"又如,在学习"制造盛水的容器"的活动后,请幼儿独立制作一个盛水的容器。

(二) 情境问题式

情境问题式是指先由评价者设计一个需要思考的情境,然后要求幼儿根据他们已熟悉的科学经验、事实,或科学概念来解释这个情境中出现的新现象。情境问题的方式是科学教育评价中经常使用的一种方式。一般来说,这种方式可以用图片和语言结合的方式测试幼儿。

例如,调查者给幼儿看图 8-1。

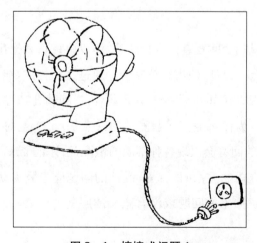

图 8-1 情境式问题 1

图上的风扇在转动,而插头却未插进插座。评价者可以问幼儿:图片中画的内容对吗?有没有错误的地方?为什么?幼儿为了回答哪里有错误、为什么说是错误的,必须对已知的科学知识经验有一个清楚的了解,才能作出正确的回答。

可以根据幼儿的不同年龄水平,设计不同难度的情境问题,例如图 8-2 就较上例复杂得多。

图 8-2 情境式问题 2

评价者设计了六幅图片,然后把秩序打乱,呈现在幼儿面前。

然后可以提出下列问题:

(1) 这六张图片一样吗?有什么不一样?

(2) 请你把这六张图片重新排一下,哪一张应该是第一张?以下依次按第二张、第三张、第四张、第五张、第六张排列。

(3) 为什么你要这样排呢?

幼儿要将这六张图片按事情发生的顺序排列,就必须要了解洗衣的顺序:(4)洗衣(洗衣机)→(2)晾衣→(6)晒衣→(3)收衣→(1)熨衣→(5)放进抽屉。

情境问题式的优点在于这种方式可以了解幼儿是否真正获得了科学经验,或形成了科学概念,而且需要幼儿具有一定的解决问题的能力以及将科学知识进行迁移的能力。这比单纯的问题的方式要难。因为根据教师的提问,幼儿进行回答,可能会利用机械记忆来回答。而情境问题式,则要求幼儿必须真正了解有关科学经验,并具有一定的迁移能力。情境问题式的不足之处在于情境设计及准备比较困难,且耗时较大。

运用情境问题测试的方式进行评价时,首先应仔细设计问题的内容及图片,要将想要了解的有关内容蕴含在问题设计中。其次,这种方式在实施时,也需要详细、如实地记录幼儿的回答,这一点与问题测试中的做法相同。

三、问卷法

问卷法是由评价对象通过书面形式提供给评价者有关被评价者个人行为和态度相关问题的一种方式。问卷法是以一套问题询问某个人,评价者因为没有机会直接观察到行为的出现,所以就运用一套已设计好的问题,去询问某位有自然机会观察到被评价者的人。被询问者通常是和被评价者生活在一起或有比较多的接触机会的人,他们平常就有机会看到被观察者的这些行为,例如被观察者的父母、教师等。

在学前儿童科学教育评价中,这种方式主要用于询问家长、教师、园长等成人对被观察者的评价。问卷法是在询问的问题下,把可能发生的答案(行为)列举出来,并以"其他"作为最后一个答案,以避免所列举之疏漏。让填答者在适合的选项上打勾。问卷法虽然不如访谈法灵活深入,但是它的最大优点在于简便易行,能在比较短的时间内收集到较为广泛的资料,而且又便于整理和统计分析,因此,在向家长、教师进行评价时,往往会采用这种方式。

使用问卷法的关键在于问卷表的设计与编制。首先应该考虑调查题的形式,一般有问答题、填充题、选择题和排序题等四种方式。除此之外,要根据评价的内容编写题目,例如,以下是一份用于对家长的问卷表(见表8-8)。

表8-8 学前儿童好奇心与兴趣调查表[①]

```
1. 他(她)经常向父母提出各种问题吗?
   A. 很少            B. 有时            C. 经常
2. 他(她)对不懂的事是否追根究底地询问?
   A. 很少            B. 有时            C. 经常
3. 当您带他(她)外出参观、浏览时,他(她)对自然界的变化或未见过的事是否感兴趣,不但向父母提问,而且要仔细观察?
   A. 很少            B. 有时            C. 经常
4. 他(她)喜欢摆弄家里的各种物品以了解它们的特性吗?
   A. 很少            B. 有时            C. 经常
5. 他(她)在听父母讲自己不知道的事情时很专心吗?
   A. 很少            B. 有时            C. 经常
6. 他(她)玩一种玩具或进行一种感兴趣的活动时能持续15分钟吗?
   A. 很少            B. 有时            C. 经常
```

---

① 王坚红主编:《学前教育评价——理论·方法·实践》,人民教育出版社1994年版,第608页。

续 表

7. 他(她)是否曾向父母提出过以下各类问题?(在提过的问题旁打"√") ① 动物 ② 植物 ③ 人的身体 ④ 自然现象 ⑤ 时间 ⑥ 生物进化 ⑦ 宇宙 ⑧ 气象 ⑨ 地理 ⑩ 数概念 ⑪ 文艺作品 ⑫ 日用品 ⑬ 食品 ⑭ 交通 ⑮ 建筑 ⑯ 工农业 ⑰ 军队 ⑱ 家庭 ⑲ 体育 ⑳ 周围人的活动 ㉑ 物理化学现象 A. 提问过10种以下问题　　B. 提问过11—14种问题　　C. 提问过15种以上问题

四、测试法

学前儿童科学教育评价中的测试法不同于学龄儿童的笔试法。学前儿童的测试法是根据图片所表示的内容及问题,通过思考,用符号或数字作为标记来回答各种问题的方式。测试法有三种具体的类型。

(一) 是非测试

是非测试就是幼儿只要根据问题(图片、语言或两者结合),回答"是"与"否"的问题。通过幼儿看图,辅以简单的语言说明后,要求幼儿在问题后面的括号内用笔打"√"或"×"的符号。

如图8-3,提问:"图片上有什么?""磁铁能吸住木头吗?"幼儿在右边的空格内画上"√"或"×",表示"能"或"不能"。

又如图8-4,图片上画着一只青蛙在水里,提问:"图片上有什么?""青蛙能在水里游吗?"幼儿根据图画内容与提问,作出选择。

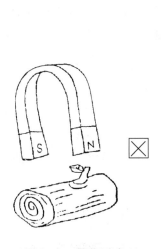

图8-3　是非测试1

图8-4　是非测试2

是非测试的方式使用比较广泛。它的优点是设计相对比较容易,评价也比较客观,因其以"是"或"否"的方式进行,在事后整理资料时也比较容易。是非测试也有缺点,主要是大多测试幼儿的记忆水平,对于幼儿思维能力等方面的发展不易测出。在设计与使用是非测试时,所提的问题要明确;与之配合的语言要简单清楚,易于儿童理解。

(二) 选择测试

选择测试是幼儿能在评价者列出的几个答案中,选择出一个或多个答案的方式。例如,同样是评价幼儿对磁铁性能的了解,让幼儿观看印有磁铁、木头、铁钉和玻璃杯的图片(见图8-5),并提问:"图片上有什么东西?""磁铁能吸住哪些东西呢?"让幼儿在右边的空格内打"√"或"×"。

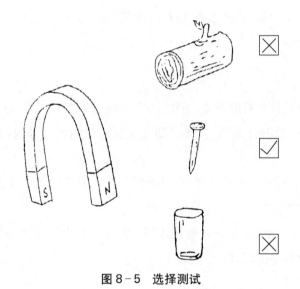

图8-5 选择测试

选择测试是笔试法中的最佳类型,其优点是比是非测试、匹配测试更有效和可靠。这种方式能评价幼儿对概念的理解,让幼儿进行推理和判断,还能评价幼儿发现事物之间相互关系的能力,以及运用所获得的科学概念去解释熟悉的或新发现的现象的能力。但是选择测试也有不足之处,即在问题设计方面有一定难度,需要评价者精心设计。

选择测试的选择题,由问题和答案两部分组成,而答案中又有错误的答案和正确的答案两种。一般运用于幼儿的选择测试,由一个正确的答案和两个错误答案构成。少于或超过两个错误答案,设计都是不适宜的。与是非测试相同的是,选择测试的资料在事后的整理与分析方面,相对比较容易。

(三) 匹配测试

匹配测试是给出两组内容,让幼儿根据其个体间的联系或关系,用线条联系起来。个体间的联系与关系通常是物体、现象与其用途、功能、习性等方面的内容。例如,运用以下图片(见图8-6),让幼儿进行匹配连线,以此评价幼儿对这些小动物食性的了解程度。

图 8-6 匹配测试 1

幼儿观察以上图片后,将猫与鱼、兔与萝卜、熊猫与竹子、猴与桃子连线,说明幼儿已对这些小动物的食性很了解了。

匹配测试题设计起来较简单,但它一般只能用于比较低水平的目标测试,趋向于测试幼儿记忆的内容较多。在设计匹配测试题时有一点是必须注意的,两组内容之间的联系不能有交叉的情况出现,否则就无法进行了。如仍以以上例子说明(见图 8-7):

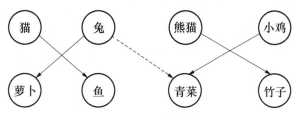

图 8-7 匹配测试 2

以上的图示中,与上图相比,更换了一组,即将"猴—桃"一组,改换成"小鸡—青菜"。但是这样就发生一种情况,即图中的兔既可吃萝卜,也可吃青菜(虚线)。应该说,选择这两种都是对的。所以在设计时,必须充分考虑,不使幼儿无从着手,左右为难。

匹配测试的方式可以用分数来记录幼儿答对的次数,事后的资料分析也与前两种测试法相像。

在运用以上三种测试法时,还可以根据情况与需要增加进一步追问的问题,如问:"磁铁能吸住铁吗?你是怎么知道的呢?"

五、作品分析法

作品分析法是根据幼儿的各种作品（图画、泥塑、所编故事、儿歌等）分析幼儿科学素养发展水平的一种方法。例如，通过对幼儿观察记录的分析，了解幼儿对科学现象的观察水平。如教师安排任务，从×月×日起，每晚观察月亮盈亏现象并作记录，然后将记录拿到幼儿园，以此分析幼儿观察的细致性等水平。同时还可了解幼儿坚持性、自制力等个性品质的发展情况。

作品分析法的优点在于资料较易收集。其缺点也很明显，即往往不能系统、完整地了解幼儿的科学素养发展水平，因此需要结合各种方式进行。

案例分享

观察举例

1. 科学学习等级评定①

表8-9 幼儿科学学习记录表

姓名_____ 出生日期_____
探究活动开始日期_____ 结束日期_____

科学探究技能	幼儿的发展	例证
参与、注意、好奇、提问	偶尔 有时 一贯	
开始探究、调查	偶尔 有时 一贯	
收集数据	偶尔 有时 一贯	
记录和创作	偶尔 有时 一贯	

---

① [美]英格里德·查鲁福、卡仁·沃斯著，张澜、熊庆华译：《与幼儿一起探索自然》，南京师范大学出版社2005年版，第196页。

续　表

科学探究技能	幼儿的发展	例证
反思经验	偶尔 有时 一贯	
用语言交流感受	偶尔 有时 一贯	
和小组分享、讨论以及反思	偶尔 有时 一贯	

2. 科学探究能力行为核对

表 8-10　学前儿童科学探究能力行为核对表

儿童姓名_____　观察者_____　观察时间_____

观察内容	表现	
	能	不能
对一些生活中的自然物体与现象感兴趣,常问有关的问题。		
能运用各种感官感知自然物体主要特征。		
能尝试对自然物体分类。		
喜欢探索各种材料。		
会观察动植物、了解其变化发展情况,并用图像作观察记录。		
能照顾自然角内的动植物。		
喜欢、专注小实验,并尝试解决问题。		
有观察天气情况的习惯,会作气象记录。		
能持续较长时间对一些事物进行观察、探究。		
会用语言的方式,与同伴交流观察、实验的印象。		

探索光与影　　　　　　　　　　　　　　　　　　　　　　　记录

幼儿姓名_____　评价日期_____　评价人_____　评定水平_____
根据每张图表的信息来检验幼儿的活动水平:
做个影子你需要些什么?
　1. 一个物体

2. 一个能遮住光的物体
3. 光

#1：你如何做个大影子？
1. 操作物体
2. 操作光

#2：你如何做个小影子？
1. 操作物体
2. 操作光

用这部分来描述幼儿做了什么，记录下幼儿在探索过程中的经验。
（第一阶段：探索）
1. 任意的
2. 专注的

#3：把两个图形放在一起，哪个会形成一个影子？
幼儿的答案/活动
【例1】 表明幼儿知道需要变换物体或光的位置
【例2】 不能表明幼儿知道需要变换物体或光的位置

#4：这些材料哪一个会形成……？
阴影 A？　　幼儿选择
【例3】 不透明方形
【例4】 半透明方形
【例5】 透明的方形
阴影 B？　　幼儿选择
【例6】 不透明方形
【例7】 半透明方形
【例8】 透明的方形
阴影 C？　　幼儿选择
【例9】 不透明方形
【例10】 半透明方形
【例11】 透明的方形

用这部分来描述幼儿用手电筒怎么做的？如果有的话，再进行评价。

（第二阶段：实验）

表8-11　记录

阴影 A?	阴影 B?	阴影 C?	阴影 D?
幼儿选择	幼儿选择	幼儿选择	幼儿选择
【例12】 白纸	【例16】 白纸	【例20】 白纸	【例24】 白纸
【例13】 黑纸	【例17】 黑纸	【例21】 黑纸	【例25】 黑纸
【例14】 箔纸	【例18】 箔纸	【例22】 箔纸	【例26】 箔纸
【例15】 鸡蛋盒	【例19】 鸡蛋盒	【例23】 鸡蛋盒	【例27】 鸡蛋盒

#5：如果我想让它像这个样子，在哪种反射面上能形成？

探索光与影　　　　　　　　　　　　　　　　　　　**评价工作方法**

画出与幼儿在活动中的工作方法最符合的数字　　　　幼儿姓名＿＿＿＿

最初的活动：幼儿对这项活动的最开始的反应如何？

犹豫不决 _____ 热切渴望
　　1　　　　　　　　2　　　　　　　　3　　　　　　　　4　　　　　　　　5
非常犹豫或者不愿意开始活动　　　　想要开始活动　　　　　　　　　　　渴望开始活动

专心关注：幼儿在整个任务活动中的状态如何？
注意力不集中 _____ 专心关注
　　1　　　　　　　　2　　　　　　　　3　　　　　　　　4　　　　　　　　5
很容易被其他幼儿、　　　　　　　　有时会分散　　　　　　　　　　　始终保持专注
事件或材料分散注意力

目标取向：幼儿对这项活动的目标是否明确？
个人目标 _____ 活动目标
　　1　　　　　　　　2　　　　　　　　3　　　　　　　　4　　　　　　　　5
与活动目标相比　　　　　　活动总是在个人目标与　　　　　　　　　工作明确指向
更关注个人目标　　　　　　活动目标之间徘徊不定　　　　　　　　　活动目标

计划性：幼儿进行操作活动时是否有序？
盲目无序 _____ 安排有序
　　1　　　　　　　　2　　　　　　　　3　　　　　　　　4　　　　　　　　5
材料组织与使用　　　　　　有时比较有计划性　　　　　　　　　　科学、有序地操作
方法缺乏计划性

足智多谋：当幼儿遇到困难时是如何表现的？
　　无助 _____ 足智多谋
　　1　　　　　　　　2　　　　　　　　3　　　　　　　　4　　　　　　　　5
不寻求帮助,也不理会　　　　有人来帮助时会挪动一步　　　　　　寻求帮助并充分利
提供的帮助　　　　　　　　　　　　　　　　　　　　　　　　　用以解决困难

团体合作(小组活动)：幼儿与同伴共同完成任务的情况如何？
很难与他人合作 _____ 乐于与人协作
　　1　　　　　　　　2　　　　　　　　3　　　　　　　　4　　　　　　　　5
很难与人共用材料或轮流使用,　　与其他幼儿　　　　　　　　在活动中、材料使用上乐
缺乏对他人结果的关注　　　　　　相处得很好　　　　　　　　于帮助他人,并成为协调
　　　　　　　　　　　　　　　　　　　　　　　　　　　　者,为他人提供想法

　　　　探索光与影　　　　　　　　　　　　　　　**描述工作方法**

画出与幼儿描述工作最符合的数字　　　　　　　　　　幼儿姓名_____

语言表述：幼儿谈论的内容多少是与活动无关的？
很安静 _____ 非常爱说话
　　1　　　　　　　　2　　　　　　　　3　　　　　　　　4　　　　　　　　5
活动中很少与人交谈,　　　　　　时而说说　　　　　　　　　　　经常说些与活动
多为自言自语　　　　　　　　　　　　　　　　　　　　　　　　无关的内容

工作节奏：幼儿的工作节奏如何？

缓　慢 _____ 迅　速
1　　　　　　2　　　　　　3　　　　　　4　　　　　　5
活动的开始和进行中　　整个活动的节奏处于适中　　迅速地开始和结束
都很缓慢

社会参照：幼儿是否经常与教师或同伴协商活动？

很少互动 _____ 经常协商
1　　　　　　2　　　　　　3　　　　　　4　　　　　　5
专注于个人活动　　　　会注意他人活动，　　　　经常问老师或同伴
　　　　　　　　　　偶尔也会同他人协商　　　　自己做得对不对

愉悦性：幼儿在活动中是否愉快、高兴？

严　肃 _____ 愉　悦
1　　　　　　2　　　　　　3　　　　　　4　　　　　　5
情绪/行为举止　　　　活动很商业化，务实　　　　情绪高涨而且
严肃、沉闷　　　　　　　　　　　　　　　　　　觉得活动很有趣

探索光与影　　　　　　　　　　　　　　　　　　　表现评价

表 8-12　幼儿表现评价

幼儿姓名_____

标准	名称	表现指标
0	不活动	幼儿拒绝参与活动。
1	不专注于探索活动	幼儿的探索兴趣多集中在玩弄手电筒，对手电筒和材料会产生怎样的可能性并不关心。
2	专注探索活动	幼儿的探索显得更加专注。有证据表明幼儿是用一些问题来引导探索的，幼儿发现了有意地使用手电筒、材料可以改变影子的大小(例如，幼儿对一些有空隙的物体可以让光透过，自然地形成影子产生了兴趣，像叉或是碗垫)。
3	专注探索并意识到两个基本元素	幼儿满足标准2的标准便可以回答问题1，做个影子需要两个元素——物体和光源。
4	影子的大小	幼儿在标准3的基础上就会意识到移动物体或光源能改变影子的大小。
5	可遮光的物体	幼儿在标准4的基础上能够回答表3的问题，显示出幼儿意识到物体只有遮住光才会产生影子。
6	初步认识到物体的性质	幼儿在标准5的基础上便可以正确地回答表4的问题。
7	熟悉了物体的性质	幼儿在标准5的基础上至少可以回答出表4的三个问题中的两个。

续 表

标准	名称	表现指标
8	基本了解反射面的作用	幼儿在标准7的基础上便可正确地回答表5中的一个问题。
9	熟悉了物体反射面的性质	幼儿在标准7的基础上便可正确地回答表5中的两个问题。
10	熟练掌握	这一阶段幼儿便可以正确地答出表5中的全部问题。

思考实践

1. 为什么要对学前儿童科学教育进行评价？其意义是什么？
2. 观察法有哪几种具体类型？这几种类型各有什么优点与不足？
3. 请选择一或两种学前儿童科学教育评价的方式，尝试设计及运用。

附 录

学前儿童科学教育自学考试大纲

学前儿童科学教育是一门以教学论的一般原理为依据,运用教育学、心理学的理论及原则来研究学前儿童科学教育活动过程的科学。具体研究对象是学前儿童科学教育的理论和实践问题,包括:学前儿童科学教育的发展;科学教育在学前儿童发展中的作用;学前儿童科学教育的目标和内容;教师怎样引导学前儿童学科学、怎样开展学前儿童的科学探究活动;教师怎样为学前儿童学科学创设环境和提供材料设备;怎样进行评价及其效果等。因此,它是一门应用性较强的学科。

学前儿童科学教育与自然科学、学前儿童心理学、学前教育学的关系十分密切。学前儿童科学教育虽然是一门教育学科,但它的任务、内容和方法都和生物、物理、化学、天文、地理、生理卫生等自然科学的内容紧密联系。同时,引导学前儿童学习科学必须以学前儿童的心理发展规律为依据,根据学前儿童的年龄特征制定不同的科学教育目标,采用不同的教材内容及方法。在教育过程中,还要以学前儿童教育的一般原理为根据来分析科学教育的实际问题。所以,自然科学、学前儿童心理学、学前教育学是学前儿童科学教育的知识基础和理论根据,学习学前儿童科学教育有助于这几门学科知识的进一步巩固和理解。

学前儿童科学教育是幼儿园教育的组成部分,它和学前儿童语言教育、学前儿童数学教育、学前儿童艺术教育、学前儿童健康教育等学科相互联系、相互渗透。科学教育为各科教育提供具体的内容,而各科教育又为科学教育的开展给予了生动形象的手段和形式,二者相辅相成,共同完成学前教育的总目标。

学前儿童科学教育是学前教育专业的专业课程,是幼儿教师进修的专业必修课。通过本课程的学习,可以提高对学前儿童科学教育活动的认识,全面掌握学前儿童科学教育的目标、理论、内容、方法、活动设计和评价等专业知识,从而具有进行该课程的实际能力和开展有关学前儿童科学教育科研工作的初步技能。

一、教学要求

(一) 知识体系

科学是关于自然、社会和思维的知识体系,科学是探究的过程。技术是人类改变或控制其周围环境的手段或活动,是人类活动的一个专门领域。科学技术是辩证统一的整体。学前儿童科学教育的实质是对幼儿进行科学素养的早期培养。向学前儿童进行科学教育是人类社会进步的必然要求,是学前儿童发展的需要,也是学前教育不可缺少的组成部分。

中国学前儿童科学教育的发展经历了漫长的岁月,今天的学前儿童科学教育是从原先的常识教育的基础上发展而来的。在当今世界上,由于各个国家、地区的社会制度、经济情况、教育目标等的不同,学前儿童科学教育的具体情况也不尽相同,但又有着共同的发展趋势。

对学前儿童进行科学教育,需要有正确的理论指导,马克思列宁主义辩证唯物主义认识论,皮亚杰、布鲁纳、维果茨基等心理学家的有关理论都对我们进行学前儿童科学教育具有重要的启示。另外,学前儿童学习科学的特点为我们进行学前儿童科学教育提供了依据。

学前儿童科学教育目标的结构由横向的层次结构和纵向的分类结构构成。按层次结构可以把目标分解为:学前儿童科学教育的总目标、年龄阶段目标、单元目标和活动目标。按分类结构可以把目标按心理活动的不同领域、按科学活动的不同领域进行分解。学前儿童科学教育的总目标是:

(1) 对周围的事物、现象感兴趣,有好奇心和求知欲;
(2) 能运用各种感官,动手动脑,探究问题;
(3) 能用适当的方式表达、交流探究的过程和结果;
(4) 能从生活和游戏中感受事物的数量关系并体验到数学的重要和有趣;
(5) 爱护动植物,关心周围环境,亲近大自然,珍惜自然资源,有初步的环保意识。

学前儿童科学教育的内容范围包括:科学情感态度、科学技能方法、科学知识经验等三个方面。学前儿童科学教育内容选编的原则为:科学性与启蒙性;系统性与整体性;时代性与民族性;地方性与季节性。应根据学前儿童科学教育的目标、内容的选编原则及幼儿园总体教育要求,以及学前儿童的学习需求制定科学教育实施计划。

学前儿童科学教育的方法包括两种含义:一种是指教师在组织幼儿科学活动时,指导幼儿怎样学科学的方法;另一种是指幼儿科学活动中具体的学习方法。学前儿童进行科学探究的一般方法有:观察、小实验、种植与饲养、分类、测量、信息交流、科学游戏和文学艺术等。

学前儿童科学教育活动,从总体的结构上看可以划分成两个部分:一是专门的科学教育活动；二是渗透的科学教育活动。专门的科学教育活动包括：预定性科学活动；选择性科学活动；偶发性科学活动等。渗透的学前儿童科学教育活动包括：日常生活中的科学教育；其他教育活动中的科学教育；游戏活动中的科学教育等。教师要根据活动形式的不同，进行不同程度的指导。

学前儿童科学教育活动的过程具有以下特点：是师生双方活动的过程；是幼儿重演科学家科学活动的过程；是科学知识教育、科学方法教育，以及科学精神、科学态度培养的协调过程。

学前儿童科学教育活动设计不同于科学教育内容的计划。它是教师根据科学教育内容计划的安排，围绕选定的主题内容，并结合实际的情况，全面、具体地构思一次科学教育活动。学前儿童科学教育活动设计的原则，是设计科学教育活动应遵循的基本准则，它既体现了某种理论观点，又反映了科学教育活动的客观规律。针对幼儿园科学教育活动设计而言，主要应坚持以下要求：发展性要求、趣味性要求、活动性要求、开放性要求和整合性要求。学前儿童科学教育活动设计的内容包括：活动内容的设计、活动目标的设计、活动环境材料的设计和活动过程的设计等。

科学教育是家庭教育不可缺少的组成部分，科学启蒙教育始于家庭，家庭和幼儿园的科学教育互相交织、互相补充。在家庭中开展科学教育有其独特的作用和方法。学前儿童科学教育的社会设施是指具有科学教育含义的社会教育机构，也有其不可替代的作用。学前儿童科学教育的社会设施的建立需要遵循一定的原则，以取得应有的效果。

幼儿园科学教育资源是指辅助科学教育活动进行的各种教具，帮助幼儿学习的各种科学教育资料，以及可被科学教育利用的社会资源等。幼儿园科学教育的资源十分丰富，包括教学具、文字资料、社会资源等。幼儿园的各种科学教育资源，对于协助教师教学，帮助幼儿学习，增进教育效果是所不可缺少的，每位教师都应特别加以重视，在教育活动中充分加以选择运用及管理，以发挥其最大的效用，使科学教育获得良好的效果。

学前儿童科学教育评价是控制幼儿园科学教育质量的手段，是积累幼儿园科学教育经验的重要途径，也是改进科学教育的依据。学前儿童科学教育评价的内容包括：对活动本身的评价和对幼儿发展的评价。学前儿童科学教育评价的方法有：观察法、访谈法、问卷法、测试法和作品分析法等。

(二) 能力结构

(1) 能够记住和理解教材中各种有关学前儿童科学教育的主要概念、理论及观点。

(2) 能够运用学前儿童科学教育的一般规律去分析和解决各种幼儿园科学教育中的实际问题。

(3) 能够综合运用学前儿童科学教育知识，设计、实施及评价幼儿园科学教育活动。

(三) 教与学的方法

1. 教学方法

以讲授为主,在此基础上组织学生开展联系实际的讨论,并辅之以一定的实践活动,如活动设计、活动评价等。以下讲述方法可作参考。

(1) 描述性讲解。可以根据教材编排顺序系统描述教材内容,厘清线索,阐明各知识点之间的逻辑关系,帮助学生排除教材中有关问题的理解障碍,展示各章节的知识框架。

(2) 要点抽象式讲解。有关章节内容可先作简明提要,抽象其知识点,然后逐一对知识点所表达的含义进行阐释。

(3) 实例分析式讲解。有些内容可联系实际,从实际中的典型事例入手,启发学生思考,从中推演出理论依据,引出知识点。

(4) 观点演绎式讲解。有时可直接显示某个观点,在正确理解的基础上,引导学生以实例将其具体化,并举一反三,以达到灵活应用。

2. 自学方法

以阅读理解教材为主。以下学习方法可作参考。

(1) 通读教材。按教材内容的编排逻辑,通过自己的阅读理解,理出各章的知识脉络,划出概念和要点,圈出重点和难点。

(2) 做阅读笔记。结合听课,在正确理解的基础上,将教材内容转化成知识要点,做出笔记,并进一步以问题的形式对知识点进行思考练习。

(3) 参考相关资料。根据大纲内容,寻找教材以外的相应参考资料,作为辅助学习,以帮助理解和扩展思路。

(4) 联系幼儿园实际。在平时实践中,注意结合幼儿园科学教育实际,运用学前儿童科学教育有关知识,设计和指导幼儿园科学教育,并善于发现有关实例,以论证和说明所学观点和内容。

二、教学内容与目标分类

(一) 有关内容与目标分类的说明

本大纲所列的各章、节、目的全部内容均为教学内容,其中大部分为考核内容。

教学内容各条目后括号内的提法,是学习的不同的目标层次,同时也是本学科的考核要求。

目标分类各层次之间的关系是累积性的,即一方面较高层次的行为建立在较低层次行为的基础之上;另一方面较低层次行为又可转化为较高层次行为的必要组成部分。它们的关系可表述为：第一层次——记忆；第二层次——在记忆的基础上正确理解；第三层次——在记忆和理解的基础上学会应用。

目标分类中提法的具体含义：

(1) 记忆。仅从文字上掌握所学的知识。考核时，在与教材情境、文字基本相同的情况下，通过适当的再认、回忆或自动反应完成作业。

(2) 理解。从知识的内涵、外延及互相联系上掌握所学的知识。考核时，在所学内容相同，但文字不同或表达方式不同的情况下，通过一定的思考、组织完成作业。通常表现为对所学知识能作出相应水平的解释，对其意义能作出简单的直接归纳或演绎性推断。

(3) 应用。从本质上或某种抽象水平上掌握所学的知识。考试时能运用所学的知识在相同水平、相同难度的新问题或新情境中完成作业。

(二) 教学内容、教学要求及目标定位

第一章 学前儿童科学教育概述

教、学目的：明确和理解学前儿童科学教育的含义、价值，了解科学教育的发展，我国学前儿童科学教育的现状及国外学前儿童科学教育的情况，从而对学前儿童科学教育有一个概括的了解。

教、学重点：学前儿童科学教育的价值，国外学前儿童科学教育情况。

教、学难点：科学的含义。

教、学的具体内容及目标定位：

第一节 学前儿童科学教育的含义(理解)

一、科学与技术的含义
二、学前儿童科学教育的含义

第二节 学前儿童科学教育的价值(理解)

一、学前儿童科学教育与社会发展
二、学前儿童科学教育与个体发展

第三节 我国学前儿童科学教育的沿革(记忆)

一、自然科学教育的起源
二、古代的自然科学教育
三、近代的儿童科学教育
四、现代的学前儿童科学教育

第四节 国外学前儿童科学教育简介(理解)

一、美国的学前儿童科学教育

二、日本的学前儿童科学教育

三、法国的学前儿童科学教育

教、学建议：

（1）学习"科学"的概念时，关键要理解科学不仅是指"知识体系"，更是指"探究过程"，即科学是科学探究过程与成果的统一。以此为基础，进一步理解学前儿童科学教育的可能性。

（2）关于学前儿童科学教育的价值，要把握学前儿童科学教育对于个体发展的意义：不仅在于当前，还在于为幼儿以后的学习科学奠定基础。

第二章　学前儿童科学教育的有关理论

教、学目的：了解有关学前儿童科学教育的一些基本理论：马克思列宁主义辩证唯物主义认识论，皮亚杰、布鲁纳及维果茨基的理论观点，熟悉幼儿学习科学的年龄特点。并能在实际中，以理论为指导开展学前儿童科学教育活动。

教、学重点：幼儿学习科学的特点。

教、学难点：皮亚杰的认知发展理论。

教、学具体内容及目标定位：

第一节　辩证唯物主义认识论（理解）

一、物质世界是客观存在的

二、人类的实践活动是认识客观物质世界的基础

第二节　皮亚杰的认知发展理论（理解）

一、认知发展阶段理论

二、认知结构理论

三、知识分类理论

第三节　布鲁纳的学习理论（理解）

一、发展阶段论

二、学习与教学

第四节　维果茨基关于概念形成的理论（理解）

一、概念形成的过程

二、日常概念与科学概念

第五节　学前儿童学习科学的特点（应用）

一、3—4岁儿童学习科学的特点

二、4—5岁儿童学习科学的特点

三、5—6岁儿童学习科学的特点

教、学建议：

（1）学习本章内容时，要明确其目的是从观念上认识科学教育的重要性，以及为日后的学习奠定一定的理论基础。

（2）学习第五节"学前儿童学习科学的特点"，要根据《3—6岁儿童学习与发展指南》，结合后几章的学习，作为确定科学教育目标，选择科学教育内容、方法等的依据。

第三章　学前儿童科学教育的目标及内容

教、学目的：了解学前儿童科学教育目标的结构，理解和掌握学前儿童科学教育的目标及选编学前儿童科学教育内容的原则；学会选编学前儿童科学教育的内容。

教、学重点：学前儿童科学教育的目标，选编学前儿童科学教育内容的原则。

教、学难点：学前儿童科学教育目标的理解。

教、学具体内容及目标定位：

第一节　学前儿童科学教育的目标

一、学前儿童科学教育目标的结构（记忆）

二、学前儿童科学教育目标的内容（理解）

第二节　学前儿童科学教育的内容

一、学前儿童科学教育的内容范围（记忆）

二、学前儿童科学教育的内容特点（理解）

三、学前儿童科学教育内容的选择与编排（应用）

教、学建议：

（1）关于学前儿童科学教育目标的内容及特点，要掌握各层次、各领域目标之间的辩证统一的关系，理解各目标有其独特的内容和意义，同时又是相互联系、相互作用的。

（2）关于学前儿童科学教育内容的选择与编排，要明确在确定目标的前提下进行。

第四章　学前儿童科学教育的方法

教、学目的：了解及掌握学前儿童科学教育的几种主要方法：观察、实验、种植与饲养、分类、测量、信息交流、科学游戏、文学艺术等，并能结合具体教材内容、教育对象与教学条件设备等灵活地、创造性地加以运用。

教、学重点：观察、实验、分类、信息交流。

教、学难点：分类的指导要点。

教、学具体内容及目标定位：

第一节　观　察

一、观察的含义（理解）

二、观察的类型（记忆）

三、观察活动的指导（应用）

第二节　实　验

一、实验的含义（理解）

二、实验的类型（记忆）

三、实验活动的指导（应用）

第三节　种植与饲养

一、种植与饲养的含义（理解）

二、种植与饲养的类型（记忆）

三、种植与饲养活动的指导（应用）

第四节　分　类

一、分类的含义（理解）

二、分类的类型（记忆）

三、分类活动的指导（应用）

第五节　测　量

一、测量的含义（理解）

二、测量的类型（记忆）

三、测量活动的指导（应用）

第六节　信息交流

一、信息交流的含义（理解）

二、信息交流的类型（记忆）

三、信息交流活动的指导（应用）

第七节　科学游戏

一、科学游戏的含义（理解）

二、科学游戏的类型（记忆）

三、科学游戏的选编与指导（应用）

第八节　文学艺术

一、文学艺术方法的含义（理解）

二、文学艺术方法的类型（记忆）

三、文学艺术方法的运用(应用)

教、学建议：

(1) 学习本章必须明确，学前儿童科学教育的方法既是教师为了达到学前儿童科学教育的目标所采用的工作方法，又是幼儿在教师指导下学习科学的方法。

(2) 观察的方法是学前儿童科学教育活动中最基本和最重要的方法，也是幼儿学习科学时运用最多的方法。在运用其他方法时，都要与观察法结合运用。

第五章 幼儿园科学教育活动的设计与指导

教、学目的：了解幼儿园科学教育活动的结构，掌握三种专门的幼儿园科学教育活动的含义及其关系；熟悉幼儿园科学教育活动过程的特点；掌握幼儿园科学教育活动设计的要求；发展学员设计及指导幼儿园科学教育活动的能力和方法。

教、学重点：幼儿园科学教育活动设计的要求、预定性科学教育活动的设计。

教、学难点：幼儿园科学教育活动过程的特点、幼儿园科学教育活动设计的要求。

教、学具体内容及目标定位：

第一节 幼儿园科学教育活动概述(理解)

一、幼儿园科学教育活动的结构
二、幼儿园科学教育活动过程的特点
三、幼儿园科学教育活动设计与指导的要求

第二节 预定性科学教育活动的设计(应用)

一、活动目标的设计
二、活动内容的设计
三、活动材料与环境的设计
四、活动过程的设计

第三节 选择性科学教育活动的设计(应用)

一、活动目标的设计
二、活动内容的设计
三、活动材料和设备的设计

第四节 幼儿园科学教育活动的指导(应用)

一、预定性科学教育活动的指导
二、选择性科学教育活动的指导
三、偶发性科学教育活动的指导

教、学建议：

（1）学前儿童科学教育活动的结构，要从幼儿教育活动系统的整体来理解，即学前儿童科学教育活动是幼儿教育活动系统中的一个子系统，其结构是交织融化在幼儿教育活动的整体之中，但有其相对的独立性。

（2）专门的学前儿童科学教育活动，要把握其是从教师指导的不同程度来划分的。体现了在学前儿童科学教育中，既要改变以教师为中心的弊病，又要避免以幼儿兴趣为中心、放任自流的缺陷。

（3）在理解具体活动设计时，要在学前儿童科学教育活动设计要求的基础上来理解，总体把握学前儿童科学教育活动的设计要求、方法及技术。

（4）在设计活动时，要综合考虑各方面的因素及要求，进行整体性的设计。

（5）预定性科学教育活动内容的设计，是指针对已选内容，确定学习的范围与深度，要和第三章中的有关内容（内容选择与编排）相区别。

第六章　家庭与社会的学前儿童科学教育

教、学目的：了解家庭、社会在学前儿童科学教育中的意义及特点。掌握家庭学前儿童科学教育的方法。

教、学重点：家庭中学前儿童科学教育的特点。

教、学具体内容及目标定位：

第一节　家庭中的学前儿童科学教育

一、家庭学前儿童科学教育的意义（理解）

二、家庭学前儿童科学教育的特点（理解）

三、家庭学前儿童科学教育的方法（应用）

四、科学教育中的家园互动（应用）

第二节　学前儿童科学教育的社会设施（理解）

一、学前儿童科学教育社会设施的意义

二、学前儿童科学教育社会设施的建立原则

三、学前儿童科学教育社会设施的选择与利用

教、学建议：

1. 学习家庭学前儿童科学教育的特点，要联系幼儿园的家园联系工作来考虑。

2. 关于学前儿童科学教育的社会设施，只作为一般了解。

第七章　幼儿园科学教育资源

教、学目的：了解幼儿园科学教育资源的含义、意义、种类；学会创设和管理学前儿童科

学教育的资源,并能有效地组织和利用各种科学教育资源,进行学前儿童科学教育活动。

教、学重点：幼儿园科学教育的社会资源,幼儿园科学教育资源的选择及管理。

教、学难点：幼儿园科学教育资源的选择及管理。

教、学具体内容及目标定位：

第一节 幼儿园科学教育资源概述

一、幼儿园科学教育资源的含义（理解）

二、幼儿园科学教育资源的意义（记忆）

第二节 幼儿园科学教育资源的类别

一、教、学具（记忆）

二、图书资料（记忆）

三、社会资源（理解）

四、互联网（理解）

五、科学活动专用场所（应用）

第三节 幼儿园科学教育资源选择与创设的要求（理解）

一、能达到科学教育目标

二、能体现自然科学特点

三、符合学前儿童身心特点

四、保证学前儿童的安全与健康

五、适合幼儿园本身的设备条件

第四节 幼儿园科学教育资源的管理（应用）

一、自然角的管理

二、园地的管理

三、科学活动室（科学桌）的管理

教、学建议：

（1）学习幼儿园科学教育资源,应重点了解社会资源的含义和种类,并明确社会资源的可利用性,以充分发掘其在学前儿童科学教育中的作用。

（2）可结合第五章的内容,理解幼儿园科学教育资源的选择。

第八章 学前儿童科学教育评价

教、学目的：了解学前儿童科学教育评价的含义、意义、内容和方法；初步学习设计与实施学前儿童科学教育评价方案。

教、学重点：学前儿童科学教育评价的内容和标准。

教、学难点：学前儿童科学教育评价的内容和标准。

教、学具体内容及目标定位：

第一节 学前儿童科学教育评价概述（理解）

一、学前儿童科学教育评价的含义

二、学前儿童科学教育评价的意义

第二节 学前儿童科学教育评价的内容和标准（理解）

一、对学前儿童科学教育活动的评价

二、对学前儿童发展的评价

第三节 学前儿童科学教育评价的方式（理解）

一、观察法

二、访谈法

三、问卷法

四、测试法

五、作品分析法

教、学建议：

（1）关于学前儿童科学教育的内容与标准，可结合第五章"活动设计"的内容来理解。

（2）学习测试法时，要明确主要是通过对幼儿用非文字的方法来进行测试的，而且测试法的内容也可改变由访谈法来进行。

（3）学前儿童科学教育评价的内容和标准，主要了解对活动本身的评价。

三、考核

1. 考核依据及有关说明

考核以本大纲和由华东师范大学出版社出版的由施燕编写的《学前儿童科学教育与活动指导（第4版）》为依据。考核目的在于了解考生对学前儿童科学教育的基本概念、基本原理的理解及掌握程度。特别是要考查考生能否灵活运用所学的知识，来设计和安排幼儿园科学教育活动，以及联系幼儿园科学教育实际，综合运用所学知识，分析和评价幼儿园科学教育活动的能力。

因此，考生对概念、原理、观点的逻辑关系应十分清晰。考查时，除了对要求记忆的有关内容作提示性的再认、再现外，更多的是将要求理解应用的有关内容用自己的语言就要点作连贯表述，以示对所学知识的理解水平和分析能力。

2. 考核时间为120分钟

3. 考核方式、分值与分数解释

(1) 本课程为必修课程,采用考试形式。

(2) 本课程采用闭卷笔试的形式,以百分制评分,60分以上为合格。

4. 内容比例

本大纲各章都作为考核范围,考题所占比例根据各章的内容量及其重要性安排,具体出题的比例大约为:

第一章—第三章占 25%;第四章—第五章占 45%;第六章—第八章占 30%。

5. 难度比例

易——20%;中——30%;较难——30%;难——20%。

6. 考核的题型及其比例

(1) 概念题——16%。

(2) 填充题——20%。

(3) 选择题——10%。

(4) 简答题——30%。

(5) 详答题——24%。

7. 样题及目标定位示例

(1) 概念题(每题 4 分)。例:社会资源。

(2) 填充题(每空 1 分)。例:幼儿园科学教育资源按其性质分,可分为_____和_____两种。

(3) 选择题(一个或多个,每选 1 分)。例:幼儿在科学桌、自然角等设施内进行的认识环境的活动是: A. 预定性活动 B. 选择性活动 C. 偶发性活动 D. 自由性活动。

(4) 简答题(每题 6 分)。例:学前儿童科学教育选编的原则是什么?

(5) 详答题或设计题(每题 12 分)。例:设计科学教育活动——"各种各样的石头"的活动要求、活动环境和活动所需材料。

参考书目

1. 教育部基础教育司组织编写：《幼儿园教育指导纲要（试行）解读》，江苏教育出版社2017年版。
2. 张俊著：《幼儿园科学教育》，人民教育出版社2004年版。
3. 钟圣校著：《自然与科技课程教材教法》，五南图书出版公司1999年版。
4. [美]罗伯特·E·洛克威尔、伊丽莎白·A·舍伍德、罗伯特·A·威廉姆斯、戴维·A·温尼特著，廖怡、彭霞光、曾盼盼译：《科学发现——学前儿童的探究活动之一》，北京师范大学出版社2005年版。
5. [美]戴维·A·温尼特、罗伯特·A·威廉姆斯、伊丽莎白·A·舍伍德、罗伯特·E·洛克威尔著，刘占兰、易凌云、曾盼盼译：《科学发现——幼儿的探究活动之二》，北京师范大学出版社2005年版。
6. [美]英格里德·查鲁福、卡仁·沃斯著，张澜、熊庆华译：《与幼儿一起探索自然》，南京师范大学出版社2005年版。
7. 冯晓霞主编：《幼儿园课程》，北京师范大学出版社2000年版。
8. 上海市教育委员会：《上海市学前教育课程指南（试行稿）》，上海教育出版社2004年版。
9. 上海市中小学课程教材改革委员会编著：《上海市学前教育课程指南解读》，上海教育出版社2005年版。
10. 李季湄、冯晓霞主编：《〈3—6岁儿童学习与发展指南〉解读》，人民教育出版社2013年版。
11. [美]阿林·普拉特·普莱瑞著，霍力岩、彭勤露、吕思培等译：《幼儿园科学研究教学——科学、数学与技术的融合》，教育科学出版社2009年版。
12. 施燕、韩春红编著：《学前儿童行为观察（第2版）》，华东师范大学出版社2020年版。
13. [美]大卫·杰纳·马丁著，杨彩霞、于开莲、洪秀敏、苏伟译：《建构儿童的科学——探究过程导向的科学教育》，北京师范大学出版社2006年版。
14. [美]Rosalind Charlesworth Karen K. Lind著，李雅静等译：《幼儿数学与科学教育（第4版）》，北京师范大学出版社2011年版。

15. 施燕主编：《幼儿园科学教育资源库》，华东师范大学出版社 2014 年版。
16. [美]莎莉·穆莫著，李正清译：《早期 STEM 教学：科学、技术、工程与数学的整合活动》，南京师范大学出版社 2017 年版。
17. 上海市教育委员会教育技术装备中心编著：《去哪儿玩：幼儿园专用活动室优秀案例集》，少年儿童出版社 2019 年版。
18. 上海市教育委员会教育技术装备中心编著：《玩不够：幼儿园科学玩教具配置和使用》，少年儿童出版社 2017 年版。
19. [德]瓦西里奥斯·伊曼努埃尔·费纳克思主编，滕薇等译：《德国学前儿童技术教育》，华东师范大学出版社 2020 年版。
20. 王微丽、霍力岩主编：《幼儿园科学区材料设计与评价》，中国轻工业出版社 2018 年版。
21. 刘占兰编：《有趣的幼儿科学小实验》，教育科学出版社 2011 年版。
22. 王志明主编：《学前儿童科学教育》，南京师范大学出版社 2001 年版。
23. 朱家雄、张萍萍、杨玲著：《皮亚杰理论在早期教育中的运用》，世界图书出版公司 1998 年版。
24. 施燕主编：《幼儿教师基本功：爱上科学》，华东师范大学出版社 2019 年版。
25. 施燕主编：《学前儿童科学教育》，中央广播电视大学出版社 2007 年版。